世界哲学家书系

斯宾诺莎
SPINOZA

洪汉鼎 著

东北师范大学出版社
NORTHEAST NORMAL UNIVERSITY PRESS

图书在版编目（CIP）数据

斯宾诺莎 / 洪汉鼎著. — 长春：东北师范大学出版社，2019.12
（世界哲学家书系）
ISBN 978-7-5681-5689-9

Ⅰ.①斯… Ⅱ.①洪… Ⅲ.①斯宾诺莎（Spinoza, Benoit de 1632-1677）—哲学思想—思想评论 Ⅳ.①B563.1

中国版本图书馆 CIP 数据核字（2020）第 011174 号

责任编辑：包瑞峰　　封面设计：丁　瑶
责任校对：温锦玲　　责任印制：许　冰

东北师范大学出版社出版发行
长春净月经济开发区金宝街 118 号（邮政编码：130117）
电话：0431-84568126
网址：http://www.nenup.com
厦门市竞成印刷有限公司
厦门市湖里区后坑前社 37 号
2020 年 6 月第 1 版　2020 年 6 月第 1 版第 1 次印刷
幅面尺寸：142mm×210mm　印张：11.375　字数：236.6 千
定价：78.00 元

（版权所有，盗版必究）

自 序

德国著名政论家和诗人海涅在十九世纪就说过："一旦有人把斯宾诺莎从他那呆板的、古老的笛卡尔主义的数学公式中拯救出来，使得广大读者更能理解他，那么我们也许将会发现，斯宾诺莎比任何人都更该控告别人剽窃了他的思想。所有我们现代的哲学家也许常不自觉地用斯宾诺莎所磨制的眼镜在观看世界。"现代哲学的发展完全证明了海涅这一预言的正确性。斯宾诺莎在当代哲学思考中愈来愈表现出其不容忽视的重要作用，他不仅对科学和认识论发生了显著的影响，以至像专门从事于语言逻辑分析和科学理论分析的哲学家也对他产生了浓厚的兴趣，而且在形而上学方面也表现了同样的作用，以至像雅斯贝尔斯这样的存在主义哲学家也专门撰写了一本《斯宾诺莎》。

斯宾诺莎之所以使当代哲学家感兴趣，不仅在于他的思想深远，而且也在于他个人的人品。他为人公正、善良、满腔热情，终生为人类进步和正义事业而斗争，在他身上充分体现了我国古代"贫贱不能移，威武不能屈，富贵不能淫"的道德美誉。他那光明磊落的一生，甚至使那些强烈反对他的思想的人，也不能不对他个人的德行表示崇高的尊敬。

我是从二十世纪五十年代就开始研究和翻译斯宾诺莎的著作。在漫长的研究过程中，斯宾诺莎不仅使我得到了最高的理智享受，而且也使我冷静地忍受了人生中的各种磨难。我愿把自己这本书献给有志于攀登科学顶峰的当代中国青年。

本书的写成是与我的老师贺麟教授三十余年的教导分不开的，同时我也要感谢我的德国朋友 Lutz Geldsetzer 教授，他给我提供了不少有关斯宾诺莎研究的国外新资料。另外，我也要感谢我的内助蒋霞女士，正是她无私的支持，本书才能最后得以完成。

洪汉鼎
一九九二年春于北京怡斋

目　录

第一章　斯宾诺莎的时代 …………………1
　一、争取民族独立的斗争和联省政治 …………1
　二、经济繁荣、科学和艺术的黄金时代 ………11
　三、教派林立和宗教纷争 ………………………18

第二章　为真理和自由而奋斗的一生 ………27
　一、童年教育——"希伯来之光"（1632—1645）………27
　二、商界服务——新世界漫游（1645—1654）………31
　三、狂风恶浪——被犹太教放逐（1654—1656）………35
　四、天路历程——精神与世俗的冲突（1656—1660）………39
　五、体系创建——莱茵斯堡时期（1660—1663）………43
　六、政论斗争——伏尔堡时期（1663—1670）………47
　七、人生归途——海牙时期（1670—1677）………52

第三章　斯宾诺莎著作考释 …………59
　一、《神、人及其幸福简论》 …………………63

二、《知性改进论》 ……………………………… 67
三、《笛卡尔哲学原理附形而上学思想》 ………… 72
四、《神学政治论》 ……………………………… 77
五、《伦理学》 …………………………………… 79
六、《希伯来简明语法》 ………………………… 84
七、《政治论》 …………………………………… 86
八、《书信集》 …………………………………… 90

第四章 形而上学体系 …………………………… 97
一、神、自然或实体 …………………………… 101
二、实体和样态 ………………………………… 108
三、实体和属性 ………………………………… 125
四、思想和广延 ………………………………… 139
五、无限样态和有限样态 ……………………… 158
六、逻辑性的自然架构和绝对必然系统 ……… 172

第五章 认识论 …………………………………… 181
一、观念和心灵 ………………………………… 183
二、观念和知觉形象 …………………………… 200
三、理智和想象 ………………………………… 212
四、真观念和正确观念 ………………………… 228
五、三种知识的理论 …………………………… 252

第六章 伦理学 …………………………………… 269

一、身心同一理论 ·················· 282
二、情感的起源、性质和分类 ·········· 291
三、情感的奴役及对其的理智克制 ······ 307
四、自由人的哲学 ·················· 319

第七章　斯宾诺莎在哲学史上的影响 ········ 327

斯宾诺莎生平和著作年表 ················ 337

参考书目 ···························· 349

第一章　斯宾诺莎的时代

斯宾诺莎时代——十七世纪，可以说是由众多政治事件、经济活动和宗教派系斗争错综复杂交织而成的一张网，我们可以列举出一系列具有重大意义的政治、经济、宗教和历史事件：三十年战争、尼德兰革命、尼德兰联邦、联省共和国、无执政期、英国产业革命、克伦威尔、贵格党、共和派、君主派、谏诤派、反谏诤派、航海条例、除名条款、英荷战争、法荷战争、威斯敏斯特和约、东印度公司、西印度公司、西班牙天主教裁判所、犹太教、再洗礼派、门诺派、加尔文教等。这些事件和宗派无疑对我们的哲学家的思想形成产生了重大影响。

一、争取民族独立的斗争和联省政治

十七世纪在荷兰历史上是一个伟大的世纪，尼德兰人习惯于把这世纪称作他们的"黄金时代"。但这一时代首先我们必须理解为一个充满战争、革命和社会动乱的时代。

这里，我们需要对"尼德兰"和"荷兰"这两个词做一解释。尼德兰（NederLanden）这一词，在荷兰文里本是

"低地"的意思，意指当时隶属于西班牙的莱茵河下游地区的一些水位低的省份，而荷兰（Hollande）在当时只是指其中一个省份，直至 1588 年北方各省取得了独立和成立了联省共和国后，为了同南方仍隶属于西班牙的尼德兰各省区别开来，北方七省的联省共和国有时在口语上简称为荷兰。不过，今日的荷兰国家在地域上远小于当时的联省共和国，因为其中有一些省份现在已属于法国和比利时。

自 1543 年所谓文洛条约签订后，尼德兰共有十七个省份隶属于西班牙国王查理五世，特别是在 1548 年的奥格斯堡国会上，尼德兰这十七个行省被组成"勃艮第联合体"，规定由西班牙国王委派一名总督兼管。自 1566 年起，尼德兰就开始了反抗西班牙独裁统治和争取民族独立的斗争。斗争的最初起因是宗教信仰。我们知道，尼德兰的近邻是法国和德国，因而法国的加尔文教和德国的路德新教就很快地传入尼德兰各省份。不论是加尔文教，还是路德新教，都与西班牙的天主教会相对立，因而西班牙国王出动军队对尼德兰的异教徒展开了残酷的镇压，特别是在 1535 年尼德兰的新教再洗礼派教徒惨遭酷刑后，在阿姆斯特丹发动了一场大规模的起义，这场起义引起了尼德兰各省份反抗西班牙军事独裁的斗争。这场斗争一直延续至 1579 年，北方的七个省联合起来组成"乌特勒支同盟"，其目标就是"用生命、财产和鲜血"抵抗西班牙国王的武装部队。在经历了成功和失败的多次反复之后，北方的七个省，包括格尔德兰、荷兰、泽兰、乌特勒支、弗里斯兰、奥佛赖塞尔和格罗宁根，终于在 1588 年联合起来，组成联省共和国，或称共和国联邦。自此之后，联省共和国担负起抗击西班牙专制统治和争取民族独立的伟大爱国战争的任务，最后于1609年迫使西班牙国王菲利普三世签订了十二年休战协定。按照这一协定，联省共和国不再隶属于西班牙而成为独立的国家。

联省共和国的成立，揭示了尼德兰政治史上的新篇章。整个共和国联邦的最高权力机关是联省议会，它是由各省议会选出的四十名代表所组成。各个行省，不论代表的人数多少，都只拥有一票的权利，并轮流任主席一周。联省议会设大议长一名，负责议会日常工作。联省议会对外代表整个共和国，决定宣战和媾和，以及决定有关国防的一切事务，特别是任命陆海军统帅。组成联邦的各个共和国或省份各有自己的权力机构，即省议会，省议会任命议长和执政，行使各省自己的日常政务。由于联省议会强调各省内务自治，因而省议会的实际权力很大。例如，对于某省的一些重大问题，联省议会的各个代表不能自由投票，而必须听命于该省议会。联省共和国可以说既没有消除各省份或省议会自己的独立权力，又可以统一做出各省议会都一致赞成的决议的政府权力机构。之后我们将会看到，这种联邦制的政府形式为尼德兰的经济和军事提供了很好的发展条件，它一方面促进了联邦内各省的经济繁荣，另一方面也增强了各省的联合军事战斗力。

不过，联省共和国的成立，虽然使对外战争暂时中止了，但并不意味着尼德兰内部政治斗争的结束。实际上，随着联省共和国的出现，在尼德兰内部围绕政权问题出现了两派政治势力的对峙：一派是以联省议会大议长奥登巴恩韦尔特为首的共和派。这派主要的势力是在荷兰，奥登巴恩韦尔特本是荷兰议会的议长，但是由于荷兰省不论就居民人数、财富还是对外关系来说，都是占首席的省份，因而它的议长就以大议长的名义成为联省议会和行政机关的主角，同时是真正的外交部部长。这一派主要强调联邦制的共和政体，反对中央集权的君主专制。另一派是以皇族威廉·奥伦治亲王为代表的君主派，这一派的主要势力是在荷兰省以外的其他各省。威廉·奥伦治亲王一身兼任数省的执政职位和海陆军统帅，按照他的打算，联省应当是一个中央集权政权，联省执政的职位应当世袭。他反对地方自治，主张君主专制政体。

这样就导致了两派之间的严重斗争。在大议长背后聚集着共和派，即据有城市公职的商人寡头，他们在荷兰省内势力特别强大，主张最大限度的地方自治。由于这个阶层和这个行省摊派的公共费用最多，所以他们反对军事负担；同时由于战争妨碍他们的贸易，却给奥伦治家族捞得政治资本，因而他们也反对对敌行动。在宗教信仰方面，他们反对加尔文教，主张宗教宽容政策。然而，在联省执政身后，除了那些向往君主专制的各省贵族阶层外，还拥有大批的农民和水手。这些穷苦的人经过战争动乱后，深深感到建立一个高度中央集权的国家才是唯一出路，因而他们把亲王看成自己的最好保护人。这些人都信仰加尔文教，威廉·奥伦治亲王本人也是加尔文教教徒。

这两派政治势力的对峙对十七世纪联省共和国的内部历史起了支配一切的作用，并对它的外交政策发生了很大的影响。

十二年休战协定使联省共和国在欧洲地位得以巩固，但另一结果是加剧了联省共和国内部的斗争。这种斗争首先是通过谏诤派（Remonstrants）和反谏诤派（counter-Remonstrants）的对抗表现出来。我们知道，加尔文教有一个中心的论点是主张人的得救与否是由上帝预先决定的，对于这种命定论的观点，自由主义者和开明的资产阶级当然表示反对。莱登城的一个名叫阿明尼乌斯（J. Arminius, 1560—1609）的神学教授，为反对加尔文教这一先定论，与他的信仰者——所谓阿明尼乌斯派，向荷兰和西弗里斯兰省议会提交了一份反对极端加尔文教派的谏诤书。毫无疑问，他们这一谏诤书在荷兰省议会得到了开明资产阶级和自由主义者的支持，作为荷兰省议长并兼联省议会大议长的奥登巴恩韦尔特当然支持了这一行动，从而形成了所谓谏诤派。但是，这一谏诤书却遭到威廉·奥伦治亲王的继承人莫里斯·德·纳骚和各省贵族的坚决反对。莫里斯·德·纳骚在联省议会中拥有多数支持，并掌握军队，从而形成了武力很强大的所谓反谏诤派。1619年，谏诤派和反谏诤派的斗争达到了高潮，莫里斯·德·纳骚突然动用武力，先在谏诤派的主要中心乌特勒支，接着在荷兰省的许多城市，解散了他们的地方武装和市政当局，并将奥登巴恩韦尔特这位谏诤派的政治领袖判处以死刑，逮捕了著名法学家雨果·格劳修斯（H. Grotius, 1583—1655）以及其他阿明尼乌斯教徒。

这场谏诤派和反谏诤派斗争的结果是君主派取得了胜利。不过，莫里斯·德·纳骚并没有像君主派所希望的那样当上共和国的元首，他甚至也不想剥夺商人寡头的城市官吏的职务，因为他明白，十二年休战协定即将终止，如果失去了商人的财力支持，共和国肯定是对付不了外来侵略者的。

情况果然不出莫里斯·德·纳骚所料，1621年，西班牙和尼德兰的战争重新爆发。由于莫里斯·德·纳骚年迈力衰，他的兄弟弗里德里希·亨利于1625年继承了他的职位，担负起领导全民抗击西班牙侵略的神圣卫国战争。反击战争从陆海两方面进行。在陆军方面，联省在战争初期发动几次围攻，1629年得到塞尔托亨博斯城、韦塞尔城和马斯河流域一些地方，以后在1637年又攻克布雷达城，直到1646年兵临安特卫普。而在海军方面，联省的战果更为辉煌：1628年在马坦萨斯港俘获一支西班牙舰队，接着1631年在斯拉克打垮另一支西班牙舰队。1636年海军上将特龙普和法国孔德亲王合作围困敦刻尔克港，尤其是1639年10月这位海军上将在当斯港对奥坎多海军上将率领的西班牙巨大舰队取得压倒性的胜利。这次战役标志着西班牙军的最后一次进攻遭到粉碎，同时也表明荷兰作为第一海上强国得到确认。这样，战争以西班牙军失败告终，1649年1月30日西班牙国王被迫签订了《蒙斯特条约》，条约宣告所谓八十年战争的结束，并确认联省共和国永远脱离西班牙。自此荷兰成为一个真正的独立国家。

新任的联省执政和陆军统帅仍是奥伦治家族的威廉二世。与他的前辈一样，威廉二世也主张中央集权的君主制，因而在联省的和平恢复时期，联省内部的奥伦治家族的中央集权观点和省议会中商人寡头的地方分治观点之间的对立重新又恢复了。这种对立首先表现在对军队的支配权上，按照荷兰省议会的看法，既然军队主要是由自己出钱供养的，那么它就有权决定军队的去留，因此在1650年荷兰省议会突然宣布解散军队。荷兰省议会的这一决定立即引起威廉二世的反抗，他决定用暴力解决问题。1650年7月31日，他逮捕荷兰省议会的六名议员，把他们拘禁在卢夫斯坦城堡，试图以此来压制荷兰省议会的权力。不过，正当他要获得成功时，他却死了；八天以后，他的儿子威廉·德·奥伦治，未来的英国国王威廉三世诞生。荷兰省议会当然不会错过这大好时机，他们不仅释放了关在卢夫斯坦城堡的六名议员，并给威廉二世所废黜的人又官复原职，而且在1651年1月18日于海牙召开各省议会全体大会，目的在于和联省议会对抗。这次大会一个重要的结果是承认联省共和国不是单一的共和国，而是七个共和国的联邦或联盟，因而每个共和国在自己边界内都拥有主权，甚至在军事和宗教方面。原先联省的统一陆海军统帅和执政的职位被撤销，只保留弗里斯兰和格罗宁根两省暂时还由威廉·弗里德里希·德·纳骚担任执政。

毫无疑问，这次各省全体大会确立了人口最多经济也最富裕的荷兰省的领导权，并保证了市政寡头——"摄政者"的统治。这就是所谓"无执政期"的时代。虽然由于荷兰省议会拥有杰出的领导人，这一时期荷兰的经济有了前所未有的繁荣，但由于松懈了各省之间的联系，以致以后在外敌入侵面前抵挡不住，联省终于在最阴暗的悲剧中垮台。

这个时期，也正是我们的哲学家斯宾诺莎哲学生命最旺盛的时期——主持荷兰共和国命运的伟人，正是上述被威廉二世囚禁在卢夫斯坦城堡里的六名议员之一雅各·德·维特的儿子约翰·德·维特（Johan de Witt, 1625—1672），他自1653年起出任荷兰省议长，他是斯宾诺莎的挚友，优秀的行政长官。在他执政十九年中，的确给荷兰带来了经济的繁荣和政治的民主，使斯宾诺莎有权在其《神学政治论》的序言中这样说：

> 我们幸而生于共和国中，人人思想自由，没有拘束，各人都可随心之所安崇奉上帝，并且自由比任何事物都为珍贵。①

但是，不幸的是在他任职期间，外部的危险严重，以致他的命运注定酿成悲剧。

英国的查理一世早在西荷战争时期就在暗中窥视荷兰了，他生怕荷兰的胜利会给他带来威胁。这种担忧即使在英国推翻了查理一世而成为共和国的时期也还存在，因此克伦威尔利用英国已成为一个共和国这一事实，建议与荷兰缔结一个共同盟约，以限制荷兰的势力。但是，这一建议立即遭到荷兰议会的拒绝。英国为了夺取海上贸易霸权，1650年颁布了"航海条例"，规定非经英国政府允许，外国商人不得与英国殖民地通商，接着在下一年又规定欧洲以外地方的商品必须用英国船只运入。英国这一条例大大打击了专营海上

---

① 斯宾诺莎：《神学政治论》，温锡增译，商务印书馆，1963年，第12页。

转运贸易的荷兰,因而在1652年爆发了英荷战争。这次战争持续了两年,结果是英国取得胜利,1654年荷兰被迫与克伦威尔签订了《威斯敏斯特和约》。按照和约条款,荷兰议会不仅要承认航海条例,还得承担一个所谓"除名条例"的秘密协议,即保证不把威廉·德·奥伦治选为执政和陆军统帅。但联省议会在群众的舆论支持下,拒绝同意这一要求。

荷兰的失败使德·维特吸取了经验教训,他致力于复兴舰队,重整荷兰海上霸王的称号。此时正值英国查理二世复辟,这位英国国王不顾国内的反对,在德·维特和联省议会面前支持他的外甥奥伦治,他下诏废除"除名条例"。但是这并没有消除英荷之间商业贸易的矛盾,于是在1664年又发生了第二次英荷战争,英国公然占领荷属的戈雷岛、新阿姆斯特丹城以及多巴哥等地。战争初期,荷兰不利,第一舰队在洛斯托夫特港附近被击垮,然而作为这场战争的主要一仗是在北福尔兰海岬附近,荷兰在这里打了一次漂亮战。接着1667年荷兰海军袭击了泰晤士河和梅德韦河中毫无防备的英国舰队,终于使英国接受了和谈。虽然联省放弃了新阿姆斯特丹城在内的北欧领土,但得到了英国在安絮兰群岛的最后几块领地,同时"航海条例"的某些条款也灵活处理了。以后联省又和英国与瑞典订立三国同盟,迫使法国国王也不敢轻视联省共和国。

外交上的胜利给德·维特带来了极大的声誉,但也蕴涵了未来的危险。在1654年荷兰和英国签订的和约中曾保留了一个不让威廉·德·奥伦治担任执政和陆军统帅的所谓"除名条例",为了执行这一秘密条例,德·维特必须说服联省各个省份，这就肯定加剧了德·维特兄弟和奥伦治皇室之间的对立，并导致尼德兰共和派和君主派之间的新斗争。1667年德·维特颁布"永久法令"，取消联省的执政职位，随后在1670年的"协调条例"中禁止兼任共和国全境的陆军统帅和执政两个职务，他试图通过这两项法令来限制奥伦治皇室的势力。可是正当他进行巩固自己地位的活动的同时，1672年3月英国国王查理二世突然对荷兰宣战，几个星期后法国也向联省大举进攻，在民众舆论的要求下，德·维特不得不在一个局部的战役中任命威廉·奥伦治当陆军统帅。不料十二万人的法国军队沿莱茵河北上挺进后，又从东面发动攻击，占领格尔德兰、奥佛赖塞尔和乌特勒支，同时它的德国盟军也攻占了德伦特和格罗宁根。

面对这种危险，荷兰和泽兰的奥伦治派迫使联省议会取消"永久法令"，并任命威廉·奥伦治做终身陆军统帅和执政。这样，制定"永久法令"的德·维特就遭到人们的敌视。人们认为，联省之所以软弱无力，敌人之所以节节胜利，皆是德·维特不重视陆军建设的恶果。群情愤起，1672年8月20日，民众冲进监狱，把正在那里探望他兄弟的德·维特连同他兄弟一并刺死。对共和国竭忠尽力服务了近二十年的功绩似乎在愤怒的一瞬间被忘却了，而奥伦治亲王，即威廉三世在这场政治斗争中却轻易地得到了胜利。

法荷战争一直持续了七年，最后于1678年以法国获得胜利而告终。但是威廉·德·奥伦治并不因为这次失败而丧失威望，相反因为他敢于反对咄咄逼人的"太阳王"（即法国国王路易十四）而威望大增。因此，在1688年英国发生政变时，英国资产阶级邀请他来英国登王位，威廉立即率兵进入伦敦。下一年初，这位荷兰执政就任英国虚悬的王位，并接受英国议会通过的"权利宣言"。威廉的这种兼职非但未为荷兰争光，反而使荷兰蒙受损失，因为英国乘此机会迫使荷兰再度接受"航海条例"。自此之后，联省不论在经济上还是军事上都每况愈下，英国成了它的太上皇，共和国昔日的光荣至此只能留给人们一些美好的回忆。

二、经济繁荣、科学和艺术的黄金时代

但是，联省共和国给荷兰带来的经济繁荣，却是不容忽视的。荷兰地处莱茵河下游，土壤肥沃，气候湿润，加之水源丰富，很早就是一个农业和畜牧业并重的国家——这种天然经济，即使在今日，也使我们仍把风车和黑白花奶牛视为荷兰国家的象征。不过，要注意的是，荷兰的经济发展的真正基础却不在于它的农业或畜牧业，而是在于它的商业，特别是它那号称"海上马车夫"的转运贸易。荷兰位于欧洲西北，西临北海，与英国隔海相望。早在卡罗琳时代，荷兰就有一些专门承担货物交易和转运的集散地，英国康沃尔的锡器、北方国家的毛皮和鲸鱼油以及中莱茵河地区的酒，都在这里进行出售。随着这些集散地的贸易日益发展，荷兰出现了一支专门从事货物运输的商船队伍，它包揽了法国和葡萄牙的盐、西班牙的羊毛、瑞典的铁，以及波罗的海沿岸地区的木材、粮食和黄麻的转运生意，以至荷兰不久后就成为斯

堪的纳维亚半岛、伊比利亚半岛、英国和法国之间的贸易代理人，它自己也从中发展了两个可以说是当时世界贸易中心的港口，这就是阿姆斯特丹和鹿特丹。

在反抗西班牙独裁统治和争取民族独立的战争年代，尼德兰虽然承受了沉重的财政负担，但它的农业和畜牧业仍照常发展。农业提供的粮食、油料和蔬菜，除满足自己居民的需要外，还出口到北方国家和英国。畜牧业也以输出奶制品为主，其质量驰名国外。因为尼德兰人民知道，只有国家内部的经济繁荣，才是对外战争的胜利保证。

正如我们前面所讲过的，联省共和国实质上是一个以商业寡头为主的联邦制政府，因此它的最终目的是维护商人的利益以保证荷兰经济的发展。在联省共和国期间，荷兰首先致力于减弱或取消阻碍生产发展的所谓行会条例的束缚，使家庭手工业转变成工厂手工业。在当时的荷兰，工厂手工业的生产达到了特别高的程度，它拥有当时世界最大的纺织业，包括绸缎、丝绒、毛料和呢绒。当时英国输出的羊毛，十分之九是运到荷兰进行加工。其他诸如捕鱼业、制瓷业、首饰业和造船业也同样实现了惊人的发展。

为了确保荷兰经济更大的发展，联省共和国致力于扩大他们长久以来就驾轻就熟的海运业。在当时，荷兰的对外贸易几乎遍及欧洲和近东。在波罗的海上，但泽的麦子、库尔兰和芬兰的木材、瑞典的金属品一直是他们重要的转运物资；在里加海湾，他们和莫斯科地区发生了密切的贸易联系；在地中海，荷兰船只和土耳其达成协议，可一直驶到土麦拿港去采购近东的商品。在内河运输上，他们通过莱茵河、埃姆斯河、威塞河和易北河，接触到德国西部和北部的许多市场。为了确保航运顺利和降低各国的关税，联省共和国决定以武力加强运输，采取军舰护航。1644年，丹麦和西班牙封闭森德海峡以抵制荷兰运输，联省共和国为了确保自己商船的顺利通航，派遣海军上将科纳利斯·德·维特率领五十艘军舰为三百只商船护航，这些军舰驻在森德海峡，一直等到丹麦和西班牙认可他们的通航权和降低关税之后才撤走。

不过，造成十七世纪荷兰经济特殊繁荣的是联省共和国为开发远东市场所做的努力。这就是对西方资本主义原始积累做了特殊贡献的东西印度联合公司。早在十六世纪下半叶，尼德兰同葡萄牙就从事贩卖海外产品的重要贸易，其间里斯本是一大仓库，储存购自印度和东南亚的货物，而荷兰的商船则把这些货物运到北欧和地中海地区转销。这种买卖一直做到1580年菲利普二世占领葡萄牙为止。荷兰人绝不甘心放弃这宗赚大钱的生意，他们暗暗定下亲自去印度和东南亚的计划，但苦于资本的短缺，这计划在联省共和国成立之前一直未能付诸执行。1602年，联省议会大议长奥登巴恩韦尔特在联省商业寡头——主要是大商人、大工业家以及资金雄厚而经验丰富的犹太商行的支持下，创立了"东印度联合公司"，试图垄断远至好望角和麦哲伦海峡的贸易。当时公司共拥有资本650万荷盾，由属于城市商业寡头的十七位老板组成董事会，公司所赚得的利润，除上交联省议会一笔税金外，大部分归这些商业寡头所有。经过几十年的艰苦创业，这家公司终于挫败了英国同名公司的干涉，征服了马六甲和锡兰岛,一直到日本和中国台湾都设立了他们的商行。

西印度联合公司是由威廉·于塞林于1621年创立的,它的主要目的,一方面是夺取西班牙的殖民地市场,另一方面是开辟荷属新殖民地。南美洲是这家公司的主要经营地,建在那里的商行主要活动是贩卖黑奴。

东南亚资源的开发、美洲金银产地的发现,以及野蛮的贩卖奴隶的生意,无疑像温室般地加速了荷兰的资本积累过程。荷兰资产阶级通过东西印度公司,不惜采取任何手段,从自己的殖民地榨取巨大的财富,以致如马克思所说的,在1648年,荷兰"已经达到商业繁荣的顶点"[2]。它在东印度的贸易上,在欧洲东南部和西北部间的商业上,几乎实行着垄断式占有。它的渔业、海运业、手工制造业都远远胜过任何别的国家,共和国所有的资本比欧洲其他各国全体所有的资本也许还要更多。十七世纪,荷兰的经济发达以及它给予欧洲其他各国技术经济上的强有力的影响,我们可以引证克利萨尔教授在其《西欧经济风土史》里的一段描述:

> 维也纳的官厅是荷兰制造品的大消费者。为了缝制官厅武官和侍童、从者的制服,他们采用了荷兰和英国的布。荷兰的亚麻布与花边是皇家公主嫁妆的上等材料。官厅宝石商因雕琢金刚石来到有名的阿姆斯特丹,以数十万金收买金刚石。荷兰虽然也有蒂罗尔丰富的矿山,但为了制币局的需要和作为赠送物品,甚至向土耳其人

---

[2] 马克思:《资本论》,人民出版社,1965年,第1卷,第831页。

购买美洲的银。荷兰供给一切军用品、火药、硝石、枪械，后来甚至供给占奥地利的财政支出大部分的造船业所需要的建筑材料。③

毫无疑问，十七世纪的荷兰已成为一个"标准的资本主义国家"。

经济的繁荣给荷兰的科学和文化带来了惊人的进步。有人说，十七世纪的荷兰之所以光辉灿烂，并不是政治事件，也不是经济活动，而是由于拥有人才济济的学者和艺术家。这一说法似乎也不过分。为了适应于航海业和生产的需要，这一时期的荷兰在数学、天文学、生理学、光学、地理学和工程学等方面出现了一系列的新发明：沙容里·阳塞（Zacharias Zanser）是复杂显微镜的发明者；眼镜工场主约翰·李勃斯（Johann Lippershey）在伽利略之前制造出第一架望远镜；著名的数学家和光学家惠根斯（Christian Huygens, 1629—1695）提出了新的光学理论，认为光是从光源向各个方面传播以太的波动，并揭示了土星环的神秘，发展了摆钟理论；生物学家列文虎克（Leeuwenhoek, 1632—1723）第一次进行了对微生物的观察，发现了用肉眼看不见的生命存在体——滴形虫，另一位生物学家约翰·斯范梅丹（Jan Swammerdam, 1637—1682）根据敏锐的观察发表了生物学中富有意义的"万物来自卵"的假说，后为居维埃所赞赏，同时他又是解剖学的最早创始人之一；数学家西蒙·斯

---

③ 克利萨尔：《西欧经济风土史》，英文版，第2卷，第53页。

泰温（Simon Stevinus，1548—1620）曾改进了会计方法、炮兵术，大力促进了机械学和流体静力学的发展；工程师拉内坎（Rannequin）设计了当时最出色和最宏大的供水系统，1682年为法国凡尔赛花园供水。

在社会科学和文学艺术方面，我们首先要提到法学理论家雨果·格劳修斯，他是国际法和航海法的奠基人，最早提出资产阶级自然法权和道德观点的代表人物。戏剧家和诗人冯代尔（Vondel, Joost van den，1587—1679）从《圣经》和民族史中选取主题，写了大量脍炙人口的颂歌和讽刺作品。一代绘画大师伦勃朗（Rembrandt van Rijn，1606—1669）以他那明暗对照的光线效果和普普通通的现实题材为十七世纪欧洲绘画开辟了一个崭新境界。

十七世纪的荷兰是当时欧洲的科学文化中心。欧洲第一所新教大学——莱登大学创立于1575年，在整个十七世纪一直是欧洲人文主义思潮的诞生地，继后1632年阿姆斯特丹和1636年乌特勒支也设立了大学。在荷兰提倡学术自由和信仰自由的影响下，欧洲其他国家的一些科学家和哲学家纷纷来到这里从事科学研究，荷兰已成为欧洲所有酷爱自由的学者所向往的中心。英国哲学家霍布斯曾这样写道：

> 伦敦这个城市，以及其他大的商业城市，由于赞美低地国家（指荷兰）在摆脱他们的君主西班牙国王统治之后的繁荣昌盛，都倾向于认为如果这里做类似的政权变

动,也会对他们产生同样的繁荣昌盛。④

霍布斯本人曾经到过阿姆斯特丹,并在那里出版了他的一些英国检察官拒绝出版的著作。同样,笛卡尔这位法国哲学开创者的科学和哲学活动差不多全是在荷兰进行的,他曾经在给他的朋友巴尔扎克的信中这样写道:"请选择阿姆斯特丹为足下的避难所,……这样完全自由的乐土,在哪个国家能找到呢?"德国哲学家莱布尼茨也到这里做过短期学术访问。甚至在十七世纪末,法国哲学家培尔的启蒙活动和政论活动也是在这里展开;最伟大的英国唯物主义哲学家洛克亦曾在这里侨居数年,并在这里完成了他最有名的著作《人类理智论》。

这一切不能不使斯宾诺莎在他的《神学政治论》中对自己祖国的黄金时代做出这样的赞美:

阿姆斯特丹城在其最繁盛中,以及为别人景仰中收获了这样自由的果实。因为在这个最繁荣的国家、最壮丽的城市中,各国家各宗教的人极其融洽和睦地相处在一起。在把货物交给一个市民之前,除了问他是穷还是富,通常问他是否诚实之外,是不问别的问题的。他的宗教和派别被认为是无足轻重的。因为这对于诉讼的输赢没有影响。只要一教派里的人不害人,欠钱还债,为人正直,

---

④ L. 费耶尔(L. Feuer):《斯宾诺莎和自由主义的兴起》,1958年,第66页。

他们是不会受人蔑视、被剥夺了官方的保护的。⑤

最后不得不使他骄傲地得出结论说："我们幸而生于共和国中，人人思想自由，没有拘束，各人都可随心之所安崇奉上帝。"⑥

三、教派林立和宗教纷争

十七世纪，尼德兰内部尖锐的政治斗争是与它错综复杂的宗教派系的斗争紧密地联系在一起的。我们甚至可以说，如果不理解当时尼德兰的纵横交错的宗教形势，我们是很难正确理解它当时风起云涌的政治斗争。

早在十三和十四世纪，尼德兰就出现了一个所谓"共同生活兄弟会"的宗教团体，其创始人是德文特的格罗特。这个团体是在犀利抨击天主教会的腐败和堕落行径中发展起来的，它主张返回《福音书》的纯教义，不发三绝（绝财、绝色、绝意）誓愿，也不接受施舍，专事内心修养，完善自己品德。这个兄弟会曾供给穷苦学生食宿，让他们抄写经籍，从而影响日益增大，吸引了大批渴望达到完美品德的信徒。"共同生活兄弟会"无疑为后来马丁·路德的宗教改革在尼

---

⑤ 斯宾诺莎：《神学政治论》，温锡增译，商务印书馆，1963年，第 277 页。

⑥ 斯宾诺莎：《神学政治论》，温锡增译，商务印书馆，1963年，第 12 页。

德兰传播准备了适宜的土壤。自 1520 年起，路德的著作就被翻译成尼德兰文，稍后，在多德雷赫特、德尔夫特和乌特勒支，形成了路德新教的核心，一场与政治斗争紧密相联的宗教改革运动在尼德兰开始了。

这里我们需要对日后对荷兰政治形势发生重大影响，并与斯宾诺莎本人有密切关系的一些宗教派系做一些考察。再洗礼派（Anabaptist）是在反对婴儿能洗礼的教义从基督教里分化出来的一个教派，它认为为不懂事的婴儿进行洗礼是无效的，主张人在成年后应再次接受洗礼。它的政治主张是反对私有制，主张"兄弟间一切事物都是共有的"，期待人人平等的"千年王国"来临。再洗礼派最早产生于德国，后来传到阿姆斯特丹，迅速波及荷兰和弗里斯兰。再洗礼派教徒把威斯特伐利亚的蒙斯特作为他们的"乐土"，1534 年他们在那里举行一次大规模的起义，把蒙斯特的主教驱逐出去。虽然 1535 年蒙斯特被主教夺回，再洗礼派教徒被处以酷刑，但是由于这一教派的社会理论的吸引，它在荷兰省的信徒，特别是在贫苦阶层中——如裁缝、铁匠、鞍匠等手工艺者人数众多，不久从中分化出一个很著名的教派，即门诺教派（Mennonites）。

门诺教派的创始人门诺·西门斯（Menno Simons, 1492—1559）生于弗里斯兰维脱马松城。他本是天主教的神父，由于受马丁·路德和再洗礼派的影响，1536 年脱离天主教会而成为再洗礼派成员。门诺派的主张类似于再洗礼派的主张，认为没有判断能力的婴儿所受的洗礼是无效的，成年后需要重受洗礼。门诺派在政治上主张一种温和的社会改良观点,他们拒绝使用暴力进行社会革命,而宣传一种模糊的共产主义协作观点⑦。在斯宾诺莎时代,门诺派有很大发展,差不多占荷兰居民人数的十分之一的人是门诺派人或同情门诺派的人,其中大部分是自由职业者和中下层人士。门诺派教徒大多是和平主义者,反对战争和侵略。在联省共和国初期,门诺派是赞成共和国的资本主义经济开发事业的,但是他们的和平主义思想使他们不久后就退出荷兰的资本主义大冒险。原先,在荷兰东印度公司里本有一些门诺派和再洗礼派人的股份,后来他们反对公司对葡萄牙的战争,抗议公司舰队的武装,因而退出了东印度公司。他们的社会哲学曾在尼德兰引起了一场大争论。法学家格劳修斯曾写了一本名叫《论价估法》的书,认为基督教不应禁止战争,甚至一个私有的公司也能进行"正义战争"。格劳修斯讥讽门诺派的共产主义协作理想乃是"通向毁灭之路",他说:

公有制只会带来不满和纠纷,因为对一切人开放的东西应当属于那个最早得到它并保留给自己的,这人才是合理的。⑧

加尔文教(Calvinists),亦称归正派,无疑在十七世纪

---

⑦ 例如,在1663年有一个名叫彼特·布洛克霍(P. Plockhoy)的门诺教徒极力劝说阿姆斯特丹政府支持他在特拉瓦河两岸建立由41人组成的协作公社。
⑧ 引自 L. 费耶尔的《斯宾诺莎和自由主义的兴起》,1958年,第42—43页。

尼德兰的政治斗争中扮演了一个极为重要的角色。加尔文教的创始人是耶恩·加尔文（J. Calvin, 1509—1564），他生于法国努瓦营的一个律师家庭，在巴黎读书时受宗教改革影响，参加巴黎新教徒的活动。由于法国政府对新教徒的迫害，他于1535年逃往瑞士巴塞尔，并在那里创立了以他的名字命名的加尔文教。加尔文教的主要教义是上帝预定说，即认为人的得救与否，皆由上帝预先决定，与各人自身是否努力无关。加尔文教后来在瑞士、法国和英国传播，主要信徒是工人群众，但由于尼德兰革命后蓬勃发展的纺织业吸引了大批多半信加尔文教的法国工人，以及英国的加尔文教徒通过两岸贸易也同时涌进荷兰，以至加尔文教在尼德兰如雨后春笋般地迅速发展了起来。尼德兰大部分的工人、农民和水手都信仰加尔文教，甚至联省共和国执政威廉·奥伦治本人也加入了加尔文教。

加尔文教在尼德兰的发展是与尼德兰人民反抗西班牙专制统治的斗争联系在一起的。当再洗礼派的社会革命运动在蒙斯特惨遭镇压后，虽然有一部分温和的再洗礼派教徒转变成具有共产主义朦胧意识的门诺教徒，但大部分激进的再洗礼派成员变成了加尔文教徒，他们希望通过有组织的教会来达到改造国家的目的。事实上，从加尔文教的上帝预定说，很容易会演绎出这样一种革命的理论：既然上帝预先决定了某人升天国，某人下地狱，那么我们作为上帝的选民和奴仆，就有责任与那些行将被打入地狱的人作战。在1572年"乞丐造反"后，加尔文教事实上成了尼德兰穷苦人民反抗西班牙独裁统治的斗争的组织者和鼓吹者，各地的加尔文教牧师都成了革命群众的引导者和代言人。

但是，荷兰革命的胜利产生了一个始料未及的结果，即它夺去了加尔文教一派成为领导的局势，因为一个新的统治阶级开始产生了，即荷兰的自由商业阶级。加尔文教本是穷人的福音和富人的仇敌，力主贫贱是美德、享乐是罪孽，新兴的荷兰资产阶级和商人寡头当然鄙视这一教派。在他们看来，加尔文教的教义是与荷兰商业和经济的繁荣相矛盾的。他们特别反对加尔文教的宗教不宽容政策（加尔文教主张"在一个国家内只可能有一种宗教，所有异教徒必须赶出去，因为一个单一的城市总比一个充满教派的混杂城市要好"），他们认为这种不宽容政策将阻碍荷兰的经济开放和政治自由。而在加尔文教徒看来，荷兰的自由商业阶级的上台，犹如一场"贵族的复辟"。

如果回顾一下在前面所讲到的谏诤派和反谏诤派的斗争，那么我们将很清楚地看出这场斗争的起因乃是反加尔文派和加尔文派之间的斗争。作为谏诤派的代言人阿明尼乌斯，原是莱登大学神学教授，由于他反对加尔文教的上帝预定说，认为各人得救与否，虽然为上帝所预知，但并非完全由上帝所决定，各人可以本着自己的自由意志接受或拒绝上帝的恩宠，很快就得到了荷兰自由商业阶级的支持。作为谏诤派政治领袖的联省议会大议长奥登巴恩韦尔特就是站在阿明尼乌斯派立场上坚决反对加尔文教的上帝预定说和宗教不宽容政策。当然，这一派立即遭到了加尔文派以及拥护加尔文派的奥伦治王族的坚决反对，结果由于奥伦治王族掌握军队，致使1618年多德雷赫特宗教会议决定把阿明尼乌斯开除教会，封闭阿明尼乌斯派的教堂，并把奥登巴恩韦尔特判处死刑。

不过，镇压阿明尼乌斯教派的行动产生了一个颇有意思的结果，即一个新的阿明尼乌斯——门诺教派形成。这个教派以Collegiants（社友会）定名，因为他们为了逃避政府的宗教限制，主张取消牧师的职务和教堂作为宗教活动的场所，仅为祷告和进行完全由非圣职人员主持的宗教讨论才或多或少地在Collegia（社、团）举行一些非正式的集会。这是一种类似于学会的宗教组织。

社友会成立于1619年，莱茵斯堡是它的大本营。正如再洗礼派和门诺派一样，社友会也主张成年人应当接受洗礼。位于古老的莱茵河上的莱茵斯堡是他们洗礼的圣地，因而社友会的教徒也被人称之为"莱茵斯堡人"。斯宾诺莎的朋友中有许多人是社友会教徒，他在被犹太教会放逐后去到莱茵斯堡居住，很可能就是他的某位社友会朋友的建议。这一教派的成员大多是一些出身于商人、医生或其他自由职业的中产阶级。在政治上，他们一方面主张世俗的和政治的平等以及公有制，另一方面又反对大规模的暴力革命，主张一种带有乌托邦色彩的社会改良；在思想上，他们大都是自由思想家，一方面热衷于笛卡尔的理性主义，尊重科学和知识，相信理性会给人带来最大幸福和完善，另一方面又带有某种神秘主义，相信人的知识乃是神的启示；在宗教信仰上，他们一方面反对正统神学家所宣扬的那种超自然的上帝存在，主张理性高于信仰，另一方面又主张一切自然现象都体现上帝精神的泛神论观点，例如斯宾诺莎的朋友彼特·巴林（P. Balling）这位社友会教徒，在1662年写了一本名叫《蜡光》的书，他一方面抨击了基于僵死教条的正统宗教，另一方面又提倡在灵魂内在启示基础上建立一种半理性主义半神秘主义的新教；在伦理道德观点上，勤劳、俭朴、没有任何苛求的生活是社友会成员的理想，他们反对贪求无厌、纸醉金迷的荒淫无耻生活，主张类似于我国古代道德美训的"富贵不能淫，贫贱不能移，威武不能屈"的精神，斯宾诺莎被放逐后靠磨制镜片为生，可能正是这种社友会精神的表现。

至此，我们就可以看到对十七世纪尼德兰政治生活发生重大影响的宗教派系的尖锐斗争了。斗争的两大阵营是清楚的，一方是再洗礼派、阿明尼乌斯派、门诺派和社友会，其成员是荷兰的自由商业阶级和中产阶级，他们主张宗教信仰自由、政治平等和发展资本主义；另一方则是加尔文教派，其成员主要是工人、农民、水手和其他下层阶级，他们反对宗教宽容政策，鼓吹君权与《圣经》同在，限制资本主义。这样，十七世纪尼德兰的宗教派系的斗争就很容易与尼德兰政治领域的共和派和君主派的斗争结合起来。加尔文教派显然与以奥伦治王室为代表的君主派站在一起，主张君主专制政体，建立一个中央集权政府，并在宗教上以加尔文教为唯一的国教；反之，那些反对加尔文教的教派则公然与以德·维特为代表的共和派结成联盟，主张最大限度的地方自治，反对中央集权政府，并反对以加尔文教为唯一国教的宗教不宽容政策。联省共和国初期的诤谏派和反谏诤派的政治斗争，虽然1619年以阿明尼乌斯派的悲剧为告终，但是加尔文教和反加尔文教的斗争并没有结束，反而随着共和派和君主派的政治斗争愈演愈激烈。1653年德·维特担任荷兰省议长，公开反对加尔文教所散布的宗教仇恨，主张人民应当彼此和睦相处，加尔文教徒则奋起攻击德·维特，主张树立奥伦治公爵的最高权威，高喊"摩西和亚伦、君权与圣经"必须永远结合在一起。斯宾诺莎的《神学政治论》正是出于这一斗争形势的需要，他自然而然地成为德·维特政教问题的代言人。这场斗争一直持续到1672年，加尔文教终于利用德·维特内政外交上的一系列危机，煽动一些不明真相的群众把德·维特兄弟杀死，致使本来富有生命气息和欣欣向荣的共和国走上了穷途末路。

在谈到荷兰的宗教状况时，当然我们不能略去犹太教，特别是这一教派与我们的哲学家有着血缘的关系。荷兰犹太教的祖先原在西班牙，十六世纪为了躲避西班牙天主教的迫害，经葡萄牙逃到荷兰来。阿姆斯特丹是当时犹太人的大本营。联省共和国之所以允许犹太人在本国定居，除了表明它的宗教信仰自由的开放政策外，还想利用这批富有的犹太教徒的财产为它开发资本主义经营服务。尽管犹太教有自己独特而严厉的教义和教规，但它在荷兰的宗教世界里的地位颇不受重视。一个很明显的例子是，在1619年以前，犹太人始终没有得到可以举行公开礼拜的合法许可，而在1657年以前，他们也没有被承认为共和国公民。因此，尽管犹太教的长老们是君主制的拥护者，支持奥伦治皇室，但由于他们寄人篱下的可悲处境，他们处处小心谨慎，生怕触犯当地土生土长的宗教，因而对荷兰的政治局势影响不大。他们唯一的力量是用来对付自己教民的越轨行为，试图以严厉管教和控制自己教民的思想和行为来换取其在异国的居留权。我们可以举出这样一件可怕的事。大约在1618年，有一个名叫乌利艾尔·达科斯塔的犹太人从葡萄牙抵达阿姆斯特丹，他原在天主教会任职，后在阿姆斯特丹皈依犹太教。但当他接触了犹太教的教义后，他大失所望。于是他开始轻蔑地把犹太人称作为法利赛人，并且非常随便地宣扬他反对灵魂不死和圣经神托的见解。犹太教头领认为他是异端邪说的传播者，在1624年把他逐出教会。以后乌利艾尔·达科斯塔深感生活孤独，难以忍受，于1633年清算了他的思想，重新回到犹太教里来，可是不久后他又指责犹太教的教义，于是第二次被逐出教会。当他再次忍受不了对他的孤立而向犹太教会交涉时，犹太教会公然向他提出了苛刻条件，即在犹太教公会里当众撤销他的罪恶主张，接受三十九鞭笞，还要趴在犹太教公会的门槛上，让离开会堂的教徒从他身上跨越而过。由于受到这种残酷无情的惩罚，他的精神完全崩溃，1647年他终于自杀了。这就是阿姆斯特丹犹太侨民团体为了避免触犯他们的基督教徒的邻居而对自己内部异端邪说传播者的可怕的惩罚方式。不幸的是，我们的哲学家正是出身于这一教会，这样，在他参与当时荷兰本已错综万端的政治、经济和宗教斗争的同时，还要加上一层与专横固执和愚昧无知的犹太教的艰苦斗争，真是"天将降大任于斯人也，必先苦其心志，劳其筋骨，饿其体肤，空乏其身，行拂乱其所为"。

第二章 为真理和自由而奋斗的一生

1656年7月26日,在荷兰阿姆斯特丹的犹太教堂里吹响了一种名叫"沼法"的山羊角,人们带着紧张而沉重的心情聚集到教堂周围,惶惑不安地等待一桩可怕事件的发生。终于这个时刻来到了,身穿黑色法衣的威严不可一世的犹太拉比们来到了大庭中央的讲台,以他们那种阴森可怖的语言,宣判将一位摩西律法的轻蔑者永远逐出教门。当时谁能预料,他们这种残酷而愚昧的判决将在人类历史上永远留下了可耻的一页,而他们所宣判驱逐的离经叛道者将是全世界人民永远怀念和尊敬的伟大哲学家、战斗无神论者和杰出的自由思想战士!

一、童年教育——"希伯来之光"
(1632—1645)

巴鲁赫·德·斯宾诺莎(Baruch de Spinoza),或更熟悉的名字——别涅狄克特·德·斯宾诺莎(Benedict de

Spinoza）[①]，1632 年 11 月 24 日生于荷兰阿姆斯特丹的一个犹太商人家庭。他的祖先原是居住在西班牙的犹太人，1492 年由于西班牙宗教法庭的迫害逃亡到葡萄牙，后又于 1592 年迁至当时以信仰自由、容忍异族著称的阿姆斯特丹。他的祖父阿拉伯罕·德·斯宾诺莎是一位很受人尊敬的犹太商人，曾在阿姆斯特丹犹太人公会担任重要的职务。他的父亲迈克尔·德·斯宾诺莎继承了其父的事业，曾多次担任犹太人公会的会长，而且是阿姆斯特丹犹太教会学校的校长之一。从当时银行档案材料得知，斯宾诺莎的父亲曾经经营海运贸易，一年之内经营的进出口商品达 48 种之多，仅就 1651 年 8 月到 1652 年 1 月这半年统计，他的经营利润就达 61883 荷盾[②]，因此我们可以说，他的父亲是当时阿姆斯特丹犹太人区的一个很有地位并颇有资产的商人。

1638 年，斯宾诺莎刚满六岁，他的母亲，也就是迈克尔的第二个妻子，不幸去世。为了照顾小斯宾诺莎和其他两个异母兄妹的生活，不久他父亲娶了一位从里斯本逃亡出来的犹太女人。这位继母对孩子还比较温和，她早年接受的天主教使她感到有一种宗教的义务来培养孩子，并且她的宗教

[①] 斯宾诺莎原名是本托·德·斯宾诺莎（Bento de Spinoza），本托乃西班牙语，意即受上帝的恩惠。巴鲁赫·德·斯宾诺莎乃是希伯来文拼写的学名。后来由于与犹太教会断绝关系，他又改名为以拉丁文拼写的名字别涅狄克特·德·斯宾诺莎。

[②] 参阅 L. 费耶尔的《斯宾诺莎和自由主义的兴起》，1958 年，第 17 页。该书是近几十年来对斯宾诺莎家庭经济状况提供较为详尽资料的重要著作。

信仰使她并不竭力鼓舞年幼的斯宾诺莎过早地以炽热的感情皈依犹太教,这对斯宾诺莎今后的人生道路无疑是有一定影响的。但我们应当说,斯宾诺莎的童年主要是沉浸在他父亲的犹太传统教育中,每逢犹太人的重大节日,如朝圣节、逾越节、五旬节及每星期的安息日,他父亲总按照犹太人的惯例,把全家人聚集在一起,由他讲授犹太人苦难的历史,从雅各的后裔在埃及受苦一直讲到新近在西班牙和葡萄牙犹太人所遭受的迫害。这些犹太人先辈可歌可泣的苦难斗争的历史不能不在斯宾诺莎幼小的心灵留下了深刻的影响,特别是那些先烈为了保持信仰自由不畏强暴和视死如归的英雄事迹给了他极大的感染。直至多年后,斯宾诺莎在书信中还回忆说他少年时就听到过"一个犹太,一个堪称信仰坚定的人,他被投入熊熊燃烧的烈火中,当他知道他必死无疑时,他开始吟唱圣歌:'啊!上帝,我把我的灵魂献给了您!'并且唱着这歌至死"[③]。

斯宾诺莎的早期教育是在阿姆斯特丹一所七年制的犹太教会学校里接受的。这所学校的任务是培养拉比,课程主要是希伯来文、《旧约全书》和犹太典籍。在这所学校里,斯宾诺莎结识了他生平两位得力的老师骚尔·摩台勒拉比(Saul Morteria)和马纳塞·本·伊色拉尔拉比(Manassch ben Israel)。前者是当时犹太人集团中维持正统礼教的权威,他指导斯宾诺莎研读希伯来文《圣经》法典;后者是一位学识渊博、交友广泛的颇有异教徒倾向的人物,他热情地帮助他

[③] 《斯宾诺莎书信集》,英译本,1928 年,第 354 页。

的学生阅读中古犹太哲学家阿本·以斯拉（Ibn Ezra, 1092—1167）、摩西·麦蒙尼德（Moses Maimo-nides, 1135—1204）和卡斯达·克雷斯卡（Chasdai Crescas, 1340—1410）的著作，并介绍他与许多开明的基督教徒认识，据说斯宾诺莎就是在他家与荷兰大画家伦勃朗相见的，伦勃朗曾为伊色拉尔画过一幅金属版的肖像画。这时期，斯宾诺莎完全沉浸在犹太的圣法经传中，犹太神学和哲学里的深奥问题吸引了他全部的注意力，这在斯宾诺莎哲学思想的发展上无疑打下了第一个重要基础。犹太哲学和神学里以上帝为最高存在的观念，使斯宾诺莎最早确立了宇宙应当从一个最高统一的东西进行解释的一元论观点。这种观点在他思想里是这样根深蒂固，以致在他后来成熟的著作中，用来表述这个最高存在的范畴，也用了"上帝"一词。

斯宾诺莎在学校里表现了突出的理解才能，他不仅熟读经典，而且勇于提问，他提出的那些令人困惑的问题曾经使得学校的老师感到惊异。由于他的聪明好学和忠诚正直，当地犹太教会的领导人曾把年轻的斯宾诺莎看成是犹太教的希望——"希伯来之光"。但是，斯宾诺莎不久就辜负了他们的期望，犹太的圣法经传并不使他感到满足，他开始并且愈来愈大地对犹太神学，特别是摩西律法表示怀疑，不过这也是在他从犹太学校毕业以后的事情。

二、商界服务——新世界漫游（1645—1654）

按照斯宾诺莎父亲本来的打算，斯宾诺莎从学校毕业后应当从事商业。十三岁那年，他父亲就让他到自己商行里料理一些财经事务。1649年，他哥哥去世，他就接替其兄的工作，正式到商界服务。这时期正值荷兰商业蓬勃发展和繁荣之机，各方人士云集阿姆斯特丹。斯宾诺莎由于经常出入商界，因而结识了许多富有自由思想的年轻商人，如西班牙贸易商代理人彼特·巴林（Peter Balling）、阿姆斯特丹香料商人雅里希·耶勒斯（Jarig Jelles）、阿姆斯特丹开业医生路德维希·梅耶尔（Ludwig Meyer）、阿姆斯特丹商人西蒙·约斯登·德·福里（Simon Joosten de Vries）和书商詹·利乌魏特茨（Jan Rieuwertsz）等。这些人大多数是门诺教派或社友会教徒，有些人以后就参加了以斯宾诺莎为中心的哲学小组，与斯宾诺莎保持了终身的友谊。商界经营扩大了斯宾诺莎的眼界，使他接触到一个与他从小所受的传统教育完全不同的新世界。这里的一切对他来说都是陌生的，陌生的人之间的关系、陌生的道德情感、陌生的世界观点，因此他感到需要扩大他的知识领域，他孜孜不倦地学习各种世俗学问和科学知识。

正在这时，他结识了一位对他一生产生最大影响的老师范·丹·恩德（Van den Ende, 1600—1674）。范·丹·恩德是一位自由思想家和人文主义者，是1619年被火刑处死的意大利无神论者梵尼尼的崇拜者，曾做过外交官、书商、医生和教师,他当时在阿姆斯特丹开办了一所拉丁文学校。斯宾诺莎最初是跟他学习拉丁文,但是,正如斯宾诺莎的早期传记家柯勒鲁斯所说的,斯宾诺莎在这所学校里"除了拉丁语外,还学习了许多别的学问",因为拉丁文在当时正如古代"希腊人的智慧"一样,乃是一种"世俗智慧的媒介",通过拉丁文的学习,可以进一步涉猎许多其他非宗教的世俗科学。斯宾诺莎在这所学校里研究了许多自然科学,如数学、物理学、医学以及当时先进的哲学。毋庸置疑,这种学习在他心智里注入了新的契机,我们完全可以有把握地说,斯宾诺莎在范·丹·恩德学校里的学习正是他摆脱犹太神学走向新哲学的转折点。正是通过范·丹·恩德,斯宾诺莎才接触了文艺复兴时期自然哲学家的著作和笛卡尔的新哲学。

此时,斯宾诺莎已对商业财经事务失去兴趣,加之1654年他家经营的海运商业由于船只遭海盗抢劫损失颇大,他父亲不久郁郁病逝,斯宾诺莎索性就搬进范·丹·恩德学校,一方面帮助范·丹·恩德料理教务,另一方面专门研究哲学。范·丹·恩德学校在当时无疑会以无神论嫌疑受到当地犹太教会的谴责。柯勒鲁斯曾说,这所学校的学生"每天都祈求上帝让他们的父母记住、及时注意让他们离开由这样一个有害的和不虔敬的人当校长的学校"。后来学生家长终于说服了市政当局关闭了这所学校,之后范·丹·恩德去到了法国,在巴黎一次旨在反对路易十四的革命行动中不幸被捕,不久就被送上了断头台。斯宾诺莎目睹了他这位可敬老师一生的苦难经历,这位老师的自由思想和革命行为不能不对斯宾诺莎一生发生重大影响。正如他在幼年时从犹太殉难者故事里听到的,真理的追求总是与献身的精神联系在一起的,这里要付出生命的代价。据说斯宾诺莎曾经为自己画了一张肖像画,他身着托马斯·安尼鲁斯式的服装,而托马斯·安尼鲁斯就是1647年领导那不勒斯人民反抗西班牙统治而不幸牺牲的起义领袖。

这个时期,斯宾诺莎的哲学思想受到了两个学说的有力影响,这就是布鲁诺的自然哲学和笛卡尔的新哲学。正如我们前面所述,斯宾诺莎在犹太神学里所获得的最重要的哲学概念就是那无限存在的唯一的上帝观念,而这种观念在布鲁诺的自然哲学里正表现为自然这个概念。自然在布鲁诺看来,是无限的和神圣的,自然和上帝乃是同一的。斯宾诺莎完全接受了布鲁诺的这一思想,虽然斯宾诺莎在其著作里从来没有提到过布鲁诺。然而在斯宾诺莎第一部哲学著作《神、人及其幸福简论》一书的第一篇对话里很明显地使我们想起了布鲁诺,布鲁诺的新思想使斯宾诺莎想到,他原先从犹太神学里接受的神的观念,可以同样用自然这一概念来表达,他说:

> 自然是一个永恒的统一体,它是通过其自身而存在的、无限的、万能的等,这就是说,自然是无限的并且在其中统摄了一切。[4]

---

[4] 斯宾诺莎:《神、人及其幸福简论》,洪汉鼎、孙祖培译,商务印书馆,1987年,第149—150页。

自然在斯宾诺莎体系里富有与神同样的无限性和神圣性。除了布鲁诺的自然哲学外，促使斯宾诺莎哲学思想形成的，可能最主要的要算笛卡尔的新哲学了。笛卡尔虽然出生于法国，但其主要哲学活动是在荷兰进行的。特别是他在 1650 年刚死，这事一定重新唤起了人们对他的著作的注意。笛卡尔要求一切观念都应当是清楚而明白的，一切知识都应当是从清楚而明白的观念按照严密的逻辑程序推演出来。这种思想引起了斯宾诺莎的注意，他认真地学习了笛卡尔所有各种哲学著作和物理学著作，特别是对笛卡尔的实体学说发生了浓厚的兴趣。但他不满意笛卡尔将实体分为心灵和物体两类实体的说法，他需要一种统一的解释，这种统一解释当然不是笛卡尔那种以一个在心灵和物体之外的上帝作为最终的绝对无限的实体的观点，因为这种观点非但未减少实体，反而增加一个实体。在斯宾诺莎看来，只能有一个实体，这个实体是绝对的和无限的，广延和思想乃是这唯一的实体的两种属性，心灵只是这一实体在思想属性方面的样态，物体只是这一实体在广延方面的样态，因此斯宾诺莎把他原先从犹太神学里接受的神的概念和从布鲁诺自然哲学里接受的自然概念同笛卡尔的实体概念结合起来，他认为神、自然和实体这三个概念并非表述三个不同的东西，而只是表达同一个最高的存在，从这个最高的存在出发，斯宾诺莎就建立起他自己的哲学体系，不过这已是若干年以后的事。但是即使这样，在斯宾诺莎的早期著作中，我们也很难看到斯宾诺莎是笛卡尔派的忠实信徒，他的哲学是在继承、批判和改造笛卡尔实体学说基础上形成的。斯宾诺莎的天才首先应在于他能兼容并蓄地接受各种哲学思想于自己的体系中,而又能站在更高的水平上对它们加以综合,从而完成了自己哲学体系的创造。

三、狂风恶浪——被犹太教放逐
(1654—1656)

新思想的侵入必然与从小所受熏陶的犹太传统发生冲突。在长期深入研究《摩西五经》和希伯来法典的过程中,斯宾诺莎愈来愈发现犹太教神学存在有不可克服的内在矛盾。这样一种思想也是非常自然的,因为早在十世纪开始犹太神学里就出现了一种理性主义精神,试图用理性来解释和克服犹太圣经中那些明显前后矛盾的章节,例如,被誉为"《圣经》高等批评之父"的阿本·以斯拉关于《圣经》的评注就曾经充分地引导人们去注意在被称为《摩西五经》中的《后摩西》的某几节的原来作者究竟是谁,或注意《以赛亚书》第一部分和第二部分可能是由不同的作者所撰成。摩西·麦蒙尼德在其《迷途指津》里甚至更大胆地断言,在《圣经》中,无论哪一节,只要表明它与理性相冲突,那么就必须重新予以解释,以便使它与理性相一致。特别是革桑尼德(Gersonides, 1288—1344)公然宣称"凡是我们的理性使我们信以为真的东西",圣经"不能妨碍我们去坚持它们"。斯宾诺莎从少年时代开始就熟悉这些人的著作,这些人所传导的理性主义精神早已为他后来对犹太教的叛逆准备了合宜的土壤,现在再加上笛卡尔的理性主义哲学和"清楚而明晰"的真理标准,势必酿成一场大风暴。

显然,斯宾诺莎的思想愈来愈和犹太教的教义格格不入了,他漠视犹太教的教规仪式,拒不执行犹太教的繁文缛节的饮食戒律,不参加犹太教的礼拜活动。更为甚的,据说他公开对人讲说他不相信灵魂不灭,否认天使存在,主张上帝具有广延的存在。斯宾诺莎早期传记家鲁卡斯(Lucas)在其《已故斯宾诺莎先生传》里记述了这样一段话:

有两个年轻人问他:"上帝有形体吗?天使存在吗?灵魂是不死的吗?"斯宾诺莎答复说:"我相信,既然在《圣经》中找不出任何有关非物质或形体的东西,那么相信上帝是一个被创造出来的物体,也未尝不可,尤其是因为先知说过,上帝是伟大的,而没有广延的伟大是不可理解的,因此没有形体的伟大也是不可设想的。至于精灵,《圣经》中确实没有说它们是实在的永存的实体,仅是幻影而已,因为上帝用它们来宣示他的意志,所以叫人天使;天使和其他所有精灵之所以属于不可见的种类,仅是因为它们的质地是非常细净和透明的,所以人们看到它们,只能像在镜子中、在梦中或在晚上看到幻影一样,正如雅各一样,在睡梦中看到它们在梯子上飞上飞下。这也是我们为什么不理解犹太人要把不相信天使的撒都该教徒开除出教门的理由,撒都该教徒之所以不相信天使,是因为关于天使的创造在《旧约》中还丝毫没有提到。说到灵魂,凡是《圣经》中讲到它的地方,灵魂这个词仅仅是用来表示生命,或者任何有生命的东西。要在《圣经》中找到任何支持灵魂不死的章节是徒劳无益的。至于相反的观点,从中可以找到上百处,要证明它,那是最容易不过的了。"⑤

犹太教集团首领视斯宾诺莎的言论为异端邪说,正如他们以前不能容忍对犹太教真实性表示过怀疑的犹太自由思想家乌利艾尔·达科斯塔和冯·德·普拉东一样,他们现在更不能容忍斯宾诺莎这些在他们看来简直是叛经背道的渎神言论。他们首先企图用金钱收买他,答应每年供给他一笔津贴,条件是他必须绝对恪守犹太教,但斯宾诺莎愤怒拒绝了。继后他们对他采取了小开除的惩罚手段,即暂时开除他教籍,在一个月内禁止人们同他发生任何往来,然而这种办法对未来的哲学家并没有发生作用,他更和犹太人公会和犹太教疏远了。最后在谋害斯宾诺莎的企图遭失败后,1656年7月27日,也就是斯宾诺莎二十四岁的时候,他们就对他采取了最极端的大开除惩处,即将斯宾诺莎永远开除教籍并对之施以诅咒。处分的措辞是相当严厉而残酷的:

遵照天使和圣徒们的审判,并征得神圣上帝和本圣公会全体的同意,在这些神圣的《摩西律书》之前,并根据

---

⑤ 见 A. 沃尔夫(Wolf)编的《斯宾诺莎最早期传记》,英文版,1935年,第 45—46 页。

它所载的六百一十三条训诫，我们咒逐、孤立、憎恨和诅骂巴鲁赫·德·斯宾诺莎，按照约书亚诅咒耶利哥那样诅咒他，按照以利沙咒骂少年人那样咒骂他，并且按照摩西律法所载的所有诅咒咒骂他，并且按照摩西律法所载的所有诅咒咒骂他：白天他被诅咒，夜里他也被诅咒；当他出去时被诅咒，在他回来时也被诅咒；当他睡下时被诅咒，在他起身时也被诅咒；主将永不饶恕他；主将对这个人表示愤怒和给予惩罚，并使他领受《摩西律书》所载诅咒的所有灾祸；主要在普天之下毁他的名；并且对于他的堕落，主将按照加载《摩西律书》中的苍天之下的所有诅咒把他逐出以色列人的十二支族；但是，对于依恋主的你们，上帝将与你们同在！我们命令：任何人都不得以口头或书面的方式与他交往，不得对他表示任何好感，不得与他同住一屋，不得与他同在两米的距离之内，不得读他著述和撰写的任何东西。[6]

据说当时斯宾诺莎对于这一惩处曾做了这样的答复：

很好，这样他们就不能强迫我去做我本不愿做的任何事情了，假如我不担心诽谤的话。既然他们要这样干，我将愉快地走我自己的路，我带着宽慰的心情离去，比早年离开埃及的希伯来人更为无辜。虽然我的生活不比他

---

[6] 引自 A. 沃尔夫的《斯宾诺莎传》，见斯宾诺莎的《神、人及其幸福简论》，洪汉鼎、孙祖培译，商务印书馆，1987年，第41—42页。

们更有保障,但我不拿任何人一点东西,并且,不论将有什么样的不公正落在我的身上,人们没有什么东西可以对我指责的,我可以以此而自豪。⑦

历史是这样嘲弄人,主持这次审讯大会的首席拉比正是昔日称赞斯宾诺莎品学兼优的老师骚尔·摩台勒拉比。

四、天路历程——精神与世俗的冲突
（1656—1660）

犹太拉比们不仅把斯宾诺莎开除教籍,还向阿姆斯特丹市政当局控告斯宾诺莎,说他是危险的无神论者,要求把他从该城市驱逐出去。结果这位年轻的哲学家不得不离开阿姆斯特丹,暂时在附近的奥微尔开克乡下避居数月,后见风浪稍平静,他仍回阿姆斯特丹销声匿迹地住下,直住到1660年方迁莱茵斯堡。这时斯宾诺莎几乎没有任何生存的资料,家里的财产也在他父亲死后被他异母姐姐全部拿去,斯宾诺莎本性淡泊,不求于人,他以磨制光学镜片维持生活,这是他从犹太人学校里学来的一种手艺,因为每个年轻的犹太人都要学习一种手艺以作将来谋生的手段。

虽然这几年的情况我们知道得很少,但是,毫无疑问这

---

⑦ 鲁卡斯:《已故斯宾诺莎先生传》,见 A. 沃尔夫编的《斯宾诺莎最早期传记》,英文版,1935年,第54页。

几年在斯宾诺莎的思想历程中是充满风暴和重压的几年，这一点我们可以从《知性改进论》开篇的自白看出来：

> 当我亲受经验的教训之后，我才深悟到日常生活中所习见的一切东西，乃是虚幻的、无谓的，因为我的确见到，凡是令我担忧或眩骇的东西，本身既无所谓善，也无所谓恶，只不过觉得心灵为它所动罢了。因此最后我就决意探究世界上是否有人人都可以分享的真正的善，可以摒绝其他的东西而单独地支配心灵。这就是说，我要探究世界上究竟有没有一种东西，一经发现和获得之，我便可以永远享受连续无上的快乐。我说"最后我就决意"这样做，是因为初看起来，放弃确定可靠的东西，去追求那还不确定的东西，未免太不明智了。我明知道荣誉和财富的利益，倘若我要认真地去从事别的新的探讨，我就必须放弃对于这些利益的寻求。假如真正的最高幸福在于荣誉和财富，那么我岂不是交臂失之；但是，假如真正的最高幸福不在于荣誉和财富，而我用全副精力去寻求它们，那么我也同样得不到最高的幸福。……当我仔细思考之后，我才确切地知道，如果我放弃世俗所企求的事物，来从事新生活指针的探求，则我所放弃的就是本性无常的善，有如上面所指出的，而我所追求的却不是本性无常的善，而是常住不变的善，不过获得这种至善的可能性却不很确定罢了。经过深长的思索，使我确切地见到，如果我彻底下决心，放弃迷乱人心的财富、荣誉、感官快乐这三种东西，则我

所放弃的必定是真正的恶，而我所获得的必定是真正的
善。……我上面所用"如果我彻底下决心"等字，并不
是没有根据的。因为即使我所要追求的东西已经明白地
呈现在我心上，我仍然还不能立刻就把一切贪婪、肉欲
和虚荣扫除净尽。但是有一层我却体验到了，就是当我
的心正在默念上述道理时，心灵便不为欲念所占据，而
从事于认真考虑新生活的指针。这种体验给我很大的
安慰。……虽说这种私欲消散、心安理得的境界起初
是很稀少而短促的；但是我愈加明确地见到真正的善
的所在，这种境界显现在我的心上也就愈加经常，愈
加持久。⑧

这段自白很可能就是斯宾诺莎在 1656 年遭到犹太教公会"永远革出教门"的诅咒后直到 1660 年前几年内心冲突的反映。这是一场世俗的诱惑和精神的召唤在灵魂深处的斗争。斯宾诺莎在阿姆斯特丹的最后几年，当他首次对真正的生活和生存斗争有所了解的时候，一定曾多次使他想过尘世财产的舒适和贫穷孤独的艰辛。毕竟他是人，他总不能避免人所共有的命运——寓于人的思想深处的两种灵魂之间的冲突。但是，正如这段自白所表明的，斯宾诺莎追求真善的固有的精神终于战胜了"梅菲斯"的诱惑，他深深地认识到唯有放弃财富、荣誉和感官快乐这些虚幻无谓的东西，

---

⑧ 斯宾诺莎：《知性改进论》，贺麟译，商务印书馆，1960 年，第 18—21 页。

而全力追求人人都可以分享的真善和至善，才是他的新的生活目标。他发现人的忧愁和苦恼皆"起于贪爱变灭无常的东西"。而"爱好永恒无限的东西却可以培养我们的心灵，使得它经常欢欣愉快，不会受到苦恼的侵袭"[9]。从这里我们可以清楚看到，他的哲学之所以表现出那样强烈的伦理倾向，这正是他从亲身痛苦经验中深悟出来的真理。海涅说得对："把他（指斯宾诺莎）教育成人的不仅是学校，而且还有生活，这点使他和一切其他哲学家有所区别。"[10]

幸喜在这暴风恶浪的时期中，斯宾诺莎并没有缺少真诚的朋友，朋友给他带来了勇气、信心和力量。正如我们前面所讲过的，早在放逐之前，斯宾诺莎就有一批志同道合的朋友，他们都是一些对自然科学、哲学和神学感兴趣的医生、商人和自由职业者，他们大多是门诺派和社友会成员，对社会抱有一种朦胧的乌托邦理想。当斯宾诺莎被迫离开阿姆斯特丹的时候，他们并没有因为斯宾诺莎被诅咒而与他疏远，反而经常同他来往，并把他磨制的镜片拿到市里去卖，其中有一个名叫西蒙·约斯登·德·福里的商人，甚至想要给斯宾诺莎一笔两千佛罗林的馈赠，以补斯宾诺莎生活之用，但被斯宾诺莎拒绝了。此时他们似乎建立了一个以斯宾诺莎为中心的哲学小组，经常集中在一起和斯宾诺莎讨论哲学和神学问题。斯宾诺莎第一部哲学著作《神、人及其幸福简论》可能就是在这一时期为他们撰写的，书中最后告诫他们说：

---

[9] 斯宾诺莎：《知性改进论》，贺麟译，商务印书馆，1960年，第20页。
[10] 海涅：《论德国宗教和哲学的历史》，商务印书馆，1974年，第66页。

不要为这里所阐发的新观点感到惊讶,因为你们完全知道,事物并不因为它没有为许多人所接受就不是真理,并且你们也不会不知道我们生活的时代的特征,因此我极其真诚地恳求你们,把这些观点告诉他人时,务必要十分谨慎。[11]

看来,斯宾诺莎这时已经预感到他的哲学与当时正统观念的对立,他撰写这部著作并不是为了公开出版,而是把他多年思索的哲学结论提交朋友们讨论。可能正是由于斯宾诺莎的告诫,他的朋友后来在他死后编汇的《遗著》里没有刊行这部著作,以致我们直到1860年,也就是二百年之后才发现了这部著作的手抄本。

五、体系创建——莱茵斯堡时期
(1660—1663)

1660年,斯宾诺莎终于离开了汲汲于名利的嘈杂商业城市阿姆斯特丹,迁居于莱茵斯堡,这是位于莱登西北约六公里处的一个小村庄。它的优雅的农舍、狭窄的小径、静谧的水道以及古雅的中世纪教堂正好与阿姆斯特丹相反,呈现出一派古老世界的风貌。

---

[11] 斯宾诺莎:《神、人及其幸福简论》,洪汉鼎、孙祖培译,商务印书馆,1987年,第253页。

在十七世纪，莱茵斯堡是社友会（Collegiants）教徒的大本营。我们已经知道，斯宾诺莎的朋友大多是社友会教徒，他来到莱茵斯堡很可能就是根据他的某位社友会朋友的建议。无论如何，在 1660 年初他似乎就在那里有自己的寓所了，可能是从一个名叫赫尔曼·霍曼的外科医生那里租得的。这个寓所在一条狭窄的小巷里，是幢新建的小房子，不过室内阴暗潮湿，特别是那间存放磨制镜片机器的工作间。现在这条小巷以"斯宾诺莎巷"，这个寓所以"斯宾诺莎之寓"（Spinoza-huis）或斯宾诺莎博物馆而闻名，以作为纪念这位哲学家的圣地。

促使斯宾诺莎去寻找一个幽静的隐避之地的一个理由，可能是他在心灵经过冲突而渐趋于平静之时，想以某种系统的方式记下他自己的思想。这样一种想法，正如我们上面所说的，实际上在他来莱茵斯堡之前就已经产生了，《神、人及其幸福简论》就是这种尝试的第一个产物，只不过这部书在嘈杂的阿姆斯特丹还没有最后定稿。因此，他来到莱茵斯堡的第一个任务就是完成《神、人及其幸福简论》。从 1661 年至 1662 年初他给友人的几封信看来，在 1660 年—1661 年，他不仅完成了《神、人及其幸福简论》的拉丁文稿，还似乎应不懂拉丁文的朋友的要求将该书翻译成荷兰文。这部著作可以说是斯宾诺莎未来哲学体系最初的大纲。

在完成了《神、人及其幸福简论》之后，斯宾诺莎感到他抨击的都是宗教和哲学上的大问题，而对于哲学研究方法的必要条件尚没有做出任何初步的说明，对于他自己论述的方法也没有给以任何恰当的证明，于是下一步他把他的注意力转向了认识论和方法论问题，开始写作他的《知性改进论》。这本书大约是在1661年冬至1662年春写就的，因为他在1662年4月写给奥尔登堡的一封信里提到过这篇著作的手稿。全书共分五章，第一章论哲学的目的，尤为重要，它突出地表现了斯宾诺莎哲学的伦理目的，一般可以看作是斯宾诺莎全部哲学的导言。可惜现存的《知性改进论》只是一个残篇。但值得注意的是，《知性改进论》告诉我们这位伟大的哲学家在这时也正思考和计划撰写他的哲学代表作《伦理学》，书中屡次谈到"我将于我的哲学中加以说明"，这里所说的"我的哲学"无疑就是指当时他计划要写的《伦理学》一书。

当时斯宾诺莎不仅在莱茵斯堡甚至在莱登大学的一些教授和学生中间似乎也享有某种声誉。这可能是由于他参加了社友会教徒在莱茵斯堡举行的讨论会的缘故。这些讨论宗教问题的会议，只要愿意，任何人都可以参加。附近的莱登大学的学生经常出席这些会议并参加辩论。大约在1662年，莱登大学神学系有一个名叫约翰尼斯·卡则阿留斯的学生来到莱茵斯堡，向斯宾诺莎求习哲学。这个学生当时大约十九岁，思想并未成熟，性情也未定，甚至"贪爱新奇胜于追求真理"，为此斯宾诺莎不愿向他公开讲解自己的哲学观点，而改授笛卡尔的《哲学原理》。在讲授过程中，斯宾诺莎用几何学方法撰写了笛卡尔的《哲学原理》第二章和第三章一部分。当他把撰写的这部分拿到阿姆斯特丹给他的朋友们看时，他们立即说服他以同样的方法撰写笛卡尔《哲学原理》第一章。斯宾诺莎花了两个星期就完成了这项工作。他的朋友又恳求他让此书出版，这样，此书连同他平日有关形而上学重要问题讨论和思索的《形而上学思想》作为附录，在友人梅耶尔替该书作了序言，声明这并不是阐发斯宾诺莎自己的观点之后，拉丁文原本于1663年在阿姆斯特丹问世，一年之后，荷兰文译本出版。这是斯宾诺莎生前以他自己真名发表的唯一的一本著作。

莱茵斯堡时期是斯宾诺莎一生学术活动最丰富的时期。他在这里虽然只住了三年，但完成了几部重要哲学著作，并着手构思他的代表作《伦理学》，这几年无疑是他多产的几年。而且更重要的是，这几年也是他思想趋于成熟、与笛卡尔彻底分道扬镳的几年。如果说，在1662年以前，斯宾诺莎还没有明确区分实体和属性，只承认神与自然的等同，而没有承认神与实体的等同，从而他的哲学还保留某些笛卡尔哲学残余，那么，在1662年底或1663年初，斯宾诺莎完全明确地区分了实体和属性，他不仅承认神与自然的等同，而且也承认神与实体的等同，因而从单纯的"神或自然"过渡到"神或自然或实体"，终于完成了与笛卡尔哲学根本不同的斯宾诺莎自己哲学体系的创造。这几年无论如何是斯宾诺莎哲学生命最重要的时期。

从这时期斯宾诺莎的通信可以看出，他的朋友交往范围也远远超出了那个哲学小团体之外，他和当时英国皇家学会的首任秘书亨利·奥尔登堡（Henry Oldenburg, 1615?—1677）建立了友谊，并通过奥尔登堡和著名的英国科学家波义耳（R. Boyle, 1627—1691）进行了学术讨论。奥尔登堡本是德国不来梅人，英荷战争期间，他作为外交使臣派往英国,以后就留居英国,由于他学识渊博,在1660年被聘任为新成立的英国皇家学会(其前身是葛雷贤学会)秘书,负责国际学术交流。1661年奥尔登堡途经荷兰访问莱登大学时,从神学教授约翰尼斯·考克西琼斯(Johannes Coccejus)那里得识斯宾诺莎的学术成就,从而在1661年7月到莱茵斯堡拜访了斯宾诺莎。奥尔登堡当时要比斯宾诺莎大17岁,但他对斯宾诺莎相当尊敬,称他为"颖敏好学之士",盛赞他秉承了大自然和勤奋给他的一切仁慈和美德,并热切地希望同他保持永久的友谊。由于奥尔登堡的中介,波义耳把他的《物理学论文集》转寄给斯宾诺莎,请求斯宾诺莎给予批评,从而引起了他们两人关于经验和实验方法的讨论。当然,一个经验主义的科学家和一个理性主义的哲学家最终是很难取得一致见解的。不过,此时斯宾诺莎确已声名鹊起,一些大科学家如惠根斯、胡德和莱布尼茨等人都对他有所闻,不久之后就和他进行了通信。

六、政论斗争——伏尔堡时期(1663—1670)

1663年夏,斯宾诺莎迁居于伏尔堡,居住在一个名叫但尼尔·铁德曼的油漆匠家里。此人在海牙还有一个兄弟,斯宾诺莎有时从伏尔堡到海牙去,一般都住在他兄弟的家里。

斯宾诺莎到伏尔堡的第一桩事就是集中精力撰写他的《伦理学》一书。从他的书信可以看出,此时期斯宾诺莎用力颇勤,除维持生计外,他把大部分时间都花在研究和著述上,常常是好几天不出家门,把自己关在寝室里埋头写作。因此第二年,也就是 1664 年,他就将《伦理学》第一章初稿写成,至 1665 年已将第四章写就。正如《笛卡尔哲学原理》一样,《伦理学》也是用几何学方法陈述的。斯宾诺莎为什么要用几何学方法来写他的哲学著作呢?他说:"因为数学不研究目的,仅研究形相的本质和特点,可提供我们以另一种真理的典型。""我们将要考察人类的行为和欲望,如同我考察线、面和体积一样。"[12]据他的朋友梅耶尔说,此书原名不叫《伦理学》,而叫《论神、理性灵魂和最高幸福》,这种说法看来是有根据的,因为斯宾诺莎第一部作为他未来体系大纲的哲学著作的书名就是《神、人及其幸福简论》,可见,神、人和人的幸福乃是萦绕斯宾诺莎一生思想的三个根本问题。现存的《伦理学》五章实际上可以分为三个部分,第一章即第一部分,是论神的一般性质,第二章即第二部分,是论人的心灵的性质和起源,第三、四、五章合为第三部分,是论人的幸福和自由。这三分部分分别构成斯宾诺莎哲学体系的三大部分,即本体论、认识论和伦理学。

斯宾诺莎本来可以在伏尔堡将《伦理学》一书一气呵成,但是 1665 年秋,他似乎已不再继续完成这部著作了,奥尔登堡在 1665 年 9 月写给他的一封信里曾经诙谐地谈道:"我觉得,假如我可以这么说的话,与其说您是在进行哲学家的思考,还不如说您是在做神学家的工作,因为您现在正

---

[12] 斯宾诺莎:《伦理学》,贺麟译,商务印书馆,1959 年,第 36 页、第 90 页。

在撰写您关于天使、预言和奇迹的想法。"[13]斯宾诺莎此时为什么放弃《伦理学》的写作而转向神学问题呢?这要从当时荷兰政治斗争的形势来理解。正如我们在第一章斯宾诺莎的时代中所说过的,当时荷兰围绕着政体问题存在着相当严重的两派之争,一派是以奥伦治皇族为代表的君主派,他们利用荷兰农民和水手对皇室的感恩情绪和加尔文教,鼓吹建立一个高度中央集权的君主制国家;一派是以德·维特兄弟为代表的共和派,其主要成员是城市市民和商人阶级,他们主张最大限度的地方自治,加强贸易和反对战争,在宗教信仰方面执行开明宽容政策。1664年正值英荷第二次战争,战争中由于奥伦治是否能担任陆海军统帅的所谓"除名条例"而更加深了荷兰内部这两派的斗争。斯宾诺莎和他的那些志同道合的朋友都是赞成共和派的,而斯宾诺莎此时与共和派的领导人德·维特还有更深一层生死之交的友谊关系。

正如前面所述,斯宾诺莎在莱茵斯堡时就已声名鹊起了,许多大科学家都已与他进行了学术交往,其中最有名的一个人就是土星环的发现者、摆钟的制造者和光的波动学说的创立者克里斯蒂安·惠根斯。在1664年至1666年间,惠根斯就住在斯宾诺莎近处,由于对于制作和改进透镜怀有共同的兴趣,他们两人当时来往甚密。通过惠根斯的介绍,斯宾诺莎结识了阿姆斯特丹市长约翰·胡德(Johan Hudde, 1628—1704)。胡德虽然是市政官员,但对科学特别是透镜技术很感兴趣。胡德很可能把斯宾诺莎介绍给他政界方面的

---

[13] 《斯宾诺莎书信集》,英译本,1928年,第205页。

一些朋友，毫无疑问，对斯宾诺莎当时的处境来说，获得这种政治上层人物的保护和支持是很有帮助的，正如他在1663年7月下旬致奥尔登堡的一封信中所明确说明的，他之所以想让不代表他自己观点的《笛卡尔哲学原理》一书问世，是"想趁此机会，使得那些在我的国家身居要职的大人物中，有人可能极想看到我的其他著作，而这些著作我承认确实是表达了我自己的见解的，那时他们将会使我出版它们而不致有触犯国家法律的任何危险"[14]。

可能正是通过胡德，斯宾诺莎认识了共和派领导人荷兰州州长德·维特。德·维特是位开明的政治家，同时对于哲学也很感兴趣。他们一经认识，就成了莫逆之交。为了支持斯宾诺莎的哲学研究，德·维特给他提供了一笔二百佛罗林的年金，这笔年金甚至在德·维特死后仍继续支付。德·维特主张政权和教权分离，提倡思想自由和信仰自由，他的主张无疑会遭到以奥伦治为首的君主派和加尔文教的反对，特别是在1665年战争期间，他们更是变本加厉地攻击德·维特的政治主张和宗教政策，认为荷兰所面临的困难乃是上天对这个国家的统治者的不信神的行为所进行的惩罚。为了反驳反对派的攻击和造谣，德·维特除了自己撰著文章发表政见外，还鼓励斯宾诺莎著书讨论政教问题，以佐自己的主张。在这危急的时刻，作为"杰出的共和主义者"的斯宾诺莎深感有必要在反对宗教偏执和不容异说的战斗中尽到他应尽的责任，并向公众公开表明自己的宗教立场。为此，他暂

---

[14] 《斯宾诺莎书信集》，英译本，1928年，第123—124页。

把《伦理学》停顿一下，而集中全力著述《神学政治论》一书。斯宾诺莎在给奥尔登堡的复信中曾经讲了促使他写作这部论著的三条理由就是：第一，他需要驳斥普通神学家的偏见，使宗教信仰无碍于哲学的探讨；其次，他需要洗刷连续不断地加在他头上的无神论的罪名；第三，他要用他力所能及的一切办法保护思想和言论的自由，以免遭受专制者和牧师们的肆无忌惮的损害。[15] 据说斯宾诺莎被开除教籍时，曾经为自己写了一篇《自辩书》，他也把这个内容写进了《神学政治论》。由于奥伦治支持的加尔文教在反对共和派的宣传中经常援引《圣经》，因此斯宾诺莎在《神学政治论》中以对《圣经》做科学的历史的解释来阐述他的宗教政治观点。这部书的难度是可想而知了，直至1670年才完成。为了避嫌，此书匿名在阿姆斯特丹出版，随后短期内先后出了五种版本。

在《神学政治论》里，斯宾诺莎大胆地写道：

> 政府最终的目的不是用恐怖来统治或约束，也不是强制使人服从，恰恰相反，而是使人免于恐惧，这样他的生活才能极有保障；……政治的目的绝不是把人从有理性的动物变成畜生或傀儡，而是使人有保障地发展他们的心身，没有拘束地运用他们的理智；既不表示憎恨、愤怒或欺骗，也不用嫉妒、不公正的眼加以监视。实在说

---

[15] 《斯宾诺莎书信集》，英译本，1928年，第206页。

来,政治的真正目的是自由。[16]

自由比任何事物都为珍贵。我有鉴于此,欲证明容纳自由,不但于社会的治安没有妨害,而且若无此自由,则敬神之心无由而兴,社会治安也不巩固……让人人自由思想说他心中的话,这是统治者保留这种权利和维护国家安全的最好的办法。[17]

斯宾诺莎在伏尔堡一直住了七年,由于德·维特的邀请,1670年他从伏尔堡迁至海牙。

七、人生归途——海牙时期(1670—1677)

斯宾诺莎在海牙的第一个寓所位于凡克特街,由一个名叫凡·维伦的寡妇供他膳宿。三层楼上的一个单间既是他的卧室、工作室,又是他的会客室。不过,在这里他只住了一年,第二年他搬到了一个邻近巴维罗恩斯洛雷特的地方,在一个名叫韩德立克·凡·杜·斯毕克的油漆匠家里租了两个不大的房间,斯宾诺莎在这里一直住到他去世为止。

海牙之所以对斯宾诺莎有吸引力,可能是这城市可以使他得到市政当权人士特别是德·维特的更有力的支持,而这

---

[16] 斯宾诺莎:《神学政治论》,温锡增译,商务印书馆,1963年,第272页。
[17] 斯宾诺莎:《神学政治论》,温锡增译,商务印书馆,1963年,第12页、第16页。

种政治上的支持在当时对于斯宾诺莎更为必要。因为虽然在德·维特的支持下,《神学政治论》于1670年出版了,但立即遭到了政治上的守旧派和神学家的恶毒诽谤和猛烈攻击,他们到处攻击此书乃是"一个叛逆的犹太人和魔鬼在地狱里杜撰而成",各个教会纷纷要求政府立即取缔此书,有的还扬言要处死斯宾诺莎。鉴于此种恶境,斯宾诺莎感到有必要迁居海牙,借重政治领导人物的力量保护自己的安全。

谁知事态的发展事与愿违。当反动派的神学家发现这本书是经德·维特的默许而出版时,他们纷纷把矛头转向德·维特,认为德·维特乃是这桩邪恶事件的罪魁祸首。此时正值英法两国对荷宣战,一支十二万人的法军入侵毫无戒备的联省共和国,反动派和加尔文教徒利用这一时机立刻展开了一场支持年轻的奥伦治公爵反对德·维特的斗争,他们在1672年煽动一些不明真相的群众闯入海牙一所监狱,把当时正在那里探视他兄弟的德·维特杀死。斯宾诺莎闻知这一暴行,义愤填膺,置生死而不顾,立即写了一张"野蛮透顶"的标语,欲张贴街头,伸张正义。后因其房东斯毕克恐其遭到暗算,将他锁在家里不让外出,才免一死。德·维特死后,反动派和神学家就对斯宾诺莎肆无忌惮地污蔑和攻击,幸喜此时斯宾诺莎还有一些像阿姆斯特丹市长胡德这样的保护人,以致他本人未受到人身伤害。不过即使这样,过了两年,斯宾诺莎的《神学政治论》连同霍布斯的《利维坦》仍一道被认为是一种包含了"许多不敬神的、侮辱宗教的和无神论的学说"的书,以荷兰总督奥伦治三世名义正式禁止发售和传播。

但是，斯宾诺莎的声誉并不因为这种恶劣的攻击而降低，反而由于他的《神学政治论》而威望大增。斯宾诺莎早期传记家鲁卡斯说，斯宾诺莎当时在海牙如同名胜古迹一样；凡游历海牙的人，无不以瞻仰斯宾诺莎风采而为荣幸。当时荷兰和法国正发生战争，法军兵临荷兰，其军统帅孔德亲王对于艺术、科学和哲学有特殊爱好，早已闻知斯宾诺莎之名，故派人召斯宾诺莎到法国军营会晤。斯宾诺莎也想借此机会促成法国与荷兰两国达成和议，在征得当时海牙市政当局的同意后，于1673年5月前往乌特勒支，可惜孔德亲王此时已返法国，斯宾诺莎在法国军营等了数星期，不见孔德亲王回来，他就返回海牙。临行时法人告诉他，假如他愿意写一本书献给法王路易十四，他就可获得一项年金，但是斯宾诺莎坚决地谢绝了。谁知斯宾诺莎这次造访法军的行为引起海牙不了解内情的群众极大愤怒，他们怀疑斯宾诺莎犯有叛国间谍罪，欲以投掷石子来伤害他，但斯宾诺莎问心无愧，挺身而过。房东害怕暴民闯入家中，斯宾诺莎镇静地说道："我是无罪的。我们的一些主要政治家是了解我为什么去乌特勒支的。一旦有人来骚闹，我将出去找他们去，即使他们会用对待善良的德·维特那样的办法对待我。我是一个道道地地的共和主义者，我的愿望是为共和国谋福利。"[18]

1673年2月，普鲁士帕拉廷选帝侯卡尔·路德维希亲王，正如他的姐姐伊丽莎白公主眷恋笛卡尔一样，也眷恋斯宾诺莎的哲学天才，要他的参议海德堡大学教授法布里齐乌

---

[18] 引自格布哈特编的《斯宾诺莎全集》第3卷，《传记·附录》，第73页。

斯给斯宾诺莎写了一封信,聘请他到海德堡大学任哲学教授。斯宾诺莎对这一邀请最初非常感兴趣,认为这是他能公开讲学的好机会,但后来一想到邀请书中说"你将有充分的自由讲授哲学,深信你将不会滥用此种自由以动摇公共信仰的宗教",他犹豫了六个星期,最后他以"我不知道为了避免动摇公共信仰的宗教的一切嫌疑,我的哲学讲授的自由将被限制于何种范围"的答复,婉言拒绝了这一邀请。[19]

斯宾诺莎在海牙无疑有不少新朋友,虽然正统派的权势和他所遭受的恶名迫使人们对于知道他和赞美他的事情都不得不绝对审慎地保守秘密。其中最忠实的朋友之一是 J. M. 鲁卡斯(Lucas),他是一位内科医生,由于对斯宾诺莎的深情,他在斯宾诺莎死后曾经写了现存最早的一部斯宾诺莎传记,一开篇就感叹地写道:

> 我们的时代是很文明的,但并非因此对待伟大人物就比较公正。虽然我们时代的最可贵的文明都归功于这些伟大人物,并从而幸运地获得了好处,但是或来自妒忌,或来自无知,我们这个时代竟不容许任何人来赞美他们。使人更惊异的是,一个人为了给这些伟人作传,他自己不得不躲藏起来,好像他在从事于犯罪活动似的。……但是,不论要在这么一条坎坷的道路上冒多大的风险,我仍毅然决然地要写他的生平和格言。[20]

---

[19] 参阅《斯宾诺莎书信集》,英译本,1928 年,第 265—267 页。
[20] 引自 A. 沃尔夫编的《斯宾诺莎最早期传记》,英文版,1935 年,

另一个忠实的朋友是席勒（G. H. Schuller），他也是内科医生，据说斯宾诺莎最后就是在席勒身边与世长辞的。由于席勒的介绍，斯宾诺莎认识了后来也是哲学家的谢恩豪斯（E. W. v. Tschirnhaus, 1651—1708），谢恩豪斯当时是一位年轻的德国伯爵，由于研究笛卡尔，他在 1674 年便与斯宾诺莎通信了，接着又拜访了斯宾诺莎。1675 年，他到巴黎结识了莱布尼茨，从而使斯宾诺莎与莱布尼茨相接触。莱布尼茨其实很早就知道斯宾诺莎，曾经读过他的《笛卡尔哲学原理》一书，并且在 1671 年曾把自己的光学论文送给他，斯宾诺莎也曾经回送了一册《神学政治论》以表答谢。不过在那时以前，莱布尼茨并未与斯宾诺莎有过直接接触。1675 年莱布尼茨在巴黎会见了谢恩豪斯，得知斯宾诺莎正在撰写《伦理学》，于是在 1676 年专程到荷兰拜访斯宾诺莎，与他做了长时间的交谈，并得到了一册斯宾诺莎《伦理学》手抄本。

在海牙，斯宾诺莎最主要的工作，当然是把他搁置了五六年的《伦理学》尽快写完，直到 1675 年此书才完成。如果从 1661 年着手算起，这本书前后断断续续共经历了十四年。在这里，他以最系统的形式阐述了他的整个哲学思想和构造了他的整个哲学体系。相对于这部著作，他的其他一些著作只可以看成是它的补充和导言。哲学家本想在他生前能够将这部著作公之于世，但当时斯宾诺莎的敌人在神学家阵营中放出谣言，说他又写了一部比《神学政治论》还更

第 41 页。

渎神的书，在这种情况下，斯宾诺莎不得不推迟《伦理学》的出版，而着手撰写《政治论》。《政治论》与《神学政治论》不同，几乎完全没有引用《圣经》，而是带有霍布斯遗风的纯粹政治理论。鉴于当时荷兰实行君主制已是不可避免的事，斯宾诺莎在书中着重探讨了如何建立一个好的君主制国家，按照斯宾诺莎的意见，这种君主制应当有着最低限度的专制制度的特点，而保持最大限度的共和制度的优越性和自由，斯宾诺莎实际上是君主立宪制的第一个理论家。不过，斯宾诺莎的政治理想仍是共和制，而不是君主制，他是在贵族政治的形式下来设想共和国。这本《政治论》既是纪念杰出的政治家德·维特的最好礼物，又是斯宾诺莎为他的国家留下的一份"伦理的遗嘱"。随同《政治论》，斯宾诺莎还著述了《希伯来简明语法》一书。据说斯宾诺莎还用荷兰文翻译过《圣经》，只是在他死前被他烧毁了。正当《政治论》写到第十一章时，斯宾诺莎不幸被病魔缠住了，这是他长期磨制镜片吸入尘埃所招致的恶果。1677年2月21日，斯宾诺莎终因肺病而过早逝世，一个伟大哲学家的心脏停止了。四日后，斯宾诺莎被安葬在斯波耶新教堂，邻近不远处就是德·维特的墓地。两百年后，人们为了纪念他，在海牙他最后居住的房子附近建立了一座铜像，至今成为世界各国学者和游客到荷兰参观的名胜之一。

斯宾诺莎死后遗留下来世俗财产很少，主要是大约一百六十本书，这些书及他还留下的一些透镜所得的价款正好够支付他应偿还的所有债务和丧葬的费用，至于他的墓地仅是一块租用的墓地，在他死后若干年还得要再续租。

斯宾诺莎的一生是为真理和自由而奋斗的一生。他为人公正、善良、满腔热情，终身为人类进步和正义事业而斗争。德国哲学史家文德尔班在纪念斯宾诺莎逝世二百年时说过："为真理而死难，为真理而生更难。"[21]在斯宾诺莎身上，真能体现我国古代"富贵不能淫，贫贱不能移，威武不能屈"的道德美誉。他的一生正是他的哲学理想的体现，我们既可以说"哲学如其人"，又可以说"人如其哲学"，哲学理想和哲学实践达到最高度的统一。斯宾诺莎可以说是真正意义上的一位"哲学家"。

---

[21] 文德尔班：《斯宾诺莎论文集》，第1卷，第111页。

第三章 斯宾诺莎著作考释

斯宾诺莎生前只出版过两部著作，一部是 1663 年以他真名发表的《笛卡尔哲学原理附形而上学思想》，一部是 1670 年匿名出版的《神学政治论》。

在斯宾诺莎死后不久，也就是 1677 年 11 月，他的一些最亲密的朋友在社友会的一所孤儿院里汇编了他生前未发表的一些主要著作，在阿姆斯特丹出版了一部以《遗著》（*Opera Posthuma*）为书名的拉丁文著作集。为了避嫌，该著作既无编辑者和出版者的名字，又无出版地点，作者的名字只简单地刊以"B. D. S."这三个缩写字母[①]。这部著作集共包括斯宾诺莎五篇著作：《伦理学》《政治论》《知性改进论》《希伯来简明语法》《书信集》。稍后，《遗著》又出版了荷兰文版（*De nagelate Schriften*）。不幸，这部《遗著》在出版后几个月就被荷兰政府查禁，直到十九世纪初都未曾重印。

1687 年，阿姆斯特丹曾经匿名刊行了一篇名为《虹的代

---

① 显然，这三个缩写字母是巴鲁赫·德·斯宾诺莎（Baruch de Spinoza）这一名字的缩写。

数测算》的论述自然科学的文章。从《遗著》编者那里，我们知道斯宾诺莎曾经写过这样一篇文章，而且据斯宾诺莎早期传记家柯勒鲁斯说，有一些名人曾经看到过并且读过这篇论文，所以一般斯宾诺莎研究家认为这是斯宾诺莎的一篇已失传多年的著作。大约在同一个时候，阿姆斯特丹还刊行了另一篇论述数学概率论的文章《机遇的计算》，由于这篇文章的内容和写法与《斯宾诺莎书信集》第38封信雷同，所以也被认为是斯宾诺莎失传的著作。

自1703年以来，人们从斯宾诺莎在世时所认识的一位书商那里得知，斯宾诺莎还有一部用荷兰文写的但不是用几何学方法证明的《伦理学》早期草稿。经过一个多世纪的搜集，在1851年发现了该书一篇荷兰文提要，后在1860年左右终于发现了该书的两个荷兰文抄本，书名是《神、人及其幸福简论》。现在我们知道，这部书并不是《伦理学》的草稿，而是一部独立的早期著作。该书于1862年第一次由范·弗洛顿（Van Vloten）在其《别涅狄克特·德·斯宾诺莎著作补遗》里刊行问世。

再以后发现的斯宾诺莎著作，除了一些已经出版的著作的更完善的原版本外，主要是一些散失的信件。在《遗著》里刊行的《书信集》包括斯宾诺莎在1661年至1676年间与友人的往返信件共75封（其中有一封作为《政治论》一书的序言），以后逐渐新发现了斯宾诺莎的书信11封，其中1882年以前新发现9封，1882年以后新发现2封，因此在1882年至1883年弗洛顿和兰德的版本里，《书信集》不再是75封，而是84封，而在以后的标准版本里又增加为

86 封。1899 年至 1977 年间，我们又发现了斯宾诺莎书信 4 封。因此现在我们拥有斯宾诺莎与友人往返信件共 90 封，其中 52 封是斯宾诺莎写给别人的，38 封则是别人写给斯宾诺莎的。②

《斯宾诺莎著作集》，除了最早的《遗著》拉丁文版和荷兰文版出版于 1677 年和 1678 年外，直到十九世纪才有新的版本，至今共有七种版本，计：1802 年至 1803 年耶拿版本，两卷本，编者保罗斯（G. Paulus）；1830 年至 1831 年斯图加特版本，编者格弗罗勒（A. Gfroerer）；1843 年至 1846 年莱比锡版本，三卷本，编者布鲁德（H. Bruder）；1875 年至 1882 年海德堡版本，四卷本，编者金斯贝尔格（H. Ginsberg）；1882 年至 1883 年海牙版本，编者弗洛顿和兰德（J. V. Vloten et J. P. N. Land），这一版本是斯宾诺莎著作的标准版，初版时是两卷本，但 1895 年至 1896 年再版时，改为三卷本，1914 年三版时，又改为四卷本；第六种版本是 1925 年由格布哈特（C. Gebhardt）主编校订的海德堡版本，共四卷，这是一部现行通用的《斯宾诺莎著作集》拉丁文版本，1972 年加以修订后重新出版；最后一种版本是布鲁门斯托克（V. K. Blumenstock）于 1967 年开始出版的《斯宾诺莎全集》拉丁文德文对照本，出版地是达姆斯塔特，共四卷，但至今只出了两卷。

---

② 因此，在 1928 年出版的 A. 沃尔夫译的《斯宾诺莎书信集》英文版里只收录了斯宾诺莎书信 86 封，而在 1977 年出版的格布哈特和瓦尔特译的《斯宾诺莎书信集》德文版里共有斯宾诺莎书信 90 封。

关于《斯宾诺莎著作集》的英译本有爱尔维斯（R. H. M. Elwes）译的《斯宾诺莎重要著作集》（伦敦，1883/1884；牛津，1955/1956），两卷本；怀德（J. Wild）出版的《斯宾诺莎选集》（伦敦，1930）；最近还有柯莱（E. Curley）编译的《斯宾诺莎著作集》（普林斯顿大学出版社，1985），不过至今只出了第一卷。

《斯宾诺莎著作集》的德文译本，有克席曼（J. H. v. Kirchmann）和夏尔施密特（C. Schaarschmidt）译的《斯宾诺莎著作全集》，柏林，1868年至1869年；克席曼、夏尔施密特和拜恩希（O. Baensch）合译的《斯宾诺莎全集》，两卷本，莱比锡，1871年至1905年；格布哈特主编的《斯宾诺莎全集》，共四卷，莱比锡，1914年至1922年。此版本系最好的德译本，自1965年至1977年，汉堡的迈勒出版社在哲学丛书里分七卷重新修订再版，计：（一）《神、人及其幸福简论》，1965（哲学丛书91）；（二）《伦理学》，1976（哲学丛书92）；（三）《神学政治论》，1976（哲学丛书93）；（四）《笛卡尔哲学原理附形而上学思想》，1977（哲学丛书94）；（五）《知性改进论》——《政治论》，1977（哲学丛书95）；（六）《书信集》，1977（哲学丛书96a）；（七）《传记和谈话》，1977（哲学丛书96b）。在1982年，这家出版社还出版了一个补充卷《虹的代数测算·机遇的计算》，荷兰文和德文对照本。

至此，我们可以把斯宾诺莎的著作归纳为如下三类：

（一）完整的著作：

1.《笛卡尔哲学原理附形而上学思想》

2.《神学政治论》

3.《伦理学》

4.《神、人及其幸福简论》

（二）残篇著作：

1.《知性改进论》

2.《政治论》

3.《希伯来简明语法》

4.《虹的代数测算》

5.《机遇的计算》

（三）《书信集》

其中属于斯宾诺莎早期哲学著作的有《神、人及其幸福简论》《笛卡尔哲学原理附形而上学思想》和《知性改进论》；属于斯宾诺莎成熟时期哲学著作的有《伦理学》《神学政治论》和《政治论》，其中《伦理学》是斯宾诺莎最重要的哲学代表作。而《书信集》既包括了斯宾诺莎早期思想，又包括斯宾诺莎后期直至死前一年的思想，是我们研究斯宾诺莎哲学思想的发展不可或缺的重要资料。

下面我们就这些著作的写作年代和历史意义分别做一简洁考察。

一、《神、人及其幸福简论》

《神、人及其幸福简论》在斯宾诺莎生前没有出版，同时也未被收录斯宾诺莎死后不久于1677年11月出版的《遗著》里面。《遗著》序言的作者甚至没有特别提到它,只是说了这样一段话:"虽然可以相信,我们的哲学家也可能有某些尚未收录在此集中的著作仍保留在这个人或那个人手中,然而可以断定,在那里绝不会发现在这些著作中没有被反复论述过的东西。"③这也就是说,《遗著》的编者很可能知道斯宾诺莎的《神、人及其幸福简论》,只是因为他认为这部著作是《伦理学》的一部早期手稿,故未设法收录在《遗著》里面。

1703年哥特李勃·斯多尔(Gottlib Stolle)和哈尔曼(Hallmann)博士到荷兰实地考察,在他们1704年写的旅行报告中终于证实了斯宾诺莎这部著作尚留存于人间。他们在阿姆斯特丹会见了斯宾诺莎的朋友、出版商詹·利乌魏特茨(J. Rieuwertsz, 1617—?),利乌魏特茨向他们展示了几部斯宾诺莎著作的稿本,其中有一本就是《神、人及其幸福简论》的荷兰文本。按照利乌魏特茨的看法,这就是《伦理学》的最早形式,只不过它不是用几何学方法写的,而且还包括了《伦理学》删去了的论魔鬼一章。但遗憾的是,他们的这一旅行报告直到1878年才发表,因而很长时期人们是不知道斯宾诺莎有这部著作的。

直到1851年,德国哈勒大学哲学教授爱德华·波麦(Edward Boehmer)为了搜寻斯宾诺莎著作重新去到荷兰,在一个名叫缪勒的书商那里购得一本柯勒鲁斯写的《斯宾诺莎传》缮本,该本第十二节十分简要地论述了这位哲学家未

---

③ 格布哈特编:《斯宾诺莎传记和谈话》,1977年,第5页。

刊印的著作，其中说到在某些哲学爱好者中间还保存了斯宾诺莎一部著作的手抄本，虽然它论述的内容与《伦理学》相同，但不是用几何学方法写的，并且在该缮本的最后还附有一篇《别涅狄克特·德·斯宾诺莎论神、人及其幸福的纲要》。1852年波麦出版了这篇纲要，这无疑对寻找《神、人及其幸福简论》一书起了新的推动作用。以后不久终于发现了这部著作的两个荷兰文抄本。1862年范·弗洛顿博士在其《别涅狄克特·德·斯宾诺莎著作补遗》中第一次刊行了斯宾诺莎这部荷兰文著作以及拉丁文译本。几乎经过了一个半世纪的努力，斯宾诺莎这部早期著作才重见光明。

在斯宾诺莎的书信集中，唯一可能与这部著作有关的材料是1662年春斯宾诺莎写给奥尔登堡的信，在此信中斯宾诺莎写道："关于您新提出的问题，即事物是怎样开始存在的，以及它们和第一原因之间是什么依赖关系，我已经撰写了一部完整的小册子，就是论述这些问题以及知性的改进的，现在我正忙于抄写和修改这部著作。"[④] 根据现代斯宾诺莎研究学者（如雪格瓦特、格布哈特等人）的考证，这部完整的小册子就是指《神、人及其幸福简论》，只是在当时斯宾诺莎想把它和《知性改进论》合并为一本书，以后者作为前者的导言[⑤]。按照这种看法，《神、人及其幸福简论》一书至少是在1661年或1661年之前完成的，但从1661年

---

④《斯宾诺莎书信集》，英译本，1928年，第98页。
⑤ 参阅格布哈特为《神、人及其幸福简论》德文版写的导言，见该书第95—105页。

间斯宾诺莎与奥尔登堡的通信看来,1661 年斯宾诺莎主要探讨知性的方法和改进问题,也就是说,主要是从事撰写《知性改进论》。因此,《神、人及其幸福简论》一定是在 1660 年,最晚也是在 1661 年初就完成,我们一般确定它是斯宾诺莎在 1658 年至 1660 年间的产物。斯宾诺莎写此书最初的目的,是想系统地整理一下自己的哲学思想,因为他在被犹太教公会开除教籍而经过与世俗欲念的内心斗争后,深感到"爱好永恒无限的东西,可以培养我们的心灵,使得它经常欢欣愉快,不会受到苦恼的侵袭,因此最值得我们用全力去追求,去探寻"[⑥]。所以最初他并未想把此书出版,只是把它交给朋友们去讨论。但是在 1661 年底或 1662 年初,斯宾诺莎可能在朋友劝说下有某种出版的打算,因此他在 1662 年春给奥尔登堡的信中说他"正忙于抄写和修改这部著作"。

很长时期,人们一直把《神、人及其幸福简论》看成是《伦理学》的一部早期手稿,只是它不是用几何学方式阐述的。这种看法一方面可能使人忽略了《神、人及其幸福简论》这部早期著作和《伦理学》这部重要代表著作之间的明显差别,从而对《伦理学》里所表述的斯宾诺莎最后确立的哲学观点发生误解;另一方面也可能否认《神、人及其幸福简论》乃是一部代表斯宾诺莎早期哲学思想的独立著作的重要意义。实际上,《神、人及其幸福简论》对我们研究斯宾诺莎哲学思想的发展具有很重要的作用,也就是说,虽然

[⑥] 斯宾诺莎:《知性改进论》,贺麟译,商务印书馆,1960 年,第 20 页。

《神、人及其幸福简论》并没有给予我们犹如《伦理学》那样完整代表斯宾诺莎最后思想的正当形式，但它却给我们提供了有关他的思想发展的引论，因为我们在这本书里看到的不是这种思想的最后完成的系统的形式，而是它的处于发展和生成过程中的非完整的形式。在《伦理学》中，我们只能看到一幢已经竣工的宏伟大厦，而在《神、人及其幸福简论》里，我们却看到了这幢大厦所奠基的砖瓦，以及它的具体施工步骤。从这方面说，《神、人及其幸福简论》一书无疑具有极其珍贵的历史价值。

二、《知性改进论》

《知性改进论》在1677年出版的《遗著》里作为斯宾诺莎第三篇著作第一次公开问世。《遗著》的编者在序言中说，这篇著作无论在格式方面还是在内容方面都是属于我们哲学家的一部早期著作，是"著者在许多年以前就已经写下的"，并且编者还指出这里只是一个残篇，"虽然著者常常想要完成这部著作，但是他为许多别的工作所阻挠，而后来他就死了，以致他一直未能如愿完成他的著作。我们考虑到这部未完成的著作包含着很多很好的和有益的思想，这些思想无疑对于每个认真追求真理的人都有不少的用处，我们不愿意剥夺读者阅读这书的机会"。[⑦]

---

⑦ 见E. 柯莱编译《斯宾诺莎著作集》，普林斯顿大学出版社，1985年，

在斯宾诺莎书信集中,最早提到这部著作的就是斯宾诺莎在 1662 年春写给奥尔登堡的那封信,在那里他说他正忙于抄写和修改一部"完整的小册子",这本小册子是论述"事物是怎样开始存在的,它们与第一原因之间有什么依赖关系",以及"知性的改进"。正如我们前面考证的,这部完整的小册子是指《神、人及其幸福简论》,但是这部著作显然并没有论述知性的改进这一内容,所以很可能斯宾诺莎当时想把《知性改进论》和《神、人及其幸福简论》加以合并,以使《知性改进论》作为《神、人及其幸福简论》一书的方法论导论。⑧可是由于他在《知性改进论》里提出的问题相当困难,以及不久后他放弃了出版《神、人及其幸福简论》一书的计划,这部著作一直未能完成。如果我们这种推测是正确的,《知性改进论》一书的著述时间只能是 1661 年,最晚也不能超过 1662 年春。⑨

我们这种推测是可以找到旁证的,因为在斯宾诺莎和奥尔登堡于 1661 年的书信交往中,我们可以看到斯宾诺莎当

第 1 卷,第 6 页。
⑧ 格布哈特就曾提出过这种看法。他认为 1662 年春那封信提到的完整小册子是指一部分为两部分的著作,其中《知性改进论》作为更为系统的《神、人及其幸福简论》的方法论导论,见格布哈特的《斯宾诺莎的知性改进论》,1905 年,第 10 页。
⑨ 这方面,我们不同意阿万那留斯的观点。他认为《知性改进论》写于 1655 年至 1656 年间,因为这时期正是斯宾诺莎被逐出犹太教门时期,他不可能致力于抽象的知性探讨。阿万那留斯这种观点是基于他关于《神学政治论》撰写时间的错误假设,见他的《斯宾诺莎泛神论前两个阶段以及第二阶段与第三阶段的关系》,1868 年,第 105 页。

时正从事于认识论的研究，特别是对培根和笛卡尔的认识论的研究。斯宾诺莎在1661年9月给奥尔登堡的信中写道："您问我，在笛卡尔和培根的哲学里，我发现了哪些错误。虽然我是不习惯于揭露别人的短处，然而我仍准备满足您的要求。第一个和最大的错误就在于他们两人对于一切事物的第一原因和根源的认识迷途太远；其次，他们没有认识到人的心灵的真正本性；第三，他们根本没有认识错误的真正原因。"[10]这样一种全面而又深刻地对培根和笛卡尔认识论的批判，不难使我们推测当时斯宾诺莎已对认识论问题，特别是对知性的本性问题做了深入而系统的研究，而这种研究的结晶就是《知性改进论》。事实上，《知性改进论》这一书名就是来源于培根的《新工具》，培根在那里常常提到"校正知性""净化知性的方式"，但与培根不同，斯宾诺莎不认为知性本身有病，需加医治或校正，而是认为知性是自然之光，本身无病，只需改进和扩充。因此，我们认为《知性改进论》是斯宾诺莎在1661年研究的成果，也就是说，它是斯宾诺莎紧接着《神、人及其幸福简论》这样一部简明完整论述整个哲学体系的著作之后专门论述认识论和方法论问题的著作。

长期以来，《知性改进论》被认为是一部导论性的著作，但究竟是斯宾诺莎一部什么著作的导论，在斯宾诺莎研究学者里有不同的看法。大部分学者认为，《知性改进论》是斯宾诺莎主要代表作《伦理学》的导论，例如格布哈特在

---

[10] 《斯宾诺莎书信集》，英译本，1928年，第76页。

其《知性改进论》德译本导言中说:

> 《伦理学》预先以《知性改进论》作为它的导论,如果说斯宾诺莎在他的主要代表作中是如此直截了当地和不加证明地提出他的学说的基本概念,那么他之所以这样做,是因为他认为他的读者已通过这篇导论性的论文做了充分的准备。[11]

但是,也有些学者认为《知性改进论》就是《神、人及其幸福简论》一书的导论,因为斯宾诺莎在1662年春写的那封信明确地把《知性改进论》与《神、人及其幸福简论》放在一起,准备出版,而《神、人及其幸福简论》又可看作是斯宾诺莎阐述他的整个哲学体系的一部早期哲学著作。我们认为这两种看法都有问题存在,因为根据我们在《知性改进论》里找到的斯宾诺莎自己暗示此书是他的一部哲学著作的导论的十六处地方来看[12],这部以"知性改进论"为导论的哲学著作至少应当满足两个必要条件;一是它必须是未完成的著作,因为斯宾诺莎屡次说"我将于适当地方指出""我将于我的哲学中说明"和"以后将于我的哲学中加以解释";另一是该著作至少应当包括形而上学或本

---

[11] 见格布哈特编译《知性改进论·政治论》,1922年,第11页。
[12] 参见《知性改进论》第4节注释;第7节注释;第11节;第13节;第13节注释;第31节注释1;第31节注释2;第34节注释;第36节注释;第45节;第51节;第76节注释;第83节;第87节;第102节;第103节。

体论问题、认识论问题和伦理学问题等这三方面的内容。这部哲学著作是否就是指《神、人及其幸福简论》呢？看来似乎不是。因为，首先正如我们前面所考证的，《神、人及其幸福简论》在他撰写《知性改进论》之前就已完成了，如果斯宾诺莎是指这部著作，他就无须说"我将于怎么怎么"，而可以明确告知"请参阅该书第几篇第几章第几节"。其次，就《神、人及其幸福简论》的内容来看，它并未完全包括上述三方面全部内容，特别是关于知性的起源、性质和力量，以及正确完善的认识方法。因此，我们认为《知性改进论》不是《神、人及其幸福简论》一书的导论。那么这部哲学著作是否就是指我们现在所有的《伦理学》呢？看来也似乎不是。因为我们知道，《伦理学》作为书名第一次是出现在1665年3月13日斯宾诺莎致布林堡的书信中，如果是指《伦理学》，那么至少在1665年3月以后，斯宾诺莎应当把《知性改进论》与《伦理学》加以合并，可是直到1675年与谢恩豪斯的通信中，斯宾诺莎从未说明《知性改进论》是《伦理学》的导论。而且，如果我们考察一下现存的《伦理学》一书的形式和内容，我们也不能得出这个结论，一方面《伦理学》是用几何学形式写的，它怎么可以用一篇不是用几何学形式写的论文作为它的导论呢？另一方面，在那里也并不完全解释了《知性改进论》所提出要进一步加以解释的东西，如什么是知性的天赋力量、理智作品和心中寻求。因此，我们至少可以说，《知性改进论》所暗指的哲学著作不是现存的《伦理学》。当然，我们这样说并不否认《知性改进论》作为一部独立的早期著作，在斯宾诺莎哲学思想发展中的意义,特别是它作为"最足以指导人达到对事物的真知识的途径"所阐述的真观念推演方法,无疑为我们正确理解《伦理学》提供了一把有益的钥匙。

三、《笛卡尔哲学原理附形而上学思想》

《笛卡尔哲学原理附形而上学思想》于 1663 年在阿姆斯特丹出版,是斯宾诺莎生前唯一用他真名出版的一部著作。关于这部著作和出版的经过,在《斯宾诺莎书信集》里保存了几封有关的书信[13],尤其是 1663 年 7 月斯宾诺莎从伏尔堡寄给奥尔登堡的一封信,他写道:

高贵的先生:

盼望已久的信终于收到了。在开始答复您之前,我想简略地告诉您,为什么我没有立即给您回信。

当我四月份搬到这里后,我就动身到阿姆斯特丹去了,因为在那里有一些朋友请我把一部依几何学方式证明的笛卡尔哲学原理第二篇和阐述某些重要形而上学问题的著作提供给他们,这部著作是我以前在向一个青年人讲授哲学时,由于不愿向他公开讲解自己的观点而撰写成的。他们又进而请求我,一有机会就把《哲学原理》第一篇同样也用几何学证明方式写出来。为了不辜

---

[13] 参阅《斯宾诺莎书信集》第 8、9、13、15 封信。

负我的朋友们的愿望，我立即开始了这项工作，两个星期就把这个任务完成了，并亲手交付给他们。接着他们又恳求我让它出版。不过我提出了一个条件，要他们当中哪一位朋友为我这本著作的文字做一番润饰功夫，并且加上一个短序，向读者声明：我并不承认这本著作所阐发的全部观点是我自己的，甚至我自己的看法正与写在这本著作中的许多观点相反。而且他还应当列举一两个例子来证明这点。所有这些都由一位负责经管这部著作的朋友允诺去做了。这就是我在阿姆斯特丹耽搁的缘由。[14]

情况是这样，大约在1662年至1663年间，莱登大学一个青年学生名叫约翰尼斯·卡则阿留斯（J. Casearius）来莱茵斯堡向斯宾诺莎求习哲学，不过这个学生在斯宾诺莎看来"还太年轻，性情未定，并且贪爱虚荣胜于真理"[15]，因而他不愿向他讲授自己的哲学，而改授以笛卡尔哲学。在讲授过程中斯宾诺莎用几何学方式撰写了笛卡尔《哲学原理》第二章和第三章一部分。1663年4月斯宾诺莎刚从莱茵斯堡搬到伏尔堡时，他想再次探望下他的老朋友而到了阿姆斯特丹，在那里他大约逗留了两个月。在这次访问阿姆斯特丹时，他给他的朋友看了他用欧几里得几何学方式对笛卡尔《哲学原理》第二章的证明。雅里希·耶勒斯、路德维希·

---

[14] 《斯宾诺莎书信集》，英译本，1928年，第122—123页。
[15] 《斯宾诺莎书信集》，英译本，1928年，第105页。

梅耶尔,以及其他一些信仰笛卡尔哲学的朋友立即说服他对笛卡尔《哲学原理》第一章也做出同样的证明。他就在逗留阿姆斯特丹期间(大约五月份)花了两个星期完成了这项工作,并且又汇集了他平日关于一些形而上学问题讨论和思索的结果完成《形而上学思想》,一并交付给了他们。可是他的朋友们希望他能允许他们将这部著作出版,不过斯宾诺莎提出一个条件,即他的朋友应当为此书写一序言,声明它不是阐发自己的观点,而是陈述他并不赞同的笛卡尔的观点。在友人梅耶尔按照他的要求写了序言并做了些文字润饰之后,这部《笛卡尔哲学原理附形而上学思想》拉丁文原本就于1663年秋在阿姆斯特丹问世。出版者是他的朋友利乌魏特茨。一年之后,斯宾诺莎另一位朋友巴林将此书译成荷兰文出版。

理解这部著作一个关键的地方,就是这部著作并不像斯宾诺莎其他著作那样是阐发他自己的观点,而是用几何学方式陈述他自己并不赞成的笛卡尔观点[16]。斯宾诺莎为什么用

---

[16] 令人惊异的是,像叔本华这样的大哲学家对这一点也未能知晓。他在他的《论意志自由》一书中,误认为斯宾诺莎在《笛卡尔哲学原理附形而上学思想》里所阐发的观点乃是斯宾诺莎自己的观点,从而认为斯宾诺莎思想是前后矛盾的。他在摘引了斯宾诺莎在《伦理学》《书信集》关于意志不是自由的而是必然的论述后写道:"值得注意的是,斯宾诺莎是在他最后(即40岁)年代才达到这种见解,而在他以前,即1665年,当他还是笛卡尔学生时,在他的《形而上学思想》里是主张并且极力维护与此相反的观点,甚至对同样一个例子即布里丹的驴子也得出与《伦理学》里完全矛盾的结论:如果在这种均衡状态中的不是驴子而是人,如果这人也因饥饿而死去,那么他就绝不是一个能

自己名字出版的不是阐发自己观点的著作，而是陈述另一位
哲学家的而且又是他所不赞同的观点的著作呢？要理解这一
点，我们必须回忆斯宾诺莎当时的处境。正如我们前面在斯
宾诺莎时代里所说的，当时荷兰内部正面临着君主派和共和
派的政治斗争，这场政治斗争必然反映到意识形态里来，君
主派的奥伦治皇族和加尔文教牧师为了维护自己的权利和统
治，竭力反对新思想，甚至笛卡尔也遭到他们的仇视。乌
特莱希特大学评议会和莱登高等学院董事会早在1642年和
1648年就禁止新哲学在大学讲授，1656年荷兰国家还颁布
一条敕令，禁止所有荷兰大学开设笛卡尔哲学课程。在这样
一个新思想遭到严密控制的时代，像斯宾诺莎这样一位刚刚
遭到犹太教会"永远开除教籍和诅咒"的自由思想家和异教
徒，当然就不能不谨慎考虑是否让自己的著作出版。他在前
一年写给奥尔登堡的信中就已经对他的《神、人及其幸福简
论》一书是否出版感到担心，他说："的确，我害怕当代神
学家们会憎恶这部著作，会以他们惯有的仇恨来攻击我。"⑰
尽管奥尔登堡多次劝他打消顾虑，但他终于未能让它出版。
这次出版一部不是阐述他自己观点的著作，对他来说，可能
提供一个机会，正如他在我们上面一开始所引的信中所说
的，"使得那些在我们国家身居要职的大人物中，有人极愿
看到我的其他著作，而这些著作我承认是我自己的，这样他

思的事物，而是最愚蠢的驴子。"（《叔本华著作集》，苏黎世狄奥
根尼出版社，1977年，第6卷，第118页）。
⑰ 《斯宾诺莎书信集》，英译本，1928年，第98页。

们就会尽这样的责任，使我能够出版它们而不至于有触犯国家法律的危险"[18]。不过，以后的事实证明，斯宾诺莎这种期望是落空的，他的大部分著作在他生前都未能得到出版，此后唯一出版的一部书即《神学政治论》还是匿名发表的。

附录《形而上学思想》大约成于 1663 年前几年，是斯宾诺莎关于经院哲学和笛卡尔哲学研究与批判的一篇札记。德国哲学史家库诺·费舍（Kuno Fischer）在其《近代哲学史》里，认为斯宾诺莎写《形而上学思想》的目的，首先在于同笛卡尔进行辩论，如果不是直接辩论，就是间接辩论，因而认为《形而上学思想》是《笛卡尔哲学原理》的反对篇，以便澄清梅耶尔在序里所说的差别。[19] 而另一个研究斯宾诺莎的德人弗洛依登塔尔（J. Freudenthal）则认为，在《笛卡尔哲学原理》写作之前，斯宾诺莎编成了《形而上学思想》，为了同《笛卡尔哲学原理》一起发表，这位哲学家又重新修订一下，它的基本内容不是反对笛卡尔主义，而是反对经院哲学。[20] 事实上，如果我们仔细研究一下《形而上学思想》字里行间的意思，那么我们将看到，斯宾诺莎在这里不仅反对经院哲学，而且也揭示了他和笛卡尔哲学观点的分歧。

---

[18] 《斯宾诺莎书信集》，英译本，1928 年，第 124 页。
[19] 库诺·费舍：《近代哲学史》，1898 年，第 2 卷，第 299 页。
[20] 弗洛依登塔尔：《斯宾诺莎和经院哲学》，第 94 页。

四、《神学政治论》

《神学政治论》出版于 1670 年初，它是斯宾诺莎生前公开发表的第二部、同时也是最后的一部著作。不过在当时该书是匿名发表的，出版处署名汉堡，其实是在阿姆斯特丹。

这部著作大概是斯宾诺莎在 1665 年开始写作的，因为奥尔登堡在 1665 年 9 月写给斯宾诺莎的一封信中讲道："我觉得，如果我可以这么说的话，与其说您是在进行哲学家的思考，还不如说您是在做神学家的工作，因为您现在正在撰写您关于天使、预言和奇迹的想法。"[21] 此后斯宾诺莎在回信中明确承认他"现在正在撰写一本解释《圣经》的论著"[22]，因此，斯宾诺莎可能是在 1665 年夏秋之际着手撰写《神学政治论》的。正如我们前面关于斯宾诺莎的生平所讲到的，此时斯宾诺莎本在紧张地撰写《伦理学》，但由于荷兰政治斗争的形势的需要，特别是他的朋友共和派的领导人德·维特的要求，斯宾诺莎才决定暂把《伦理学》停顿一下，而集中全力著述《神学政治论》一书。谁知这本书竟耗费了我们哲学家四年多时间，直至 1670 年才问世。

按照斯宾诺莎最初的打算，此书至少应当包括三方面的内容：揭露神学家的偏见，在比较谨慎的人们的思想中肃清他们的影响；反驳连续不断地加在他头上的无神论的罪名；

---

[21] 《斯宾诺莎书信集》，英译本，1928 年，第 204 页。
[22] 《斯宾诺莎书信集》，英译本，1928 年，第 206 页。

维护哲学思考的自由和言论的自由,他说他要"全力为这种自由进行辩护"[23]。然而在最后定稿时,似乎第二项内容被取消了,这很可能是因为匿名出版而无法对神学家加给他的无神论罪名进行反驳。不过,即使这样,我们在《神学政治论》里还是可以找出这方面的一些蛛丝马迹。例如在第十二章中,斯宾诺莎就说过"人人都可以断定我既没说任何反对《圣经》的话,也没提出任何立脚点可以为不敬神的根据"[24]。因此,《神学政治论》一书的根本观点可以归为两点:一是正确解释《圣经》,消除神学家的偏见;二是阐明和维护思想自由和言论自由。前者属于神学内容,后者属于政治内容,两者合起来就构成名副其实的《神学政治论》。

鉴于加尔文教牧师们和神学家经常援引《圣经》来论证他们那些荒谬的论点,斯宾诺莎在本书中提出的中心任务就是科学地历史地解释《圣经》。他认为解释《圣经》的方法应当与解释自然的方法一样,解释自然既然在于解释自然的来历,且从此根据一些不变的公理以推出自然现象的释义,所以解释《圣经》也应当在于"据《圣经》的历史以研究《圣经》"。由此斯宾诺莎提出了他非常著名的历史的批判的《圣经》解释三条原则:1. 根据《圣经》作者所使用的语言的性质和特征以解释《圣经》的语句;2. 将《圣经》中每篇内容分门别类,把对同一问题的论述合并归类,分清字面

---

[23] 《斯宾诺莎书信集》,英译本,1928 年,第 206 页。
[24] 斯宾诺莎:《神学政治论》,温锡增译,商务印书馆,1963 年,第 179 页。

的意思和比喻的意思；3. 考证《圣经》每篇作者的生平、行为、学历及该篇写作年代和使用语言。

《神学政治论》一出版，立即引起了一场极大的轰动，一方面赞成它的人到处奔走相告，认为这本书给他们带来了宗教和政治的福音，以致在四年之内连续出了五版，而且有英译本、法译本在欧洲其他国家问世和传播，致使斯宾诺莎名声远扬国外；另一方面反对它的人四处密谋策划，攻击这部书中的无神论和所谓不道德原则，说这本书是"一个叛逆的犹太人和魔鬼在地狱里练就而成""值得给他带上镣铐和加以鞭笞"，以致在 1674 年，此书与霍布斯的《利维坦》和梅耶尔的《哲学是圣经的解释者》同被荷兰总督奥伦治三世以"侮蔑宗教和宣传无神论"的罪名而禁止发售和传播，致使斯宾诺莎本人在他死后一百多年间一直处于"死狗"的地位。

五、《伦理学》

《伦理学》第一次发表在斯宾诺莎死后不久由他的朋友编辑出版的《遗著》中。这是斯宾诺莎一生中最重要的一部哲学代表作。

从我们现在所掌握的材料来看，这部著作也是斯宾诺莎一生中著述时间最长和用力最勤的一部著作。我们上面已经说过，斯宾诺莎在 1661 年撰写《知性改进论》时就已经有一个打算，想著述一部全面系统阐述他的哲学的著作，不过当时他可能并未想采用几何学的陈述方式，因为他曾经想把非几何学方式陈述的《知性改进论》作为著作的导论。但是在 1661 年秋，斯宾诺莎似乎决定了他要用几何学方式论述他的哲学思想，而且已经用几何学方式撰写了三个界说、四个公理、三个命题和一个附释。这一点我们在斯宾诺莎于 1661 年 9 月写给奥尔登堡的信中可以明确看出，他曾经把他写的这部分作为附件寄给奥尔登堡，并请他予以评判。[25] 虽然这些界说、公理、命题和附释并不完全等同于现存的《伦理学》开头部分，但主要观点还是一致的，而且《遗著》编者也指明这些乃是"《伦理学》第一部分开始至命题四"的内容[26]。因此我们有理由认为《伦理学》的撰写最早是从 1661 年 9 月开始的。当然，由于当时他正忙于《知性改进论》的写作以及《神、人及其幸福简论》的抄写和准备出版，差不多有一年的时间他未再回到这项工作上来。但是，在 1663 年 2 月 24 日德·福里给斯宾诺莎的信中，我们发现斯宾诺莎在 1662 年冬尽管有向一个青年人讲笛卡尔哲学的任务，但他又继续在撰写《伦理学》了，并且给他在阿姆斯特丹的朋友寄去了至少相当于现存《伦理学》第一部分前十九个命题的手稿。从这以后，斯宾诺莎似乎就一直在集中精力撰写《伦理学》，直至 1665 年。

斯宾诺莎第一次提到《伦理学》这个书名，是在 1665

---

[25] 参见《斯宾诺莎书信集》，英译本，1928 年，第 76 页。虽然这个附件现在已缺失了，但德人格布哈特根据这一年的几封信重构了这个附件，参阅上书第 371—373 页。

[26] 《斯宾诺莎书信集》，英译本，1928 年，第 76 页原注。

年 3 月 13 日给布林堡的信中,而且在同年 6 月写给鲍麦斯特的信还明确告知此书的进展情况,他说:"关于我的哲学第三部分,如果您要翻译它的话,我将立即寄一些给您或我的朋友德·福里,虽然我曾打算在完稿以前不再寄给你们,但是时间之长超过了我的预料外,我不想让你们期待太久,我将把大约前八十个命题先寄给你们。"㉗ 从这里我们至少可以看出两点:首先,《伦理学》一书此时大概已接近尾声,因为斯宾诺莎说他本想完稿后一次寄给他的朋友;其次,此时《伦理学》仍不是终极的形式,因为他说他已把第三部分前八十个命题写出来了,而现存的《伦理学》第三部分实际上只有五十九个命题,可见斯宾诺莎当时把现存《伦理学》第四部分的内容也放进第三部分。这一点并不奇怪,因为斯宾诺莎很早就确定了他的哲学体系是由三大部分所组成,即论神、论人的心灵和论人的幸福,正如他的早期著作、《神、人及其幸福简论》一书书名所表明的,而且他的朋友梅耶尔也明确告知我们,《伦理学》原名乃是《论神、理性灵魂和最高幸福》。

但是,正如我们前面所说的,正当斯宾诺莎在 1665 年即将完成《伦理学》的时候,荷兰政治形势的急剧恶化,以及他的朋友共和派领导人德·维特的要求,斯宾诺莎不得不暂时中断《伦理学》的撰写,而全力配合共和派对君主派的斗争,集中著述《神学政治论》。这样,《伦理学》的撰写工作至少停顿了四年之久,直至 1670 年《神学政治论》出

㉗ 《斯宾诺莎书信集》,英译本,1928 年,第 202 页。

版之后才重新开始。

1670年以后的情况，我们就不太清楚了，但至少可以肯定，斯宾诺莎对他的《伦理学》做了一个极大的变更，一方面是形式上的变更，即把原来的三部分变为五部分，另一方面是内容上的变更，例如第四部分明显地反映了霍布斯自然权利学说的影响，这在他1665年写给布林堡的信中是看不到的。可能正是由于这种内容和形式上的极大变更，本来要在1665年完成的《伦理学》似乎从1670年直至1674年尚未全部完稿，因为从1674年10月谢恩豪斯和斯宾诺莎的通信中可以看出，当时谢恩豪斯尚未读过《伦理学》全稿，他谈的斯宾诺莎的自由定义，并不是从《伦理学》最后部分得知的，正如斯宾诺莎说的，"这个定义，他说是我的，但我不知道他是怎样得知的"[28]。只有到了1675年7月我们才得知《伦理学》最后总算完成了，因为这月22日奥尔登堡给斯宾诺莎的信中说："从您7月5日的复信中，我知悉了您要出版您那五部分的论著，为不辜负您对我的忠厚情谊，请允许我劝告您，其中不要有任何对当今宗教道德实践的触犯。"[29] 由此可见，五部分的《伦理学》最后一定是在1675年前半年完成的，下半年斯宾诺莎正在筹备它的出版。

这样，《伦理学》从1661年开始，直至1675年才完成，其中断断续续，共经历十四年之久。在这漫长的十四年撰写过程中，《伦理学》似乎经历了三个阶段：1661年

---

[28] 《斯宾诺莎书信集》，英译本，1928年，第294页。
[29] 《斯宾诺莎书信集》，英译本，1928年，第303页。

最初草稿仍保留笛卡尔思想残余，实体和属性并未明确区分；1662 年底至 1665 年，虽然斯宾诺莎自己体系确立了，但仍保持他早期著作《神、人及其幸福简论》的三大部分的划分；1670 年至 1675 年，《伦理学》取得了它最终的五部分形式，并且明显增加了霍布斯自然权利学说内容。因此，《伦理学》既经历了彻底肃清笛卡尔思想残余的变革，又经历了吸收和改造霍布斯学说的变更，系统表现了斯宾诺莎哲学体系的最后完成形式。

尽管斯宾诺莎在 1675 年忙于《伦理学》的出版，但最后他的出版计划终遭失败。1675 年 9 月，斯宾诺莎给奥尔登堡写了这样一封信，当他到阿姆斯特丹准备刊印《伦理学》的时候，"一种谣言在各处传开了，说我有一本论神的书要出版，在书中我力图证明神不存在。许多人听信了这种谣言，因此一些神学家（或许就是这个谣言的炮制者）就乘机在公爵和地方长官面前诽谤我，而且愚笨的笛卡尔学派人因为有人认为他们支持我，为了摆脱这种嫌疑，甚至到现在还一直在各处攻击我的观点和论著。当我从一些可信赖的人那里得悉了这整个情况，他们还告诉我神学家们正在各处密谋筹划反对我，于是我决定直到我了解情况将如何发展之前暂停出版"[30]。事实上是，直到斯宾诺莎去世时，此书也未被出版，只有他的手稿流传在他的朋友的手中。

---

[30] 《斯宾诺莎书信集》，英译本，1928 年，第 334 页。

六、《希伯来简明语法》

《希伯来简明语法》第一次发表于斯宾诺莎死后出版的《遗著》中,《遗著》编者关于这部书有这样一段《告读者言》:"亲爱的读者,这里提供给你们的《希伯来简明语法》乃是作者应他的一些热切研究《圣经》语言的朋友的请求而撰写的,因为这些朋友正确地认识到,作者从他少年时代开始就受教于这种语言,并且在以后的许多年中又勤勉地钻研这种语言,以致对这种语言的最内在的本质有一个完全的理解。所有那些熟识这位伟大人物的人将珍爱和崇敬这部著作,虽然它正如作者的许多其他著作一样,也由于作者的过早谢世而成为未完成的残篇。亲爱的读者,我们之所以把这部不完整的著作呈现给你们,是因为我们并不怀疑作者和我们的努力将会对你们有很大裨益,而且完全值得你们研究。"[31]

我们现在很难确定《希伯来简明语法》的具体撰写时间,不过有一点是可以肯定的,即这部书应当是紧接着《神学政治论》出版之后而撰写的,因为哲学家并非语言学家,他之所以要撰写一部单纯语言学的著作,一定有某种哲学的目的。我们从《神学政治论》中可以看到,斯宾诺莎曾经提出的历史的批评的《圣经》解释第一个原则,就是根据《圣经》作者所使用的语言的性质和特征来解释《圣经》的语句,他曾经在那里写道:"《旧约》和《新约》的作者都是

---

[31] 斯宾诺莎:《希伯来简明语法》,英译本,第1—2页。

希伯来人。所以，了解希伯来文是极其必要的，不但是为了解用希伯来文写的《旧约》是如此，为了解《新约》也是如此。因为，虽然《新约》是用别的语言发表的，但其特点是属于希伯来文的。"[32]因此，斯宾诺莎很可能在撰写《神学政治论》的时候就感到他应当著述一部论述希伯来语言词汇构成和句法规则的书，以便使人对《圣经》有正确解释，特别是当时他已深深感到，这种语言在古代希伯来的各种教派之间的普遍使用所造成的种种歧义，已经使人对《圣经》无法正确地进行解释了。他曾经这样悲叹地说道："古时说希伯来话的人没有把这种话的任何原则基础留给后世。他们没有传给我们任何东西，字典、文法、修饰学，一无所有。现在希伯来国已把它的优美之点都丧失净尽，只保留了希伯来语一些零碎的片段和少数的几本书。差不多所有关于果实、禽鸟、鱼类的名字及许多别的字，代久年湮，都一无所存了。并且，见于《圣经》的许多名词与动词的意思，不是完全丧失了，就是难以确定。不但这些已经遗失无存，而且我们也欠缺关于希伯来语句法的知识。时光不留情，差不多把所有的希伯来语特有的短语、惯语，都给磨灭了。所以我们对于这些是一无所知了。有此原因，我们虽欲借希伯来语的惯例，以研究一句话的意思，而不可得。并且有许多短语，意思暧昧，完全不可索解，虽然其中每个字的意思是至为清

---

[32] 斯宾诺莎：《神学政治论》，温锡增译，商务印书馆，1963年，第109页。

楚的。"㉝他的这种想法立即得到了他的那些热切研究《圣经》的朋友的赞同和支持,因此他们请求他赶快写一本希伯来语言的书,以求对《圣经》语言有一个正确的解释。他们这一要求也是很合理的,因为斯宾诺莎自己就是一个犹太人,从小谙熟希伯来文,他有条件和能力胜任此项工作。如果我们这种推测是正确的,那么《希伯来简明语法》应当是在 1670 年以后开始撰写的,不过由于此期间他的著述任务太繁重,既要完成《伦理学》,又要撰写《政治论》,因而直到他死前也尚未完稿。

现存的《希伯来简明语法》只是斯宾诺莎打算要写的著作的第一部分,即希伯来语言词源学规则、词汇构成、动词变化和词尾变格表,至于第二部分即希伯来语言句法规则,正如《遗著》编者所说的"由于作者的过早谢世"而没有写就。

七、《政治论》

《政治论》第一次也是发表在斯宾诺莎死后不久由他的朋友编辑出版的《遗著》(1677)中。这也不是一部完整的著作,作者写到第十一章就不幸去世。

斯宾诺莎究竟何时开始撰写《政治论》,我们没有确切

㉝ 斯宾诺莎:《神学政治论》,温锡增译,商务印书馆,1963 年,第 116—117 页。

的证据，但有一点至少是可以肯定的，即《政治论》一定写于《神学政治论》出版之后，因为在这以前，不管是在斯宾诺莎的著作里，还是在他的通信里，他从未提到过他在研究或著述单纯政治理论的著作。只是到1671年2月，他在给耶勒斯的一封信中提到有位朋友送给他一本名为《政治人》的小册子，发现这本书是一本很有害的书，"写这本书的人的最高目的是金钱和荣誉。他使他的学说适应于这一目的，并且指出达到这一目的的途径"。他说："当我读过这本书后，我就想写一本小册子来间接反驳它，其中我将首先探讨最高的目的，然后论述那些乞求金钱妄想荣誉的人的无穷的悲惨景况，最后用清晰论据和许多例证来指明由于这种不知足的渴求荣誉和金钱，国家必定会毁灭和已经毁灭。"[34] 从这里我们可以看到，虽然斯宾诺莎这时想写一本关于政治的小册子，但它还不是纯粹政治理论的。

在斯宾诺莎书信里，最早提到霍布斯的地方是在1674年6月2日他给耶勒斯的信中。在那里他写道：

> 关于您问的，我的政治学说和霍布斯的政治学说有何差别，我可以回答如下：我永远要让自然权利不受侵犯，因而国家的最高权力只有与它超出臣民的力量相适应的权利，此外对臣民没有更多的权利。这就是自然状况里常有的情况。[35]

---

[34] 《斯宾诺莎书信集》，英译本，1928年，第260页。
[35] 《斯宾诺莎书信集》，英译本，1928年，第269页。

我们知道，霍布斯的主要著作《利维坦》虽然拉丁文本早在1651年就已出版，但荷兰文本却是在1667年于阿姆斯特丹问世的。这本书无疑在荷兰知识界和政治界引起一场轰动，因为该书所主张的自然权利学说对荷兰当时究竟建立君主制还是民主制具有现实的意义。我们可以想象，斯宾诺莎在当时，特别是在《神学政治论》出版后，一定有一段时间研讨过霍布斯的《利维坦》（现存的斯宾诺莎图书里就有一本荷兰文本的《利维坦》），1674年他给耶勒斯的信就证明了他已对霍布斯政治学说做了批判性的研究，并确定了自己与霍布斯的差别。

1672年，德·维特兄弟在海牙被一些受加尔文教宣传不明真相的大众在奥伦治党徒的直接纵容下被杀死，这场政治悲剧不能不在哲学家的思想里引起极大的震动。这场震动不仅使他不顾个人生命安危要出去张贴标语，伸张正义，而且有可能使我们的哲学家重新考虑荷兰究竟应当建立什么样的政治制度，特别是经过这场政治悲剧后，荷兰君主派势力占据了明显的优势，荷兰已出现了一种为君主制而背弃共和政体的明确倾向。因此我们可以进一步认为，斯宾诺莎一定是在1672年德·维特死后，特别是经过一段时间冷静地观察了荷兰政治形势新发展之后才开始撰写《政治论》的。事实上，从1676年斯宾诺莎给一个不认识的朋友的信中（此信在《遗著》里作为《政治论》的序言）我们就可以看到，他是在这之前不久，在这位朋友的敦促下开始撰写《政治论》的，而且当时他只写完六章，正在开始写第七章。根据这些历史材料，我们有理由认为斯宾诺莎大约是在1675年下半年,最迟是 1676 年初开始撰写《政治论》,在这之前他不仅仔细地研讨过霍布斯的政治学说,而且对荷兰在 1672 年后政治形势的发展有过深入的观察和分析。

正因为《政治论》是在荷兰君主派战胜共和派并已经使荷兰处于应选择其去向的交叉路口之时而撰写的,所以我们看到斯宾诺莎在《政治论》一书所主张的政治观点与他以前在《神学政治论》里主张的观点存在一种差别。在《神学政治论》里,斯宾诺莎主要攻击目标是君主派和加尔文教,强调思想自由和政教分离,在国家政治学说上他向往的是共和制度,特别是民主制的政体。他说:

> 我特别是立意在此,因为我相信,在所有政体之中,民主政治是最自然,与个人自由最相合的政体。[36]

但在《政治论》里我们看不到这种对民主制度的鼓吹,书中更多的考虑乃是如何对君主制度做一些重要修正。正如该书扉页中说"其中证明君主政体和贵族政体如何组建才不会蜕变为暴政,公民的和平和自由才不会受到损害"。按照斯宾诺莎的意见,君主制如果有着最低限度的专制主义特点,而保持最大限度的共和主义的优越性和自由,可以是一个很稳固的政体。斯宾诺莎实际上是君主立宪的第一个理论家,他所憧憬的理想国乃是一种贵族政体的共和国。《政治论》是

---

[36] 斯宾诺莎:《神学政治论》,温锡增译,商务印书馆,1963 年,第 219 页。

斯宾诺莎为他的国家留下的最后一份"伦理的政治和神学遗嘱"（Ethical Will and Testament）。

八、《书信集》

《书信集》第一次也是发表在斯宾诺莎死后不久于1677年出版的《遗著》中。当时斯宾诺莎与友人的通信只有75封，其中有一封信还收在他的《政治论》里作为序言。根据当时编者的口气，斯宾诺莎与友人的通信，除已发表的这些外，似乎还有一些，但由于各种各样的理由，被他们删掉了或销毁了，他们只收录了一些"对于解释作者的其他著作不无裨益"的书信。编者的这种谨慎态度是可以理解的，因为在1672年德·维特兄弟被杀害和1674年《神学政治论》遭查禁之后，一些与斯宾诺莎和德·维特有着友谊关系的人的名字出现在斯宾诺莎书信里，无疑对这些人来说是危险的。所以在斯宾诺莎书信里我们找不到一封德·维特或与德·维特有关系的人的书信，甚至在当时所发表的斯宾诺莎书信里，斯宾诺莎的荷兰通信者的名字也被全部删掉了。

自《遗著》出版以来二百多年内，由于一些斯宾诺莎研究家的苦心收集，终于新发现了斯宾诺莎的书信11封，其中1882年以前新发现9封，1882年以后新发现2封，它们是第15、28、29、30、49、69、70、72、79封和第48A、67A封，因此在1882年范·弗洛顿和兰德的《斯宾诺莎著作集》海牙版里，《书信集》不再是75封，而是84封，而在 1895 年以后的《斯宾诺莎著作集》标准版里又增加为 86 封。1899 年至 1977 年间,我们又新发现了斯宾诺莎书信 4 封,即第 12A、30(2)、48A、48B$_1$ 封,因此现在我们拥有斯宾诺莎与友人往返书信共 90 封,其中 52 封是斯宾诺莎写给别人的,38 封则是别人写给斯宾诺莎的。

研究《斯宾诺莎著作集》一个值得注意的地方是关于书信序号的问题。在最早的《遗著》版里,书信的序号主要是以通信者为单元进行排列。例如,所有斯宾诺莎和奥尔登堡的书信,包括奥尔登堡写给斯宾诺莎的信和斯宾诺莎答复奥尔登堡的信,全都放在一起,然后按照时间秩序再给它们加以编排,这样一种编排无疑要以全部占有斯宾诺莎书信为前提。后来由于发现了新的书信,无法再保持这种顺序,因此范·弗洛顿和兰德在 1882 出版的《斯宾诺莎著作集》海牙版里,决定严格按照时间顺序对书信重新加以编号,由于当时只发现了 9 封信,因此该版本共编了 84 封信。自此以后,这一编排序号成为世界各国学者引用斯宾诺莎书信的标准序号。凡是在 1882 年以后发现的书信,为了避免打乱这一标准序号,只在同一时期的书信序号后面加上 A、B 字样,如 12A、48A、48B$_1$、67A。为了便于读者检查,我们把现在我们所用的标准序号与《遗著》的原书信序号列一对照表如下:

现在所用标准序号	《遗著》原序号	现在所用标准序号	《遗著》原序号	现在所用标准序号	《遗著》原序号
1	1	30(1)	—	56	60
2	2	30(2)	—	57	61
3	3	31	14	58	62
4	4	32	15	59	63
5	5	33	16	60	64
6	6	34	39	61	42
7	7	35	40	62	43
8	26	36	41	63	65
9	27	37	42	64	66
10	28	38	43	65	67
11	8	39	44	66	68
12	29	40	45	67A	73
12A	—	41	46	67	—
13	9	42	48	68	19
14	10	43	49	69	—
15	—	44	47	70	—
16	11	45	51	71	20
17	30	46	52	72	—
18	31	47	53	73	21
19	32	48	54	74	22
20	33	48A	—	75	23
21	34	48B	—	76	74
22	35	48B$_1$	—	77	24
23	36	49	—	78	25
24	37	50	50	79	—69
25	12	51	55	80	70
26	13	52	56	81	71
27	38	53	57	82	72
28	—	54	58	83	《政治论》序
29	—	55	59	84	

斯宾诺莎的通信者共 20 人，我们可以将这些人大致分为三类：一类是他比较知己的朋友，如德·福里（Simon Joosten de Vries, 1633?—1667）、梅耶尔（Lodewig Meyer, 1630—1681）、巴林（Peter Balling，生平不详，死于 1664—1669 年间）、鲍麦斯特（Johan Bouwmeester, 1630—1680）、耶勒斯（Jarig Jelles, ?—1683）和席勒（Georg Hermann Schuller, 1651—1697）。这些人大多是商人、医生或其他自由职业者，他们是门诺派和社友会（Collegiants）成员，坚决反对加尔文教派的不容异己的宗教门户政策，在政治理想上带有朦胧的乌托邦色彩。他们在阿姆斯特丹建立了一个以斯宾诺莎为中心的哲学小组，经常聚集一起讨论科学、哲学和神学问题，即使在斯宾诺莎被革出犹太教会后，他们仍与他保持密切的联系。斯宾诺莎一生受惠于他们之处颇多，不仅在生活上得到他们资助，而且他的著作（不论是生前出版的，还是死后出版的）都是在他们的帮助和支持下才得以问世。斯宾诺莎与他们之间的通信可以说是学习理解斯宾诺莎哲学的入门书，这些人原来都是笛卡尔派的信徒，看他们的书信就可以了解笛卡尔哲学和斯宾诺莎哲学的异同，以及斯宾诺莎如何继承、发展和改造笛卡尔哲学的。

第二类是当时的政治要人和世界有名的科学家、哲学家，如阿姆斯特丹市长和光学研究家胡德（Johan Hudde, 1628—1704）、英国皇家学会首任秘书奥尔登堡（Henry Oldenburg, 1615?—1677）、英国著名化学家和物理学家波义耳（Robert Boyle, 1627—1691）、海德堡大学哲学和神学教授法布里齐乌斯（Johann Ludwig Fabritius, 1632—

1697）、德国著名哲学家和数学家莱布尼茨（Gottfried Wilhelm Leibniz, 1646—1716）、荷兰共和派政治要人兼科库姆市行政秘书博克赛尔（Hugo Boxel）、德国伯爵和哲学家谢恩豪斯（Ehrenfried Walther von Tschirnhaus, 1651—1708）等。这批人大都是敬佩斯宾诺莎的学问和人品，以与斯宾诺莎相结识为荣，他们有的把自己的学术著作寄赠斯宾诺莎批评指正，有的推荐斯宾诺莎去大学担任哲学教授，有的直接向斯宾诺莎请教一些有关他的哲学的问题。当然这些人并不完全是斯宾诺莎的知己，例如奥尔登堡由于害怕被牵涉，曾经与斯宾诺莎中断了十年通信往来；而莱布尼茨虽然在信中高度评价了斯宾诺莎的学识，并且研读过斯宾诺莎的《伦理学》，但在他与其他人通信中，以及他自己的著作中，只字不提斯宾诺莎的名字，并且因为自己的名字出现在斯宾诺莎《遗著》书信集里而感到很恼火。

最后一类通信者可以说是斯宾诺莎的论敌，如布林堡（Willem van Blyenbergh, ?—1696）、凡尔底桑（Lambert van Vellhuysen, 1622—1685）、斯蒂诺（Nicholas Steno, 1638—1687）、博许（Albert Burgh, 1651—?）等。这些人中有些人原是斯宾诺莎的学生，如博许和斯蒂诺，年轻时向斯宾诺莎学习过哲学，可是后来改信了天主教，并秉承罗马教会的指示，用信来恶毒攻击斯宾诺莎，妄图要斯宾诺莎"改邪归正"，皈依天主教。有一些人一开始就站在对立的立场，对斯宾诺莎的观点进行反驳，如威廉·布林堡，他本是一个狂热的宗教信徒，按照他自己的说法，指导他思想的有两个基本原则，一是神学原则，一是理性原则，当这两个原则发生矛盾时，他宁愿采取神学原则而放弃理性原则。这些人都是反对《神学政治论》的,他们认为斯宾诺莎这一本书是"渎神的著作",他们与当时的神学家合演了一场疯狂反对斯宾诺莎的大合唱。

第四章　形而上学体系

要了解斯宾诺莎的整个哲学体系，我们首先需要找寻一条接近它的正确途径。

斯宾诺莎曾经在给奥尔登堡的一封信里举了一个这样的例子：假如一个生活在血液里的寄生虫想感知它周围的环境和事物，那么从寄生虫的观点来看，每一滴血粒都是一个独立的整体，而不是作为一个较大整体的一部分，因为这寄生虫并不知道所有这些血粒是如何为血液的一般本性所支配的，它们彼此是如何按照血液的一般本性的要求而相互适应的。也就是说，这个寄生虫并不认识到每一滴血粒之所以有这样的性质和状态，乃是由整个血液的本性所决定。但事实上，斯宾诺莎继续说，每一滴血粒只是整个血液的一部分，要理解每一滴血粒，我们必须把它同一个由血、淋巴、乳糜等液质所组成的整体联系起来，由这个整体来说明每一滴血粒的性质和状态。而且斯宾诺莎进一步说，即使血液这个整体也是另一个更大整体的一部分，要理解血液的本性，我们必须把它同另一个更大整体联系起来，由这个更大整体来说明血液的本性。斯宾诺莎认为，我们人类生活在宇宙中，就如同这个寄生虫生活在血液里一样，如果我们要想正确认识和理解我们周围的事物,我们就绝不能像那个寄生虫那样,把围绕我们四周的物体看成彼此独立的整体,而应当把它们都看成是一个整体的部分,而这个整体又是另一个更大整体的部分,否则我们就会像寄生虫那样犯了近视的错误。在斯宾诺莎看来,整个宇宙就是一个无限的庞大整体,宇宙中的每一个事物都只是这个整体的一个极其小的部分,它们彼此相联系,而与宇宙整体相一致。他说:

> 对自然界中的所有物体,我们可以而且也应当用像我们这里考察血液的同样方式来加以考虑。因为自然中的所有物体都被其他物体所围绕,它们相互间都被规定以一种确定的方式存在和动作,而在它们的全部总和中,也就是在整个宇宙中,却保持同一种动和静的比例。因此我们可以推知,每一事物,就它们以某种限定的方式存在而言,必定被认为是整个宇宙的一部分,与宇宙的整体相一致,并且与其他部分相联系。[①]

从这里我们就可以清楚地理解,斯宾诺莎哲学的根本出发点是一种我们现在可以称之为系统论的认识论观点,这种认识论观点的特征在于它把整个宇宙不是看成一簇疏松的孤立不发生联系的个别事物的堆积,而是把它看成是由所有存在事物所组成的一个庞大的有机系统。虽然这个系统内的各个事物都有极其多样的性质和转化,但是它们都是这个系统

---

① 《斯宾诺莎书信集》,英译本,1928年,第211页。

的一部分，都服从统一的自然规律和法则。我们要认识系统的每一部分时，首先必须把握整个系统，只有理解了整个系统的性质，我们才能清楚地知道它的部分的性质。换句话说，这种认识论不是以个别对象或个别现象作为研究的中心，而是以个别对象或个别现象所构成的整体或系统作为认识的中心。它否认那种以个别事物或个别现象本身来进行孤立研究和认识的实物中心论观点，而是主张把个别事物或个别现象当成它们所构成的整体（或者说它们的类或种）的体现者来认识，把事物当作它们所隶属的那个系统的一个部分来加以揭示的系统中心论观点。它认为只有把一种现象和所有其他与之相关的现象的共同性质弄清楚，把该现象所隶属的那一系统的根本规律弄清楚，才能真正认识这一现象的个别性和独特性。斯宾诺莎曾经说：

> 事物被我们认为真实的，不外两个方式，或者是就事物存在于一定的时间及起点的关系中去加以认识，或者是就事物被包含在神内，从神圣的自然之必然性去加以认识。②

这里神就是指整个宇宙这个庞大存在系统，显然，前一种认识方式就是指那种以个别事物本身进行孤立研究的实物中心论观点，而后一种认识就是指那种以个别事物作为系统的一部分来加以认识的系统中心论观点。斯宾诺莎认为，唯

---

② 斯宾诺莎：《伦理学》，贺麟译，商务印书馆，1959年，第239页。

有这后一种观点才是更高一级的认识方式,因为它"乃由于我们在永恒的形式下去认识事物,而事物的观念包含有永恒无限的神的本质在内"③。

据说斯宾诺莎有一次对莱布尼茨说过:

> 一般哲学是从被创造物开始,笛卡尔是从心灵开始,我则从神开始。④

这里清楚地表明,斯宾诺莎非常明确他的哲学出发点与一般哲学家和笛卡尔的哲学出发点有着根本差别。也正是这个原因,斯宾诺莎有一次对他的通信者讲到他的哲学时说:"我并不认为我已经发现了最好的哲学,我只知道我的哲学是一种真正的哲学。"⑤

正因为斯宾诺莎强调从整体认识其部分,从系统认识其组成元素,从神认识其事物,所以斯宾诺莎主张最好的方法乃是那种从能够表示自然全体的根源和源泉的观念进行推导的方法。他说:

> 为了使心灵能够充分反映自然的原样起见,心灵的一切观念都必须从那个能够表示自然全体的根源和源泉的观念推绎出来,因而这个观念本身也可作为其他观

---

③ 斯宾诺莎:《伦理学》,贺麟译,商务印书馆,1959年,第239—240页。
④ 斯太因(L. Stein):《莱布尼茨和斯宾诺莎》,第283页。
⑤ 《斯宾诺莎书信集》,英译本,1928年,第352页。

念的源泉。⑥

在他看来,"凡是能指示我们如何指导心灵使依照一个最完善存在的观念为规范去进行认识的方法,就是最完善的方法"⑦。这个最完善存在的观念就是那个能够表示自然全体的根源和源泉的观念,也就是他称之为神、自然或实体的最高存在系统。从这个最高存在系统推知一切事物的方法就是他所创导的由神到事物、由整体到部分、由实体到样态的理性演绎方法或几何学方法。

一、神、自然或实体

自然界中所有存在的事物,在斯宾诺莎看来,都是处于紧密的相互联结和普遍联系中,它们都服从或遵循普遍的固定不移的秩序和规律,整个宇宙就是由这些相互联系在一起,并遵循普遍不移规律的部分所构成的一个和谐的有机总体或系统。他把这个总体或系统称之为自然、神或实体。

如果我们从哲学史上考察,"神""自然"和"实体"这三个名词或概念显然都不是斯宾诺莎自己的创造,它们都分别有其哲学起源地。斯宾诺莎的"神"概念主要来自犹太

---

⑥ 斯宾诺莎:《知性改进论》,贺麟译,商务印书馆,1960年,第31—32页。
⑦ 斯宾诺莎:《知性改进论》,贺麟译,商务印书馆,1960年,第31—32页。

神学和中古犹太经院哲学。斯宾诺莎在青少年时代曾潜心研究过犹太圣经和经法圣传，对于犹太神学和哲学有很高的造诣。中世纪犹太哲学家阿本·以斯拉、摩西·麦蒙尼德和卡斯达·克雷斯卡都对他发生过很大的思想影响，这些人在对《圣经》的评注中所阐发的以无限圆满的神作为最高存在的观念，使斯宾诺莎最早确立了宇宙应当从一个最高统一的东西进行解释的一元论观点。这种观念在他思想里是这样根深蒂固，以致在他前后的所有著作中，他都用"神"这一概念表述他的最高存在。斯宾诺莎的"自然"概念主要来自布鲁诺和文艺复兴时期的自然哲学家，布鲁诺提出的神与自然同一的思想对斯宾诺莎影响很大。从布鲁诺那里，他吸取了自然神圣性和宇宙无限性的泛神论思想。这种影响在斯宾诺莎的早期著作《神、人及其幸福简论》里是非常明显的。斯宾诺莎的"实体"概念无疑是得自古希腊哲学和笛卡尔哲学，笛卡尔哲学对于斯宾诺莎哲学体系的形成起了决定性的作用。莱布尼茨曾经说过，"在自然主义方面，斯宾诺莎是从笛卡尔结束的地方开始的"[8]。我们可以说，斯宾诺莎哲学虽然与笛卡尔哲学有质的不同，但他的哲学出发点却是笛卡尔哲学，他的一元论实体学说是在继承、批判和改造笛卡尔的实体学说的基础上形成的。因此，斯宾诺莎同时使用"神""自然"和"实体"这三个概念，正反映了斯宾诺莎哲学的不同来源，表明他的哲学融会了许多哲学派别。不过，我们绝不能因此就认为斯宾诺莎的世界观就是这许多哲

---

[8] 《莱布尼茨选集》，英译本，第269页。

学派别的机械的合并或总和，正相反，斯宾诺莎哲学是在特定的历史条件下所形成的具有质的不同的崭新的哲学体系。

正如我们在第一章里所说过的，斯宾诺莎哲学形成的时代正是尼德兰资产阶级战胜封建贵族阶级和资本主义急剧发展的时代。经济的繁荣带来了科学和艺术的发展，特别是反映资产阶级要求的新思想体系的形成。如果说笛卡尔哲学就已经反映了这种新思想体系的形成，那么斯宾诺莎哲学正表现了这一新思想体系的进一步发展。

首先，把神与自然等同起来，最鲜明地表现了斯宾诺莎哲学与中世纪经院哲学和宗教神学的对立，最鲜明地反映了十七世纪革命的资产阶级思想体系对封建的宗教唯心主义世界观的斗争。按照中世纪经院哲学家和神学家的观点，神与自然是对立的，神是自然的创造者，自然是神的创造物，神是精神性的主宰，自然是物质性的世界，神与自然完全是两个东西。甚至在近代笛卡尔那里，神也是某种在世界之外的超自然的精神实体。斯宾诺莎反对这种观点，他说：

> 我对于神和自然持有一种非常不同于那些近代基督教徒常所主张的观点，我认为神是万物的内因，而不是外因。[9]

并且还明确表示"我不把神同自然分开"[10]。他之所以提出

---

[9] 《期宾诺莎书信集》，英译本，1928年，第343页。
[10] 《斯宾诺莎书信集》，英译本，1928年，第99页。

"神是万物的内因，而不是外因"，就是反对把神置于万物之上的有神论观点。在斯宾诺莎看来，神作为世界的支持力量是不能同被支持的世界分离的，神作为世界的原因是不能同作为结果的世界分离的，原因和结果不是两个东西，它们只是从不同的两方面看的同一个东西，所以神就是自然本身，神就是世界总体，这里表现了斯宾诺莎卓越的无神论观点。

其次，把神同实体等同起来，最鲜明地表现了斯宾诺莎哲学与笛卡尔和笛卡尔学派的对立，最鲜明地反映了近代资产阶级哲学思想内部的先进和保守的斗争。我们知道，笛卡尔曾把实体分为思想的实体和广延的实体，即精神（心灵）实体和物质（身体）实体，精神实体的属性是思想，物质实体的属性是广延。在他看来，这两个实体都没有自身存在的根据，它们只能是相对实体，而作为它们存在的真正根据则是在它们之外的另一个绝对实体，这就是神。因此，作为无限的绝对实体的神如何产生和决定作为有限的相对实体的精神和物质，以及彼此独立的截然不同的精神实体和物质实体、心灵和身体又如何能相互作用、相互影响，这就成了笛卡尔哲学的主要困难和笛卡尔学派主要解决的问题。以荷兰医生勒·卢阿（H. Le Roy, 1598—1679）为代表的笛卡尔派机械唯物论者试图通过主张"灵魂是肉体的样态，思想是机械运动"，用取消精神实体的办法来克服笛卡的二元论。反之，以法国神父马勒伯朗士（L. Malebranche, 1638—1715）为代表的笛卡尔派唯心论者则试图通过承认精神（上帝）是唯一的实体，用取消物质实体的办法来克服笛卡尔的二元论。与所有这些试图相反，斯宾诺莎首先区分了实体和属性，把精神和物质、思想和广延不看成独立的实体，而看成依赖于实体的属性；其次把实体和神加以等同，只承认一个唯一的绝对的无限的实体，神不仅具有思想的属性，而且具有广延的属性，从而从笛卡尔的二元论走向了一元实体论。

这样，我们就可以理解斯宾诺莎体系里神、自然和实体三合一的辩证规定了。神、自然和实体本分属于三个不同的领域，各有其不同的本质规定和内涵，斯宾诺莎把它们等同地加以使用，实际上就是让它们相互制约和相互补充，以使他的最高存在范畴的意义和性质得到更全面和更充分的表述。

神本是神学概念，这个概念最本质的内涵就是世界的创造者和普遍原因，因此它具有本源性和能动性。可是在宗教神学里，这样一个概念被极大地歪曲了，它变成了居于世界之外、君临万物之上的精神统治者，成为全知、全能和全善的真宰，它仿佛人间的统治者一样能凭自己的自由意志发号施令、赏善罚恶，以致如斯宾诺莎在《伦理学》第一部分附录中所揭露的，"一当疾风暴雨、地震和疾病发生，人们就牵强解说，认为这些不幸事情的发生，不是因为人有罪过，渎犯天神，故天神震怒，以示惩戒，便是由于人们祀奉天神礼节欠周，有欠虔诚，招致天谴"[11]。因此，这样一种神的概念必须彻底改造。首先，它应当以实体概念来补充，使其具有物质性和内在实在性，而不能居于世界之外充当精神主

---

[11] 斯宾诺莎：《伦理学》，贺麟译，商务印书馆，1959年，第35—36页。

宰；其次，神也必须用自然概念来补充，它应当具有绝对必然性，而不能有任何自由意志，所以斯宾诺莎说：

> 神只是由它的本性的必然性而存在和动作……万物都预先为神所决定——并不是为神的自由意志或绝对任性所决定，而是为神的绝对本性或无限力量所决定。[12]

自然本是科学概念。这个概念最本质的内涵是宇宙的无限性、多样性以及现象事物之间的因果必然性。在自然概念下，宇宙万物闪现着感性的光，迥然成一有生机的整体，成为我们科学研究洞察奥秘的对象。但是斯宾诺莎不满足这一概念，他认为光有自然概念，可能陷于机械的必然性和现象的多样性，不足以表现宇宙的本源性、能动性和统一性，因此这一概念需要神的实体概念来补充。所以斯宾诺莎说：

> 显而易见，所有的自然现象，就其精妙与完善的程度来说，实包含并表明神这个概念。所以我们对于自然现象知道得愈多，则我们对于神也就有更多的了解……对于神的本质，也就是万物的原因就有更多的了解。[13]

实体主要是形而上学概念。按照古希腊哲学家的看法，

---

[12] 斯宾诺莎：《伦理学》，贺麟译，商务印书馆，1959年，第34页。
[13] 斯宾诺莎：《神学政治论》，温锡增译，商务印书馆，1963年，第68页。

实体是万物的基础,能自己存在而其存在并不需要别的事物,是万变中本身不变的东西。因此实体这一概念最本质的内涵是统一性和自我存在的实在性。不过,实体概念虽然具有这种统一性和自我根据性,但缺乏能动性、多样性和无限性,因此也需要用神和自然概念来补充。斯宾诺莎说:

> 除了神以外,不能有任何实体,也不能设想任何实体……神是唯一的,这就是说,宇宙间只有一个实体,而且这个实体是绝对无限的。[14]

因此,当斯宾诺莎说"神或自然""神或实体"(这里"或"sive 就是等于的意思),也就是把这三个本不属于同一领域的概念等同地加以使用时,他是想用"自然"概念来补充"神"概念所缺乏的必然性,以限制它的自由意志,补充"实体"概念所缺乏的无限性,以限制它的单一性;他是想用"实体"概念来补充"神"概念所缺乏的实在性,以限制它的精神性,补充"自然"概念所缺乏的统一性,以限制它的现象性;他是想用"神"概念来补充"实体"概念所缺乏的能动性,以限制它的惰性,补充"自然"概念所缺乏的本源性,以限制它的被动性。我们可以简单地用一张图表来表示这三个概念之间的互补关系(实线框表示该概念具有的性质,虚线框表示该概念所缺乏的性质,箭头表示补充)。

---

[14] 斯宾诺莎:《伦理学》,贺麟译,商务印书馆,1959 年,第 13 页。

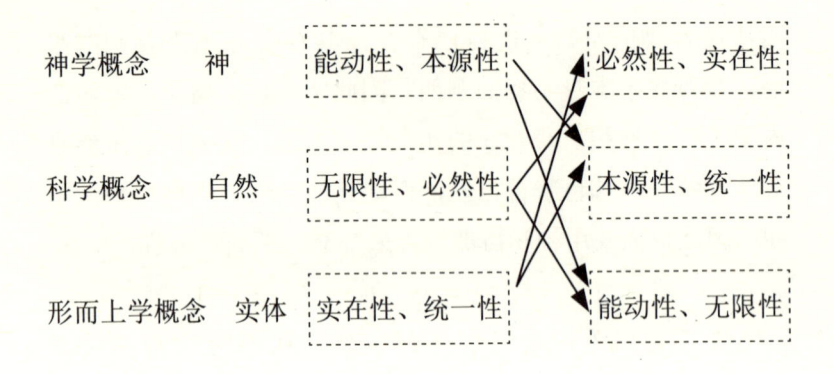

神学概念	神	能动性、本源性	→	必然性、实在性
科学概念	自然	无限性、必然性	→	本源性、统一性
形而上学概念	实体	实在性、统一性	→	能动性、无限性

二、实体和样态

实体（Substantia）和样态（Modus）是斯宾诺莎哲学体系里的一对根本范畴。我们也可以说，斯宾诺莎是根据这一对根本范畴来构造他的哲学体系的框架的。按照他的定义，所谓实体是"在自身内并通过自身而被认识的东西。换言之，形成实体的概念，可以无须借助于他物的概念"，所谓样态是"实体的状态，亦即在他物内并通过他物而被认识的东西"[15]。因此，实体和样态的区别就是在自身内并通过自身而被认识的东西和在他物内并通过他物而被认识的东西的区别，简言之，即自存物和依存物的区别。

从西方哲学史上看，把存在物分为"在自身内"和"在他物内"两类东西，是一个很古老的传统。早在亚里士多德那里，就有所谓实体和偶性的划分，他说："有些事物可以

---

[15] 斯宾诺莎：《伦理学》，贺麟译，商务印书馆，1959年，第3页。

单独存在,有些事物不可以单独存在,前一种单独存在的事物就是实体。"[16] 按照他的十范畴表,实体与其他如性质、数量、关系等九个范畴的根本区别在于它乃是"既不可以用来述说一个主体,又不存在于一个主体里面的东西"[17],而他所谓"不存在于一个主体里面",就是指它无需别的主体,自己本身就能独立存在,也即在自身内而存在。中世纪经院哲学家根据亚里士多德关于实体和偶性的划分,首先把一切存在物分为居住于寓所内的东西和不居住于寓所内的东西,以后又明确分为在自身内的东西和在他物内的东西。例如阿尔博(Joseph Albo)就说过:"凡存在的事物首先分为两类,即存在于自身内的事物和存在于他物内的事物。"[18] 近代笛卡尔在其《哲学原理》里也有类似的划分,他说:

> 所谓实体,我们只能看作是能自己存在而其存在并不需要别的事物的一种东西。真正说来,除了上帝没有什么别的能相应于这种作为绝对自我保持的存在物的描述,因为我们觉察到,没有其他的被创造物能够无需他的能力的保持而存在。[19]

这里他显然把上帝和被创造物做了区分,上帝是绝对自

---

[16] 亚里士多德:《形而上学》XII, 5, 1071^a1。
[17] 亚里士多德:《范畴篇》2a, 10—12。
[18] 参见 A. 沃尔夫森(Wolfson):《斯宾诺莎的哲学》,第 1 卷,第 62 页。
[19] 笛卡尔:《哲学原理》,第 1 章,第 51 节。

我保持而无需别的事物的东西,而被创造物则是需要别的事物(上帝)才能保持的东西。他使用实体一词相当广,把上帝称为真正的绝对的实体,而把被创造物称为相对的有限的实体。斯宾诺莎在其早期著作《形而上学思想》里就有过这种存在物分为两类的说法,他说:

> 存在物应当分两种:一种是按其本性必然存在的存在物,即其本质包含存在的存在物;另一种是它的本质仅只包含可能存在的存在物。[20]

所谓本质包含必然存在的存在物,就是其存在原因在自身内的存在物,所谓本质仅只包含可能存在的存在物,当然就是其存在的原因不在自身内而在他物内的存在物。最明确做出这两类东西的划分的,是在《伦理学》里,在该书一开始所提出的公则里。第一条公则就是"一切事物不是在自身内,就必定是在他物内",第二条公则是"一切事物如果不能通过他物而被认识,就必定通过自身而被认识"[21]。正是根据这两条公则,斯宾诺莎给他的实体和样态分别下了定义。

定义是采取本体论——认识论综合的形式,从本体论和认识论这两个方面来揭示实体和样态的内容和意义。首先是本体论上的意义,实体是"在自身内"的东西,即实体是独

---

[20] 斯宾诺莎:《笛卡尔哲学原理附形而上学思想》,洪汉鼎、王荫庭译,商务印书馆,1980年,第135—136页。

[21] 斯宾诺莎:《伦理学》,贺麟译,商务印书馆,1959年,第4页。

立自存的东西，它的存在无须依赖于他物，实体自身即是自己存在的原因或根据，而样态是"在他物内"的东西，即样态不是独立自存的东西，它的存在需要依赖于他物，样态自身不是自己存在的原因或根据。其次是认识论上的意义，实体是"通过自身而被认识"的东西，即认识实体，无须借助于他物的概念，而样态是"通过他物而被认识"的东西，即认识样态，需要借助于他物的概念。这里存在和认识有一种平行的同一关系。

从斯宾诺莎下的定义可以看出，他所谓实体和样态的对立并不同于后来康德的物自体和现象的对立。在斯宾诺莎体系里，样态并不是我们关于实在所认识的现象，实体也不是我们只可思之不能认识的本体，虽然斯宾诺莎主张有完全的知识和部分的知识的区别，但他并不认为存在的东西和被认识的东西有不可逾越的鸿沟，他的本体论——认识综合形式的定义充分表明了这一点，不仅样态可以"通过他物而被认识"，就是实体自身也是可以"通过自身而被认识"。另外，实体和样态的对立也不是事物和性质的对立，这一点他与亚里士多德的观点不同。英国著名的斯宾诺莎注释家 H. H. 约金姆（Joachim）曾在其《斯宾诺莎〈伦理学〉研究》一书中说："实体和它的样态或情状的对立是事物和性质这个一般对立的更精确的表达，是主词和谓词这种逻辑对立的形而上学相关物。"[22] 看来是不正确的，因为性质并不是一种存在物，虽然在最早的时候，即 1661 年间斯宾诺莎还沿

---

[22] 约金姆：《斯宾诺莎〈伦理学〉研究》，1901 年，第 15 页。

用亚里士多德关于实体和偶性的划分，把偶性与他的样态混同使用[23]，然而斯宾诺莎在 1663 年出版的《形而上学思想》里就明确把样态和偶性分开，他说：

> 我只想指出一点，我已经明白地说过，存在物分为实体和样态，而不是分为实体和偶性，因为偶性只是思想的样态，因而它只表明一种关系。[24]

可见，对斯宾诺莎来说，实体和样态的区分绝不是事物和性质的区分，而是两种存在物的区分，一种存在物是其存在原因在自身内并且通过自身而被认识，另一种存在物是其存在的原因不在自身内而在他物内，而且只有通过他物才能被认识。斯宾诺莎与亚里士多德更为重要的一点不同是，实体在亚里士多德那里是多数，而在斯宾诺莎这里是单数。也就是说，亚里士多德承认一切个别事物都是实体，而斯宾诺莎认为一切个别事物乃是唯一的一个实体的诸多样态，他的实体是一种普通的实体，万有的本源、支柱和整体。综上所述，我们可以认为，在斯宾诺莎体系里，样态就是指世界上个别存在的具体事物，按照他对广延样态和思想样态的划分，这些具体事物既包括自然界中的个别物体，又包括人类精神里的个别观念、个别情感和个别意愿等，而实体就是指所有这

---

[23] 参阅《斯宾诺莎书信集》，英译本，1928 年，第 82 页，那里出现"样态或偶性"的说法。

[24] 斯宾诺莎：《笛卡尔哲学原理附形而上学思想》，洪汉鼎、王荫庭译，商务印书馆，1980 年，第 136 页。

些个别东西的普遍始基和唯一本体。实体自身就有自己存在的原因,它是自因(causa sui),其本质包含必然存在,即无须依赖于他物而独立存在,而样态只是实体的表现或状态,它们需依赖于实体而存在。

在斯宾诺莎哲学体系里,实体和样态也可以表述为神和万物,因为神按照斯宾诺莎的定义是绝对无限的存在,其存在的原因只能在自身内,并通过自身而被认识;而世界万物存在的原因不在自身内而在他物内,要认识它们需借助他物的概念。但更为专门的表述是"产生自然的自然"和"被自然产生的自然"[25]。这对术语是斯宾诺莎从中世纪经院哲学家和文艺复兴时期布鲁诺那里借来的一对富有辩证意义的名词。所谓产生自然的自然,按斯宾诺莎的定义,是指"在自身内并通过自身而被认识的东西,或者指表示实体的永恒无限的本质的属性,换言之,就是指作为自由因的神而言";所谓被自然产生的自然,则是指"出于神或神的任何属性的必然性的一切事物,换言之,就是指神的属性的全部样态"[26]。显然,"产生自然的自然"和"被自然产生的自然"的区别,也就是在自身内的东西和在他物内的东西、神和世界万物、实体和样态的区别,这些都是同义词。

问题在于如何理解实体和样态的关系。表面上看来,斯宾诺莎似乎在这里把存在物分为两类,一类是"在自身内的

---

[25] Natura naturans 和 Natura naturata 也可以译为"造物"和"物造"、"能动的自然"和"被动的自然",或"作为原因的自然"和"作为结果的自然"。

[26] 斯宾诺莎:《伦理学》,贺麟译,商务印书馆,1959年,第27—28页。

存在物",即实体,另一类是"在他物内的存在物",即样态。"在自身内的存在物"是在"在他物内的存在物"之外,而"在他物内的存在物"则是在"在自身内的存在物"之外,它们之间存在着绝对不可逾越的鸿沟。现代相当流行的一种看法就是从这种表面现象出发的。按照这种看法,斯宾诺莎的神或实体与世界或样态是截然不同的两种东西,实体不在样态内,样态也不在实体内,实体不仅不包括作为样态的千差万别的个别事物,而且连运动(因为运动在斯宾诺莎体系里亦是一种样态)也排斥在外,样态是运动变化,有生有灭,实体则是不变不动,不生不灭。因此有人认为,斯宾诺莎的实体完全是一个脱离一切自然事物、本身不变不动的纯粹抽象物。如果真是这种看法,那么斯宾诺莎的神岂不就是宗教上的那个创造世界万物而自身凌驾于世界之上的创世主了吗?岂不就是笛卡尔那个超越于自然之外的上帝了吗?"神与自然是同一个东西"又做何解释呢?如果实体是在样态之外,样态是在实体之外,那么实体又怎么成为样态的根底,样态又怎么成为实体的状态呢?"样态是出于神或神的任何属性的必然性的一切事物"又做何解释呢?再者,如果实体是不变不动、不生不灭的,样态是运动变化、有生有灭的,那么不变不动、不生不灭的实体如何产生既变又动有生有灭的样态呢?"神不但是万物存在的致动因,而且也是万物本质的致动因"又如何解释呢?这不是又回到了早在两千多年以前亚里士多德就提出过的,而且直到笛卡尔也尚未解决的那个老问题了吗？[27] 这一系列问题不得不使我们对上述那种看法质疑，而且我们认为，实体和样态的关系正是斯宾诺莎哲学的灵魂，他的整个哲学体系就是根据实体和样态的关系加以推演和发展的。因此，正确理解实体和样态的关系正是正确理解斯宾诺莎哲学的关键。

为了正确理解实体和样态的关系，我们有必要弄清斯宾诺莎所提出的两种认识观点，即理智的观点和想象的观点。在《伦理学》第一部分命题十五附释里，斯宾诺莎为了证明有形实体亦是无限的、必然的、唯一而不可分的实体，提出我们对于量有两种理解，一种是想象的观点，一种是理智的观点。就想象来看，量是有限的、可分的，并且是由部分所构成的；但就理智来看，量则是无限的、唯一的和不可分的。前一种是抽象的表面的量，后一种是实体的量。他说：

> 凡是能辨别想象与理智之不同的人，对于这种说法将会甚为明了；特别是倘若我们想到，物质到处都是一样，除非我们以种种方式对物质作歪曲的理解，物质的各个部分并不是彼此截然分离的。换言之，就物质作为样态

---

[27] 亚里士多德在其《形而上学》第1卷第9章991ᵃ里曾经向柏拉图的理念论信徒提出这样一个问题：如果形式（指柏拉图的理念）不是在那些分有它们的特殊事物里面，它们又如何能引起可感觉的东西的运动和变化呢？它们对于人们认识事物以及对于事物的存在有什么帮助呢？当笛卡尔把上帝认为是脱离一切具体事物的绝对的精神实体时，也产生了作为绝对实体的上帝如何产生具体事物以及如何引起具体事物运动这同样的矛盾问题。

而言,是可分的,但就物质作为实体而言,则是不可分的。例如,就水作为水而言,这处也有,那处也有,其部分彼此分离,则我们便认为水是可分的,但就水作为有形体的实体而言,便不能认为它是可分的,因为它既不可分离,又不可分割。再者,就水为水而言,是有生有灭的;但就水作为实体而言,是不生不灭的。[28]

在这里,斯宾诺莎表露了这样一种观点:如果我们单就事物作为孤立存在的个别现象看,则事物彼此都是分离的、可分的、有生有灭的,但是如果我们从总体的观念出发,把整个自然界看成一个有机的体系,其中各个物体都是相互作用和相互联系的,那么就这个总体而言,事物就不是分离的、可分的,也不可能说是有生有灭的。想象的观点就在于它只看到孤立的个别事物,没有看到事物的相互联系的整体,故认为实体只能是实体,不能看成样态,样态只能是样态,而不能看成实体,实体和样态是截然分开的两个东西。反之,理智的观点则是从事物相互联系的整体观念出发,它既看到事物有孤立的个别存在一面,又看到事物相互联系相互作用构成一个有机整体一面。因而同样一种物质,如水,既可以看成样态,又可以看成实体,实体和样态不是截然分开的两个东西,而只是从两个不同的方面看的同一种实在。这种一体两面的观点斯宾诺莎称之为理智的观点。同样,在《伦理学》最后一部分里,斯宾诺莎把这种对同一事物的两面看法

---

[28] 斯宾诺莎:《伦理学》,贺麟译,商务印书馆,1959年,第17页。

说成是两种认识方式。他说:

> 事物被我们认为是真实的,不外两个方式: 或者是就事物存在于一定的时间及地点的关系中去加以认识,或者是就事物被包含在神内,从神圣的自然之必然性去加以认识。[29]

可见,斯宾诺莎所阐明的是我们对事物的认识,一般可以从两方面去看,既要看到事物有单独个别的存在,又要看到事物与整体处于相互紧密的联系中。事物作为单独个别的存在,是处于一定的时间和地点的关系中,因而是倏忽即逝的,而事物相互联系的整体可以存在于一切时间和地点的关系中,因而是永恒的。我们绝不能因为事物的表面单独存在而否定事物与整体的联系。应当说,这里表现了斯宾诺莎把宇宙认为是各种事物相互联系的总体或系统的辩证思想。

正是基于这样一种对同一事物有两面认识的理智观点,我们认为,在斯宾诺莎那里,在自身内的东西和在他物内的东西,神和世界,或者实体和样态,绝不是截然分开的两种存在物,而是同一个存在物的两个不同的方面,或者说是对同一个实在的两种不同的看法或表述。从其原因本源看,是在自身内的东西,是神或实体,从其结果产物看,则是在他物内的东西,是世界或样态;从其整体统一性看,是在自身

---

[29] 斯宾诺莎:《伦理学》,贺麟译,商务印书馆,1959年,第239—240页。

内的东西，是神或实体，从其部分多样性看，则是在他物内的东西，是世界或样态；从其无限性看，是在自身内的东西，是神或实体，从其有限性看，则是在他物内的东西，是世界或样态。在自身内的东西和在他物内的东西、神和世界万物、实体和样态处于对立的同一关系中。

在自身内的东西也是在他物内，这一点我们可以从斯宾诺莎所论述的神与世界同一找到说明。他之所以提出神是世界万物的内因，而不是世界万物的外因，就是为了表明神和世界万物并不是两个东西，神并不存在于世界万物之外，神就在世界万物之中。他说："神是一个内因，而不是外因，因为神是在自身内而不是在自身外产生一切东西的，因为在它之外就根本不存在任何东西。"[30] 对于斯宾诺莎来说，在自身内的神绝不能离开在他物内的世界万物，离开了世界万物，神也就不复存在了。从这里我们可以认为斯宾诺莎关于神存在的论证，虽然也是一种本体论证明，然而与安瑟伦和笛卡尔的论证有完全不同的结果，他实际上不是证明神有独立的存在，而是证明神只有作为世界万物才能存在，实际上也就是证明神（宗教意义上的上帝）的不存在。他与其说是肯定神，不如说是肯定世界万物，他的学说不是无世界论（Akosmismus），而是无神论。

另一方面，在他物内的东西也可以说是在自身内，因为这里所说的他物，归根到底就是指神，即在自身内的东西。

---

[30] 斯宾诺莎：《神、人及其幸福简论》，洪汉鼎、孙祖培译，商务印书馆，1987年，第159页。

世界万物在斯宾诺莎看来是不可能独立存在的，它们必须存在于神内，都受神的本性的必然性所决定而存在和动作，并且通过神才能被认识。他说："一切存在的东西都存在于神之内，没有神就不能有任何东西存在，也不能有任何东西被认识"[31]，"样态是在他物内并通过他物而被认识的东西，这就是说，样态只有在神之内，只能通过神而认识"。斯宾诺莎在一封致友人的信中还说过：

> 我和保罗一样，可能也同所有古代的哲学家一样，主张一切事物都存在于神内，并且在神内运动。[32]

可见，在他物内的东西是绝不能离开在自身内的东西，只有存在于在自身内的东西之中，在他物的东西才能存在和被认识。

实体和样态的这种对立的同一关系也明显表现在斯宾诺莎所谓"产生自然的自然"和"被自然产生的自然"这两重性自然的关系上。这里同一个自然加以一个主动的形动词 naturans 和一个被动的形动词 naturata 而分为两个表述，可见斯宾诺莎在这里并不是给自然分类，一类是产生自然的自然，一类是被自然产生的自然，有如我们把生物分成动物和植物两类，而是说只有一个自然，这个自然我们可以从两方

---

[31] 斯宾诺莎：《伦理学》，贺麟译，商务印书馆，1959年，第14页、第24页。
[32] 《斯宾诺莎书信集》，英译本，1928年，第343页。

面去看，从其原因和主动性看，自然是产生自然的自然，从其结果和被动性看，自然就是被自然产生的自然；从其统一性和无限性看，自然是产生自然的自然，从其多样性和有限性看，自然又是被自然产生的自然，它们并不是两个不同的自然，而根本就是同一个自然，只不过是我们从不同的方面去看罢了，因此它们的差别只是逻辑上或认识上的差别。斯宾诺莎这种一体两面的学说就是所谓 hen kai pan（一和多）原则，即一是一切，一切是一，这一原则最早出现在赫拉克利特的一封信上，而以后成为主导德国古典哲学发展的根本原则。

正因为实体和样态、神和世界、产生自然的自然和被自然产生的自然，是同一个实在、同一个宇宙整体、同一个自然，所以自然内的每一个事物就成了宇宙整体的一部分、神自身的一部分，这一部分对神的爱和知识就是神对自身一部分的爱和知识，所以斯宾诺莎提出知神就是神自知，爱神就是神爱自身。他说：

> 心灵对神的理智的爱，就是神借以爱它自身的爱，这并不是就神是无限的而言，而是就神之体现于在永恒的形式下看来的人的心灵的本质之中而言。这就是说，心灵对神的理智的爱乃是神借以爱它自身的无限的爱的一部分……因此神对人类的爱，与心灵对神的理智的爱是同一的。[33]

---

[33] 斯宾诺莎：《伦理学》，贺麟译，商务印书馆，1959 年，第 242—

这里所谓"不是就神是无限的而言,而是就神之体现于……人的心灵的本质之而言"正是斯宾诺莎一体两面观点的典型表述,表明人的心灵这个个别事物与神的关系乃是同一个东西的部分与整体的关系,也正因为这样一种关系,所以"我们对于自然现象知道得愈多,则我们对于上帝也就有更多的了解"[34]。可见,神就是世界个别事物的整体,神与世界是同一个东西。

当然,斯宾诺莎也讲到"实体按其本性必先于它们的样态"[35],似乎他也主张实体有离开样态和先于样态的存在。实际上这里所谓"按其本性先于"(prior est natura)这个短语大有讲究。早在古希腊时代,亚里士多德就曾经使用过这种说法,希腊文是 πρστεργ τή φγσει。在亚里士多德那里,"本性上先于"有两种意思,第一种意思是"更好些""更优异些",例如属比个体更优异些;第二种意思是指"是……的原因",例如属是个体本质原因[36]。在中世纪,除了这两种意思外,还有第三种意思,那就是"更普遍些""更一般些",例如在本性上动物性先于人性,这就是说,动物性比人性更普遍些,人性是动物性中的一种。因此斯宾诺莎在使用这种说法时,他实际上不是指时间过程,而是指逻辑本性,即普遍、原因和优异这三种意思,实体的逻辑本性在先

---

243 页。
[34] 斯宾诺莎:《神学政治论》,温锡增译,商务印书馆,1963 年,第 68 页。
[35] 斯宾诺莎:《伦理学》,贺麟译,商务印书馆,1959 年,第 4 页。
[36] 亚里士多德:《范畴篇》,第 12 章,第 14[b] 页。

性不等于它的时间在先性。这一点我们从《伦理学》第一部分命题十七的附释里可以看出，"无限多的事物在无限多的方式下都自神的无上威力或无限本性中必然流出，这就是说，一切事物从永恒到永恒都以同等的必然性自神而出，正如三内角之和等于两直角是从三角形的必然性而出那样"[37]，这里斯宾诺莎明确地把因果关系等同于逻辑推论的关系。显然，我们绝不能说三角形在时间上比其本性（三内角之和等于两直角）在先，因为三角形和其本性（三内角之和等于两直角）实际上是同时的，它们只有逻辑本性或认识上的差别，而无时间上的先后。所以我们认为，实体和样态、神和世界万物，在斯宾诺莎的体系里，只是指同一个实在，它们的差别只是逻辑本性或认识的差别，而所谓逻辑本性或认识上的差别，就是从两个不同的方面或角度看，包含有原因和结果、一般和个别、全体和部分这些差别的意思，只有这样我们才能正确理解斯宾诺莎关于实体和样态的学说。

比如，斯宾诺莎在处理实体和样态的关系时，经常谈到它们之间的各种差别，如实体是无限的，而样态是有限的；实体是单一的，而样态是杂多的；实体是不可分的，而样态是可分的；实体是不生不灭的，而样态是变灭无常的；实体是永恒的，不可用时间来规定，而样态只有绵延，可以用时间来量度等，如果我们不理解斯宾诺莎这种一体两面的理智观点，那么我们很可能认为斯宾诺莎在这里把实体和样态形而上学地割裂为两个世界，一个是永恒无限不变的实体世

---

[37] 斯宾诺莎：《伦理学》，贺麟译，商务印书馆，1959年，第19页。

界，一个是短暂有限多变的样态世界，但是如果我们理解了斯宾诺莎实体和样态一体两面的关系，那么我们就会知道斯宾诺莎在这里是就全体和部分这两方面或角度来说的。实体之所以是单一、无限、永恒的，是因为从整体来把握世界，把世界看成是各种体相互联系的一个有机的系统。就世界是一个空间上无限时间上持续的整体而言，世界当然是单一的、无限的、永恒的和不生不灭的，正如他所说的，如果我们了解万物的普遍联系的话，那么，"我们不难理解整个自然界是一个个体，它的各个部分，换言之，即一切物体，虽有极其多样的转化，但整个个体可以不致有什么改变"[38]。而样态之所以是杂多的、有限的、可分的和变灭无常的，是因为光就个别的事物而言，或者说光就有限的因果联系而言。如果我们光就个别事物单独考察，那么事物当然就是杂多、有限、可分和有生有灭的。例如物种是永恒的，而个别的个体则要消逝，个体灭亡，而类长存。斯宾诺莎在这里表述了这样一个非常重要的思想：由实体所表现的无限自然的统一，不能归结为构成实体的许多有限事物或样态的总和，整个自然界是与个别事物的总和在质上不同的东西，正如无限绝不是有限的无穷集合、线绝不是由点所组成一样[39]。所

---

[38] 斯宾诺莎：《伦理学》，贺麟译，商务印书馆，1959年，第56页。
[39] 斯宾诺莎在一封致梅耶尔的信中，曾经清楚地讲到实体和部分的辩证关系，实体绝不是部分的总和，而是部分的统一，实体的性质不同于样态的性质："所有那些断言广延实体是由各实际上不同的部分或物体所组成的人，不是在说疯话，就是在说蠢话。因为这正如有人企图凭借单纯地增加或累积许多圆去组成一个正方形、三角形或某种

以我们认为，斯宾诺莎关于实体不变样态多变、实体永恒样态绵延的说法，与其说是表示实体与样态相反，是静止不动的形而上学论断，还不如说是他表述了整体或系统存在的常住性和自然界基本规律的不变性（如守恒定律）的原理，表述了不断变化的样态世界整体及其运动变化所依据的规律是永恒的这一辩证思维论断。

综上所述，我们可以认为，斯宾诺莎在解决实体和样态的关系问题上，有他独到之处，他不像他以前的哲学家那样，把实体和样态分割为两个互相隔截的世界，而是把它们看成同一个实在的两个不同方面，这两方面共同组成一个不可分离的整体。实体不是在世界万物或样态之外的东西，而只是表现为世界万物或样态的东西，同样，世界万物或样态也不是与实体完全脱离或无关的东西，而只是实体的表现或状态，它们两者之间并没有绝对不可逾越的鸿沟。实体和样态的关系，正如我们现在所谓本质和现象的关系，本质不是在现象之外的某种东西，而只是表现为现象的东西，现象不是本质无关的东西，而是表现了本质的东西。我们也可以说，实体和样态的关系，也是我们现在所谓一般和个别的关系，一般并不存在于个别之外，而是在个别之中并表现为个别的东西，个别不是与一般无关、在一般之外，而是体现

其他本质上完全不同的东西一样。因此，那些哲学家企图用来一般证明广延实体的有限性的诸多论证也就自身崩溃瓦解了，因为所有这类论证都假定，有形实体是由部分所组成的，同样，其他自以为线是由点组成的人也能够找到许多证据，证明线并不是无限分割的。"（《斯宾诺莎书信集》，英译本，1928 年，第 117—118 页）

了一般、表现了一般的东西。同样，我们也可以说，实体和样态的关系，也是我们现在所谓原因和结果的关系，原因不是在结果之外，而是自身产生结果的东西，结果不是在原因之外，而是原因自身的结果。实体说明了物质整体对个别事物的制约性，样态说明了个别事物对整体的依从性，光有样态，没有实体，样态无从存在，光有实体，没有样态，实体无从表现。实体要取得这种表现，原因就必须有结果，本质就必须有现象，一般就必须有个别，产生自然的自然就必须有被自然产生的自然。如果说实体表现了统一性、能动性和无限性，那么样态则表现了多样性、被动性和有限性，而真理就在于统一性和多样性、能动性和被动性、无限性和有限性的辩证统一。

三、实体和属性

在斯宾诺莎的哲学体系里，除了实体和它的样态之外，再不存在任何其他的东西，实体和样态就构成他的体系的全部实在。他说："一切存在的事物不是在自身内必是在他物内，这就是说，在知性外面，除了实体和它的样态以外，没有别的东西。"[40] 那么属性（Attributio）在斯宾诺莎体系里究竟是指什么呢？

斯宾诺莎在《伦理学》里给属性下的定义是："属性，

---

[40] 斯宾诺莎：《伦理学》，贺麟译，商务印书馆，1959年，第5页。

我理解为由知性看来是构成实体的本质的东西。"[41]也就是说,实体的属性是当我们认识和理解实体时构成实体本质性的东西,或者说,属性是被理解的实体的本质自身。这里有三个问题需要澄清:一、实体和属性究竟是一个东西,还是两个东西?二、属性究竟是实体本身固有的性质,还是人们主观的感知形式?三、属性在斯宾诺莎体系究竟有什么意义和作用?

把属性等同于实体,似乎是斯宾诺莎早期著作(甚至在《伦理学》中还有残迹)未能摆脱笛卡尔哲学影响和用语的一个残余。在很多地方,他仍倾向于把广延和思想这两个属性叫作实体,有时干脆互换使用。例如在《神、人及其幸福简论》一书中,他说:

> 在神的无限理智中,除了在自然中有其形式存在的实体或属性外,没有什么其他的实体或属性。[42]

"实体或属性"这种用法就表明,在他看来,广延和思想是叫作实体,还是叫作属性,似乎无关紧要,相互都可通用。我们查这一时期斯宾诺莎写的一些书信(主要是第2封、第4封和第9封),以及斯宾诺莎《伦理学》第一部分早期手稿(散见于《斯宾诺莎书信集》第1、2、3、4、8和9封等

---

[41] 斯宾诺莎:《伦理学》,贺麟译,商务印书馆,1959年,第3页。
[42] 斯宾诺莎:《神、人及其幸福简论》,洪汉鼎、孙祖培译,商务印书馆,1987年,第141页。

信内），我们可以认为，当时斯宾诺莎是在同一个意义上使用实体和属性。例如在 1661 年 9 月写给奥尔登堡的一封信中，他说：

> 属性，我理解为凡是通过自身被设想并且存在于自身内的一切东西，所以它的概念不包含任何其他事物的概念。例如，广延就是通过自身被设想，并且存在于自身内的。反之，运动就不是这样，它是在他物内被设想的，它的概念包含广延。㊸

这里给属性下的定义显然等同于《伦理学》中给实体下的定义，并把广延定义为通过自身被设想并存在于自身内的东西，这完全是笛卡尔的意思。另外，斯宾诺莎在 1663 年写给他的朋友德·福里的一封信中说：

> 所谓实体，我理解为存在于自身中的，并且通过自身被设想的东西，这也就是说，它的概念并不包含任何其他事物的概念。所谓属性，我理解为同样的东西，而它之所以称之为属性，是因为与知性有关，知性将这样一种性质归给实体。

并且说"这个界说是足够清楚地把我所理解的实体或属性表

㊸ 《斯宾诺莎书信集》，英译本，1928 年，第 75 页。

达出来了"[44]，而且，为了说明他这种可以用两个名词来称呼同一个东西的观点，他还举了两个例子："第一，我可以用以色拉尔名字来称呼爱尔兹瓦特三世，同样，我也可以用雅各伯来称呼他，他之所以有这个名字，是因为他抓住了他兄弟的脚跟；第二，我把平面理解为毫无变样地反射一切光线的东西，我把白色也理解为同样的东西，不同的只是所说的白色是同那个观看平面的人有关。"[45]这里很清楚地表明了斯宾诺莎当时所受的笛卡尔思想和用语的影响。在他看来，实体和属性只是表示同一个东西的两个名字，他们之间并没有什么重大区别，把广延称为属性和称为实体，在他看来，似乎是一样的。而且我们还可以说，就是斯宾诺莎以后的成熟作品《伦理学》也并未能完全摆脱这种影响，例如在第一部分命题十五附释里，他说"有广延的实体是神的无限多的属性之一"[46]。

明确区分实体和属性的，还是在《伦理学》中，在这里斯宾诺莎分别给实体和属性下了两个不同的定义，一个是"在自身内并通过自身而被认识的东西"，一个是"由知性看来是构成实体本质的东西"。从这两个定义，属性只能是构成实体本质的东西，因而就不能再与实体等同了，属性只能是实体这个主词的宾词，从属于实体的东西，离开了实体，属性也就不存在。广延和思想现在不再像笛卡尔所说的

---

[44] 《斯宾诺莎书信集》，英译本，1928年，第108页。
[45] 《斯宾诺莎书信集》，英译本，1928年，第108页。
[46] 斯宾诺莎：《伦理学》，贺麟译，商务印书馆，1959年，第14页。

那样，是两个独立自存的实体，而是唯一的一个实体的两个属性，这里表明斯宾诺莎已从笛卡尔的二元论转为一元论。当笛卡尔最后想用上帝这个无形体的绝对的精神实体来统一精神和物质这两个相对的有限的实体，从而从二元论倒向唯心主义一元论时，斯宾诺莎却明确把这个绝对无限的唯一实体理解为客观存在的自然本身，从而他的哲学就构成唯物主义的实体一元论。用语的改变表明哲学观点的根本改变。

问题在于如何正确理解和解释斯宾诺莎的属性概念。按照斯宾诺莎给予的属性定义，即"由知性看来是构成实体的本质的东西"，可能产生两种不同的理解。如果在这个定义里所强调的是"由知性看来"，那么属性只是在知性内的（in intellectu），这样，属性只是一种主观的思想形式，而不是实体自身客观所有；但如果在这个定义里所强调的是"构成实体的本质的东西"，那么属性就是在知性外的（extra intellectum），它们就不是人们主观的感知形式，而是构成实体本质的客观实在的东西。按照前一种解释，被知性所知觉就是被知性所发明（invented），属性完全没有客观的存在，只是主观的感知形式；按照后一种解释，被知性所知觉就是被知性所发现（discovered），因为属性本身是客观存在的，它们是构成实体本质的东西。由于斯宾诺莎的属性定义可能产生这两种理解，因而斯宾诺莎的注释家和研究家对斯宾诺莎的属性概念有各种不同的解释。一派认为斯宾诺莎所谓属性就是实体本身固有的本质，我们可以把这种解释叫作客观的解释，另一派如黑格尔、埃尔德曼（J. E. Erdmann）、开尔德等哲学史家认为属性只是人类认识的形式,不是实在地为神或实体所有,而是人类思想赋予的。如开尔德在其《斯宾诺莎》一书中说:"属性并不是实体自身的本质,而是相对于我们知性的本质。"[47]甚至像海涅这样激进的政论家和诗人也在其《论德国宗教和哲学的历史》一书中说:"不过我们所谓上帝的诸属性,归根到底都只是我们的直观的不同形式,而这些不同的形式在这个绝对的实体中却是同一的。"[48]这种解释我们叫作主观的解释。还有一派,像库诺·费舍、约金姆等人所采取的一种综合解释,即认为属性不仅仅是人类思维的主观形式,而且也是神或实体的本质的表现,神或实体的实在性质。如约金姆在其《斯宾诺莎〈伦理学〉研究》一书中说:"属性不是我们心灵的创造,不是任意的想象,在这个意义上,属性是'在知性之外';但是属性是被认识的实在,所以它又不是'在知性之外'。"[49]应当说,有很大一部分哲学史家如梯利等都是接受这种综合解释的。

究竟哪一种解释是正确的呢?我们认为,要正确理解一位哲学家所提出来的概念的性质,是绝不能离开这位哲学家所处的历史条件和当时的理论水平的。事实上,在斯宾诺莎时代,新兴的资产阶级刚登上历史舞台,迫切要求发展科学和技术,把生产力从封建生产关系的桎梏下解放出来,在当时的生产和自然科学突飞猛进中还没有提出康德所认为的那

---

[47] 开尔德:《斯宾诺莎》,英文版,第 146 页。
[48] 海涅:《论德国宗教和哲学的历史》,商务印书馆,1974 年,第 68 页。
[49] 约金姆:《斯宾诺莎〈伦理学〉研究》,1901 年,第 26 页。

种认识论问题，还没有感到要在认识过程中提出康德所谓的"先天感性形式"和"先验知性范畴"作为认识的条件，因此在斯宾诺莎思想里并没有什么认识对象和认识者之间的帷幕问题，理性认识的东西在他看来就是客观事物本身所固有的东西，而不是有什么主观的成分夹杂在里面。思维的形式和内容在斯宾诺莎那里，不仅有思想上的实在性，而且也一定有客观的确实性。他自己就明确说过："理性的本性在于真正地认识事物，或在于认识事物自身。"⑤ 所以对他来说，不可能有什么表示事物本质的属性只是主观的感知形式的想法。

在斯宾诺莎早期的《神、人及其幸福简论》一书里，我们就看到他把属性只了解为实体自身固有的本质，他说：

> 属性必定属于任何具有本质的存在物，我们归之于存在物的本质愈多，那么我们归之于它的属性也就一定愈多。因此，如果存在物是无限的，那么它的属性也一定是无限的。㊶

可见属性只表示实体的本质的东西。所谓事物的本质在斯宾诺莎那里就是事物最根本的内在性质，是区别该事物与其他事物的根本标志，是一个事物得以存在的东西。他说：

㊵ 斯宾诺莎：《伦理学》，贺麟译，商务印书馆，1959 年，第 77 页。
㊶ 斯宾诺莎：《神、人及其幸福简论》，洪汉鼎、孙祖培译，商务印书馆，1987 年，第 143 页。

> 所谓一物的本质，即有了它，则那物必然存在，取消了它，则那物必然不存在，换言之，无本质则一物既不能存在也不能被理解，反之，没有那物，则本质也既不能存在又不能被理解。[52]

所以，当斯宾诺莎把属性定义为构成实体的本质的东西时，属性必然是实体的根本性质，是实体得以存在的东西，没有属性，实体既不能存在也不能被设想，正如没有实体，属性也既不能存在又不能被设想一样。由此可见，属性绝不能是人类主观的感知形式，否则实体的存在就成为问题了。

最能说明属性是实体本身固有的实在本质，是《伦理学》第一部分命题十的附释，在那里斯宾诺莎写道：

> 由于实体所具有的一切属性都始终同在实体内，一个属性不能产生另一个属性，但每一个属性都各自表示这实体的实在性或存在。所以说一个实体具有多数属性，绝不是不通的；因为任何事物必借其属性才可以认识，而每一事物的存在或实在性愈多，则表示它的必然性、永久性及无限性的属性也就愈多，这是再明白不过了。因此绝对无限的存在必然应规定为具有无限多属性的存在，它的每一个属性都各自表示它的某种永恒无限的本质，这也是最明白不过的。[53]

---

[52] 斯宾诺莎：《伦理学》，贺麟译，商务印书馆，1959年，第41页。
[53] 斯宾诺莎：《伦理学》，贺麟译，商务印书馆，1959年，第9—10页。

斯宾诺莎在这里明确地说明实体所具有的一切属性都始终同在实体内，它们每一个都各自表示这个实体的实在性或存在，实体必借其属性才可以认识，并说每一事物的存在或实在性愈多，则表示它的必然性、永久性和无限性的属性也就愈多，这里丝毫没有属性是在知性之内的意思。同样，在命题十九里，斯宾诺莎说"神的属性应当理解为表示神圣实体的本质的东西，亦即属于实体的东西"[54]，并且在命题四的证明里斯宾诺莎还明确说属性在知性之外，"在知性外面除了实体以外，或者换句话说，（他引证属性的界说），除了实体的属性和状态以外，没有任何东西可以用来区别众多事物之间的异同"[55]。综上所述，属性在斯宾诺莎体系里是以实体必不可少的质的规定性出现的，实体如果没有这种质的规定性，实体便不能存在，也不能被认识，属性表现了实体的实在本质和内容。没有属性不是实体的属性，没有实体不是具有属性的实体，实体的属性愈多，表明实体的本质和内容愈丰富圆满。所以我们认为，唯有认为属性是实体本身固有的实在本质的客观解释才是比较符合斯宾诺莎原意的解释。

由于属性是实体本身固有的实在本质，所以斯宾诺莎认为实体具有的种种性质，属性也应当毫无例外地具有。他论证"实体的每一个属性都必然是通过自身而被认识的"（见《伦理学》第一部分命题十）、"神的一切属性都是永恒

---

[54] 斯宾诺莎：《伦理学》，贺麟译，商务印书馆，1959年，第5页。
[55] 斯宾诺莎：《伦理学》，贺麟译，商务印书馆，1959年，第21页。

的"(《伦理学》第一部分命题十九)、"永恒性既然属于实体的本性,所以每一种属性都包含永恒性,因此一切属性都是永恒的""神的每一种属性必然是无限的"(见《伦理学》第一部分命题十一和界说二、六,当然这里的无限指自类无限,与实体的绝对无限不同)。正是因为属性和实体有着共同的性质,所以斯宾诺莎把实体和属性同样都算作为"产生自然的自然"。这样,我们可以看到,正如实体和样态是一般和个别的关系一样,属性和样态也是处于一般和个别的关系之中。在斯宾诺莎体系里,是没有抽象的属性的,任何属性都是表现在无限数目的样态之中,广延属性表现于无限数目的具有特殊形状和大小的个别物体里,思想属性表现于无限数目的特殊的观念、情感和意愿活动中,永远不会有纯粹抽象的思想,一段空无所有的思想,也永远不会有纯粹抽象的广延,一段空无所有的广延,有的总是特殊的具体的物体和特殊的具体的观念。不过,这些特殊的具体的物体和观念却不能离开它们的属性而存在,脱离它们的属性而被设想。例如,我们不能设想物体的运动和静止而没有广延,不能设想个别观念或个别意志而没有思想。正是在这点上,斯宾诺莎表现了优于当时科学家的卓越见识,他不像牛顿那样主张有所谓纯粹抽象的"绝对空间"。对他来说,任何属性都是具体表现在个别事物之中的,离开了个别事物,属性既不能存在,也不能被认识。

属性既然是实体本身固有的实在本质,那么斯宾诺莎为什么要在定义中加上限定符"由知性看来"呢?所谓"由知性看来",我们认为有两种意思:首先,它是指知性是从实体的哪一方面去考察认识实体，因为我们所能认识的属性有思想和广延。究竟我们是从思想方面还是从广延方面去认识实体，就这点而论，属性是与进行考察的知性分不开的。譬如，我们看一幅风景画，如果我们单从颜色方面看，那么这是一幅五颜六色的颜料堆积物，我们看不到这幅画究竟画的是什么。但是，如果我们从图画的表现内容去看，那么这是一幅非常优美的风景画。显然，这幅画的颜料和内容绝不是看的人们所主观附加上去的，而是这幅画本身所固有，如果没有颜料和表现内容，那么也就无所谓这幅画。这幅画的颜料性质是我们从颜料这个方面去考察所得知的，这幅画的表现内容则是我们从内容方面所理解的。这幅画的颜料和内容虽然是这幅画所固有，但要区分它们和表述它们，却是与知性从哪一方面去考察有关。同样，思想属性是我们从思想这方面去考察实体所认识的实体这方面的本质，广延属性是我们从广延这方面去考察实体所认识的实体这方面的本质，虽然这两种属性都是实体本身客观所固有，但要区分它们和表述它们则是与知性从哪一方面去考察有着直接的联系，所以斯宾诺莎说，属性是由知性看来构成实体本质的东西。

其次，斯宾诺莎说"由知性看来"，还有第二层意思，那就是实体在斯宾诺莎看来并不是只有两种属性，而是有无限多个属性，只是我们所能认识到的，只有两种属性，这就是广延属性和思想属性。他说：

> 我并不是说我能完全认识神，不过我能认识神的某些属性，当然不是一切属性，也不是大部分属性，虽然我们

对绝大部分属性不认识，但确实不能阻止我们对其中某些属性有知识。[56]

因此，我们对于实体所能够说到的只是我们所能认识的两种属性，在这个意义上，属性总是和人们的认识分不开。我们可以说，属性既不是离开认识的实在，又不是离开实在的认识，而是我们所知道的或所能知道的实在，实体的属性愈多，表明我们认识的实体愈完善。正是基于这种看法，斯宾诺莎才把属性定义为"由知性看来是构成实体的本质的东西"。

不过，在这里斯宾诺莎触及了人类认识过程中一个十分复杂的问题。这就是经验认识和理性认识权限和确定性问题。既然我们对于实体所能认识的只有思想和广延这两种属性，那么我们怎样知道实体有无限多个属性呢？这无限多个属性的概念是从何而来的呢？譬如，我看见一个东西只有两种颜色，我又怎么知道它有无限多种颜色呢？按照经验论者的观点，这完全是不可能的，因为我的认识来源于经验，我能经验的就是我所认识的，认识不能超出经验之外，而且我根本也不能说到经验的限制，因为说到经验的限制，就意味我还知道限制之外还有其他的东西，这样就产生了思维的矛盾，我可以经验我所不能经验的东西。当然，作为唯理论者，斯宾诺莎是答复不了这一问题的，他只是从逻辑上进行推论，既然有两种属性，就一定有三种或更多的属性存在，

---

[56]《斯宾诺莎书信集》，英译本，1928年，第289页。

神是无限的存在,所以它一定有无限多个属性。可见,他之所以得出实体有无限多个属性,完全是从数学得来的一种逻辑推导。

这样我们就可以对斯宾诺莎体系里属性这一概念有个比较全面的认识了。属性概念在斯宾诺莎体系里应当说起了相当重要的作用,除了在本体论上由于这个概念的提出,把思想和广延从实体降为属性,从而避免了笛卡尔的二元论,使斯宾诺莎哲学走向一元论外,在认识论上属性至少还有如下两层意义:

(一)属性概念表达了人类对于世界的本质可以认识的信念。我们在现实世界中所认识的,正是这个世界本质的内容,在认识对象即世界和我们认识者之间并不存在有不可逾越的鸿沟,观念的秩序和联系与事物的秩序和联系是同一的因果秩序和联系,人类认识的规律与自然事物的规律是相同的,实在就是我们认识的实在,我们认识的实在就是实在本身的内容。斯宾诺莎在世时,有人向他提出既然你对神的绝大部分属性是无知的,你又如何知道你对其中两种属性有清楚的知识呢?斯宾诺莎在信中答复说:

这是确定不疑的,我们对于绝大多数属性的无知并不妨碍我们对它们之中某一些属性有所知。当我学习欧几里得的《几何原本》时,我首先理解的是三角形的三内角之和等于两直角。虽然当时我对于三角形其他许多特性

还是无知的，但对三角形这一性质却清楚地理解了。�57

因此，在斯宾诺莎看来，虽然我们对于实体只能认识其两种属性，但关于这两种属性的知识则是完全可靠的，它们反映了实体的本质属性。

（二）属性概念表达了人类对于世界最终认识的限制和界限。虽然斯宾诺莎认为存在的东西和我们所知道的东西之间没有鸿沟或帷幕，但他认为实体的全部内容和我们的部分知识之间却存在有不可逾越的界限：实体的无限属性是有限的人类认识永远达不到的，有限的人类只能认识无限实体的很少的两种属性。因为在斯宾诺莎看来，理智不管是有限的还是无限的，只能算作被自然产生的自然，即只能算作样态，有限的样态要去理解无限的东西，总是不完全的，因此人类的认识只能是非常有限的。从这里我们可以看出，他不是说，我们不能用今天我们的认识界限去否定客观世界可能有的而我们今天尚未认识的本质和规律，我们不能用今天我们对于宇宙的未知数去否定客观世界本身可能有的、但今天未知的将来却是可知的东西，他是说，我们今天所不能认识的客观世界的其他属性将是永远不能为我们所认识的，我们今天对于客观世界的未知数将永远是未知数。所以属性概念在斯宾诺莎那里并不是表达相对真理和绝对真理关系的辩证认识原理，而是表达认识的界限或限制。

属性概念的这两层意思，一方面表现了斯宾诺莎坚持世

�57 《斯宾诺莎书信集》，英译本，1928年，第289页。

界是可知的这一正确的认识论观点，另一方面也表现了斯宾诺莎不懂得认识的辩证法，不了解从相对真理到绝对真理的辩证发展过程。固然，我们应当把我们在一定历史条件下所认识的客观事物的本质和规律性与客观事物的本来面目和全部内容区别开来，应当承认由于一定的历史条件和人们认识能力的限制，我们今天所认识的事物的本质和规律性只是客观世界本身所具有的本质和规律性的一部分或表面现象，而对于整个宇宙的一切事物的真实联系，我们仍然缺乏深刻的了解。但这仅仅是我们今天的认识界限，而绝不是人类认识的永远界限，科学史上的事实充分证明了科学上的每一发现和每一成就都在不断扩大和加深我们对于世界的认识，都在不断揭示我们原来还未认识到的事物本质联系和规律性。所以，斯宾诺莎关于神有无限多属性，而我们只能认识其中两种属性的思想并不表述辩证法的认识原理，而是一种认识论上的宿命论，这只能说明他的形而上学思维方法的局限性。

四、思想和广延

神是绝对无限的存在，是具有无限多属性的唯一实体，而我们所能认识的神的属性只有思想属性和广延属性。斯宾诺莎说："思想是神的一个属性，或者神是一个能思想的东西"[58]，"广延是神的一个属性，换言之，神是一个有广延

---

[58] 斯宾诺莎：《伦理学》，贺麟译，商务印书馆，1959年，第42页。

的东西"[59]。因此，思想和广延就是我们对实体所认识的唯有的两种最根本的本质。

斯宾诺莎之以认为思想和广延是我们所认识的实体的唯有的两种属性，显然是根据于我们人类是心灵和身体的复合体。按照斯宾诺莎的看法，人乃是由心灵和身体这两部分所组成，是心灵和身体的统一体，构成人的心灵的现实存在的最初成分是一个现实存在着的个别事物的观念，而构成人的心灵的观念的对象只是现实存在的身体或某种广延样态。简言之，人的心灵是人的身体的观念，而人的身体则是人的心灵的对象。因为这个有限样态是由心灵（观念）和身体（物体）这两种样态所组成，所以我们可以推知神或实体具有两种属性，即思想属性和广延属性。人的心灵（观念）是神的思想属性的样态，人的身体（物体）则是神的广延属性的样态。

把思想和广延作为神或实体的两种属性，在哲学史上一个重要的结果，就是摆脱笛卡尔的二元论走向一元论。在笛卡尔看来，宇宙间存在有两种实体，即具有广延属性的身体（物体）实体和具有思想属性的心灵（精神），他说："每一实体各有一种主要的属性，心灵的属性是思想，身体的属性则是广延。"[60]这两个实体构成了两种互不依赖的本源，即物质本源和精神本源。虽然他有时为了调和这两个实体的对立，提出上帝才是真正的绝对的无限的实体，然而思想和

---

[59] 斯宾诺莎：《伦理学》，贺麟译，商务印书馆，1959年，第43页。
[60] 笛卡尔：《哲学原理》，第20页。

广延仍被他认为是两个彼此独立的相对的有限的实体,它们既不能相互产生,又不能相互决定。斯宾诺莎早期虽然受笛卡尔的实体学说影响很深,但他自己的哲学活动却是从批评笛卡尔的二元论开始的。在他早期写的《理智、爱情、理性和欲望之间的第一篇对话》里,他就假借批判欲望这个抽象人物来抨击笛卡尔的二元论。他说:

> 欲望,我告诉你,你认为有种种不同的实体,那是错误的,因为我清楚地看到,只有唯一的一个实体,它通过其自身而存在并且是一切其他属性的根基。

当笛卡尔派人说世上的万事万物,凡是占有空间的物体都是物质的样态,依赖于物质,凡是观念都是精神的样态,依赖于精神,所以物质和精神应当是两个独立存在的实体时,斯宾诺莎却回答说:

> 如果你把物质和精神因为诸样态依赖于它们而称之为实体,那么你也必定因为它们依赖于实体而把它们称之为样态,因为它们并没有被你设想为通过其自身而存在的。……所以我从你自己的证明中得出结论:无限的广延和思想这两者连同所有其他种种无限的属性(或者按照你的说法,其他种种实体)都只是那个唯一的、永恒的、无限的、通过其自身而存在的存在物的种种样态,所有这些,正如已经说过的,我们断定为一个单一体或

统一体，在它之外绝不能想象任何其他东西存在。[61]

同样，在《神、人及其幸福简论》里，斯宾诺莎明确论证了只能有一个绝对无限的实体即神，而不能有两个相同的无限的实体。他的论证是这样，所谓神只能是通过自身而存在的绝对无限的实体，如果有两个实体，则一个实体就在另一个实体之外，因此它们就相互限制。彼此都不是无限的，这和上述神的定义相矛盾，所以只能有一个实体，这个实体就是绝对无限的神，而思想和广延只是神的无限多属性中我们所能认识的两种属性。他说："我们只有一句话，那就是我们所知道的这些属性仅仅是两种，即思想和广延。"[62]由此可见，斯宾诺莎从他哲学活动一开始，就是作为笛卡尔派实体学说的反对者和批评者出现的，也可能正是这一点，哲学史家们从未因为斯宾诺莎的思路和用语非常接近笛卡尔而把他算作笛卡尔学派成员之一。

如果说，在斯宾诺莎早期著作和书信里有时还有把实体和属性混同使用因而未能彻底摆脱笛卡尔用语的影响的话，那么在斯宾诺莎后期成熟的代表作《伦理学》里，实体和属性就有了明确的区分。斯宾诺莎简洁地把他的思想概括为如下两点：

---

[61] 斯宾诺莎：《神、人及其幸福简论》，洪汉鼎、孙祖培译，商务印书馆，1987年，第150—151页。
[62] 斯宾诺莎：《神、人及其幸福简论》，洪汉鼎、孙祖培译，商务印书馆，1987年，第147页。

第一，神是唯一的，也就是说，宇宙间只有一个实体，而且这个实体是绝对无限的；第二，广延的东西与思想的东西，如果不是神的属性，必定是神的属性的分殊。[63]

《伦理学》所构造的整个哲学体系就是建立在这种一个实体两个属性的一元实体论基础上的。

思想是神的一个属性，这在哲学史上并不是一个新的提法，早在亚里士多德的"第一推动者"和柏罗丁的"太一"里就包含有神是思想本质的说法。在亚里士多德和柏罗丁看来，思想并不是某种在神的本质之外或附在本质之内的东西，而是某种与神的本质等同的东西。对他们来说，神的本质就是思想似乎是毋庸置疑的真理。在中世纪，神的观念完全是和思想的观念结合在一起，上帝就是超越于自然之外的没有物质形体的精神本体，上帝是全知、全能、有理智、有意志，能施善罚恶的最高精神主宰。所以当斯宾诺莎说"思想是神的一个属性，或者神是一个能思想的东西"，从表面上看，似乎和传统的观念，特别是和中世纪神学家的观念没有什么根本不同。

但这只是表面的现象，一个明显的例证就是：斯宾诺莎虽然承认思想是神的一个属性，但他却明确说明神是既没有理智又没有意志的。他说：

意志与理智同神的关系正如运动与静止以及所有一切

---

[63] 斯宾诺莎：《伦理学》，贺麟译，商务印书馆，1959年，第13—14页。

> 自然事物同神的关系一样，其存在与动作都在一定方式下为神所决定。……虽然有无数事物出于一定的意志或理智，但我们绝不能因此便说神依据自由意志而活动，正如出于运动和静止的事物虽多，我们却绝不能因此便说神依据运动和静止的自由而活动一样。所以意志并不属于神的本性，正如其他的自然事物不属于神的本性一样。[64]

在斯宾诺莎看来，理智、意志、欲望和情感，只能算作被自然产生的自然，而不能算作产生自然的自然。他曾经富有风趣地说道：

> 我以为，如果理智与意志属于神的永恒本质，则对于这两种属性，显然应与一般人所了解的理智与意志完全不同。因为构成神的本质的理智与意志与我们的理智和意志实有天壤之别，最多只是名词相同。就好像天上的星座"犬座"与地上能吠的动物"犬"一样。[65]

因此，如果我们非要说神有理智的话，那么"神的理智，就它被理解为构成神的本质而言，其实就是万物的原因：万物的本质以及万物的存在的原因"[66]。

---

[64] 斯宾诺莎：《伦理学》，贺麟译，商务印书馆，1959年，第29页。
[65] 斯宾诺莎：《伦理学》，贺麟译，商务印书馆，1959年，第20页。
[66] 斯宾诺莎：《伦理学》，贺麟译，商务印书馆，1959年，第20页。

既然理智和意志均不属于神的永恒本性，那么斯宾诺莎为什么要认为思想是神的一个属性呢？这对于我们正确理解斯宾诺莎哲学是一个非常重要的问题。我们认为，斯宾诺莎之所以要提出思想属性，是为了要对人如何具有理性思维这一问题做出解释。当十七世纪自然科学特别是生物学还不能真正揭示意识起源的秘密时，斯宾诺莎试图通过他的哲学来对这一问题做出自然主义的解释。斯宾诺莎曾经给自己提出这样一个问题，为什么人有心灵、有思维活动呢？他说，因为"人的心灵是神的无限理智之一部分，所以当我们说，人的心灵知觉这物或那物时，我们只不过是说，神具有这个或那个观念，但非就神是无限的而言，而只是就神为人的心灵的本性而言，或就神构成人的心灵的本质而言"[67]，这里所谓神的无限理智在斯宾诺莎体系里就是神的思想属性的无限永恒样态，而人的心灵正是这种无限理智的一部分。因此，现实的理智，不管是有限的还是无限的，在斯宾诺莎看来，都"必须凭借绝对思想才能得到理解，这就是说，理智必须凭借神的一种属性，而这种属性能表示思想的永恒无限的本质，才能得到理解，没有这种属性，理智就既不能存在，也不能被理解"[68]。同样，斯宾诺莎在1665年致奥尔登堡的信中也答复了这一问题，他说：

  关于人的心灵，我也同样认为是自然的一部分。因为我

---

[67] 斯宾诺莎：《伦理学》，贺麟译，商务印书馆，1959年，第50页。
[68] 斯宾诺莎：《伦理学》，贺麟译，商务印书馆，1959年，第28页。

> 说在自然中存在有一种无限的思想力量，就这思想力量是无限的而言，它就在观念方面包含全部自然。它在思想方面的秩序，正如它的对象自然的秩序一样。因此我主张人的心灵就是这种思想力量，不过不是就它是无限的、知觉整个自然而言，而是就它是有限的、只知觉人的身体而言。正是在这个意义上，我主张人的心灵是某一无限理智的一部分。[69]

这里所谓无限的思想力量就是上面所说的无限理智，即是神的思想属性的无限永恒样态，而人的心灵正是这种无限永恒样态的一部分。由此可见，思想属性在斯宾诺莎体系里是作为说明人的心灵的起源或者人如何具有理性思维这一使命而出现的，斯宾诺莎试图通过神的思想属性对人类的精神活动做出一种自然主义的解释。

如果说"思想是神的一个属性"这一命题与传统的神的观念表面上看来还没有什么显著的区别，那么"广延是神的一个属性，换言之，神是一个有广延的东西"这一命题却是斯宾诺莎完全崭新的冲破一切传统观念的提法。这表明他和以前的哲学家关于神的观念有着根本的分歧。在他以前的哲学家，甚至包括笛卡尔在内，都认为神只是能思的东西，而不能是有广延的东西。斯宾诺莎大胆地反对这种传统看法，提出神不仅是能思想的东西，而且也是有广延的东西，因而神也是一种物质。据说当时正是因为斯宾诺莎坚持三条异端

---

[69] 《斯宾诺莎书信集》，英译本，1928年，第212页。

思想（其中一条就是上帝是有形物质）而被犹太教公会永远革出教门，遭到最恶毒的诅咒。

按照当时一般哲学家和神学家的看法，神不能是有广延的东西。因为从广延可以推出可分性，从可分性又可以推出被动性，这样将赋予神以某种否定的性质。例如笛卡尔当时就曾经这样说过："广延既是物体的本性，并且空间的广延既然具有可分性，可分性又表示不圆满性，所以我们可以确知，神不是物体。"[70] 为了驳斥这一观点，斯宾诺莎主张，广延作为神的无限属性，根本不是可分的，而是不可分的，因而也不是被动的，而是主动的。他在《伦理学》第一部分命题十五附释里针对反对派提出的两个理由进行反驳。反对派提出的第一个理由是：有广延的实体必定是集部分而组成，所以它不具有无限性，因而广延不能是神的属性。例如他们说，假如有广延的实体是无限的，试将它分成两部分，则它的每一部分或者是有限的，或者是无限的。如果是有限的，则无限乃是两个有限部分所构成，这是不通的；但如果是无限的，则将有一个无限是另一个无限的两倍，这也是同样不通的。斯宾诺莎在反驳这一理由时指出：

> 他们用来证明有广延的实体是有限的那些不通的论据，并不出于量是无限的那个假定，而是出于无限的量是可分的那一个假定，与无限之量是有限部分所构成的那个假定……因为他们为了要证明有形体的实体是有

---

[70] 笛卡尔：《哲学原理》，第一部分，第23节。

限的起见，竟把只能认为无限、必然、唯一而不可分的有形体的实体认作有限，为有限部分所构成，并且复合而可分。[71]

按照斯宾诺莎的看法，认为有形体的实体是集有限物体或部分而成，其不通无异乎说面是集线而成，线是集点而成。斯宾诺莎并且援引非真空论来证明自己有形实体是不可分的看法，他说：

因为如果有形体的实体可以分到各个部分真正地截然分离，何以一部分被毁灭后，而其余部分就不能仍然像以前那样，彼此连在一起呢？何以一切事物能如是有秩序地紧密联系在一起竟致没有真空呢？因为如果事物彼此真正地截然分离，则此物必能离他物而独存，并且能离他物而仍维持其固有地位。既然宇宙间没有真空，而各部分又如此联结以致不可能有真空，足见一切有限的部分并非真正地分离，这就是说，有形体的实体既是实体就是不可分的。[72]

反对派提出的第二个理由是：神既然是无上圆满的，必不是被动的，而有广延的实体必然是可分的，必是被动的，因此广延不能是神的属性。这一理由显然是根据有广延的实体是

---

[71] 斯宾诺莎：《伦理学》，贺麟译，商务印书馆，1959年，第16页。
[72] 斯宾诺莎：《伦理学》，贺麟译，商务印书馆，1959年，第16页。

可分的这一点的，而这一点既然不成立，所以这一理由也不能成立。斯宾诺莎在这里还特别强调说："即使我的这些见解不能成立，我也不知道为什么物质不配有神性，因为除神以外不能有任何实体存在可以使得神性成为被动。"[73]总之，对斯宾诺莎来说，广延绝不是可分的、由有限部分而组成的，而是不可分的、无限的。因此，说广延是神的无限多属性之一，绝不表示神有被动性和不圆满性。

正如思想属性是作为说明精神（心理）现象的使命而出现的，广延属性在斯宾诺莎哲学体系里也是作为说明物质（物理）现象的使命而出现的。我们知道，在古代希腊很早就出现了一种原子论学说，它试图对错综复杂的自然现象做一个比较科学的解释，即把一切事物归为同一种质以做量的解释。但是这一传统在中世纪被丢弃了，中世纪经院哲学家为了神学的需要，反对对自然现象做这种科学的量的解释。他们认为每一事物都有自身独特的质，如火不同于水，就在于火有火的质，水有水的质，这种质他们称之为"实体的形式""隐蔽的质""有意志的类"等，这样就阻止了人们对于自然现象做统一的科学解释。近代科学和哲学就是反对中世纪这种荒诞解释的基础上发展的。十七世纪的自然科学最基本的立场就是要恢复古代原子论的量的解释，把自然界一切物体的本质仅归结为一种广延，把一切运动变化仅归结为机械运动。笛卡尔的物理学就是系统地阐述这一立场，最后由牛顿在他的《自然哲学原理》里做了总结。斯宾诺莎

---

[73] 斯宾诺莎：《伦理学》，贺麟译，商务印书馆，1959年，第17页。

对当时的自然科学相当熟悉,特别是对笛卡尔的物理学做了精湛的研究。他赞成原子论的解释,曾经在一封致友人的信中说:

> 柏拉图、亚里士多德和苏格拉底的权威对我来说没有多大分量,要是您提到伊壁鸠鲁、德谟克利特、卢克莱修或任何一个原子论者,或者为原子做辩护的人,我倒会感到惊奇。那些想出了"隐蔽的质""有意志的类""实体的形式"和无数其他的无聊东西的人,会捏造出幽灵和灵魂让老太婆们相信,以便削弱德谟克利特的权威,这是不足为怪的。他们对于德谟克利特的好声誉是如此嫉妒,以致烧毁了他的全部著作,而这些著作是他在一片颂扬声中发表的。[74]

因此我们完全有理由说,斯宾诺莎提出广延是神的属性,是继承原子论和笛卡尔物理学的科学传统。广延学说在哲学上最大的贡献在于把一切自然现象质的多样性还原为量的规定性,从而为世界物质的统一性及其运动规律齐一性做出了科学的理论解释。

用广延来解释自然现象,最清楚地表现在斯宾诺莎的《笛卡尔哲学原理》一书的第二编中,这是根据笛卡尔的《哲学原理》第二部分物理学阐述的。在这里斯宾诺莎首先给广延下了这样一个定义:"广延,由三向量构成,不过我

---

[74] 《斯宾诺莎书信集》,英译本,1928年,第290页。

们所谓广延既不是一种扩展行为,也不是某种不同于量的东西。"按照这个定义,广延与空间没有什么实际的区别,它们都是量的规定。但广延和空间不是纯粹的无,它们构成物体或物质的本质,"物体或物质的本性只在于广延"。因此没有广延,物体或物质既不能存在,也不能被设想。由于物质的本质在于广延,因此物质不是多种多样的,而是到处同一的,或者说,"天地间的物质是同一的"。同样,运动和静止也是广延的样态,它们不能离开广延而存在和被设想。因为没有广延,我们就不能设想运动、静止、形状等。按照斯宾诺莎,一旦我们有了物体和运动与静止,我们就可以解释全部物理现象,因此广延是我们对于物理自然现象解释的最根本的原则。

这样一种观点同样表现在《伦理学》里,在这里斯宾诺莎首先根据广延对物体下了这样一个定义:"物体,我理解为在某种一定的方式下表示神的本质的样态,但就神被认作一个有广延之物而言。"由这个定义他推出六个基本公则:一、一切物体都包含同一属性即广延属性,因而一切物体必定有苦干方面是彼此相同的;二、一切物体或是运动着或是静止着,都具有某种特定的动静比率;三、一切物体间的相互差异在于动静快慢,即动静比率的不同;四、物体之所以发生性质改变,不在于体积或大小改变,而在于动静比率的变化;五、一物体之动或静必定为另一物体所决定,因此动者将继续运动直至为他物所决定使其静止,反之,静者将继续保持静止直至为他物所决定使其运动;六、由于整个宇宙都保持一定的动静比率,所以纵使一切物体有极其多样的变化或转化，但整个宇宙不致有什么改变。显然这些都是近代物理学的基本原理，斯宾诺莎试图利用这些基本原理完成他对物理现象的自然主义解释。

不过，我们应当注意，斯宾诺莎的广延概念绝不只是物理学概念，它的内涵远超出笛卡尔所赋予这概念的单纯物理学意义。这一点清楚地表现在他和谢恩豪斯的通信中。1676年5月谢恩豪斯曾经向斯宾诺莎提出这样一个问题："我非常难以理解，我们如何能先天地证明那些具有运动和形状的物体的存在的，因为如果我们绝对地考察广延，广延中是没有这类东西的。"[75]斯宾诺莎在回信中说：

> 从笛卡尔所设想的广延，即一种静止不动的质（Mass）出发，则不仅像您所说的，很难证明物体的存在，而且是绝对不可能的。因为静止的物体将继续尽可能地静止，除非由于某种更强有力的外部原因，否则它不会开始运动的。由于这个缘故，我曾经毫不迟疑地说笛卡尔关于自然事物的原则，即使不说是荒谬的，也是无益的。[76]

隔一个月，谢恩豪斯又给斯宾诺莎写了一封信，问我们怎么可以从广延概念先天地演绎出事物的多样性，"因为你记得笛卡尔的意见，按照他的主张，他之所以可以从广延演绎出

---

[75] 《期宾诺莎书信集》，英译本，1928年，第361页。
[76] 《期宾诺莎书信集》，英译本，1928年，第363页。

事物的多样性，只在于假设这是由于神所发动的运动在广延里所产生的结果"。⁷⁷斯宾诺莎对此的答复是："您问仅仅从广延概念能否先天地证明事物的多样性，我想我已经相当清楚地回答了，这是不可能的。因此，笛卡尔用广延来给物质下定义是不正确的。物质必须要以表现永恒的无限的本质的一种属性来下定义。"⁷⁸从谢恩豪斯提出的这两个问题以及斯宾诺莎的答复，我们可以清楚看出，为了解决事物如何会运动以及事物如何有多样性，斯宾诺莎的广延概念绝不同于笛卡尔的广延概念。笛卡尔的广延概念是一种惰性的物质，它不可能引起事物的运动和造成事物的多样性，事物的运动和多样性乃是由于上帝自外作用的结果。斯宾诺莎反对这种看法，他认为广延概念应当包含运动，即运动是广延属性的直接永恒样态，因而广延本身绝不是什么惰性物质，而是具有一种能动作用，只有具有能动作用的广延才能说明世界的物质多样性和世界万物的运动和变化。

综上所述，思想和广延作为神的两个属性，其最根本的意思就是说明自然本身就有原因解释自身的精神现象和物质现象。思想和广延是宇宙自身的两种能力，自然界所有精神现象和物质现象都可以看成是这两种能力活动的结果。约金姆在他的《斯宾诺莎〈伦理学〉研究》一书中把斯宾诺莎的属性称之为"神的全能借以向知性显示其自由因之力线

---

⑦⑦ 《期宾诺莎书信集》，英译本，1928年，第363页。
⑦⑧ 《期宾诺莎书信集》，英译本，1928年，第365页。

（Lines of force）"[79]，是有一定道理的。如果我们把思想和广延这两条力线说成是宇宙自身的两条作业线（Lines of production），可能更好，因为神作为产生自然的自然，本身就是一个以无限方式进行活动和创造的绝对力量，这种力量以两条不同的作业线表现在宇宙万物的存在和活动中。作为广延的作业线，宇宙力形成全部物理现象，而作为思想的作业线，宇宙力形成全部精神现象。因此我们可以把斯宾诺莎所谓神的思想属性和广延属性看成宇宙进行自我解释的两个基本原则，它们说明宇宙自身就有能力解释一切精神现象和物质现象，而不需要任何超自然的外在因素。

现在我们需要考虑这两条作业线的相互关系，也就是思想性和广延属性在斯宾诺莎自然系统里的关系。按照斯宾诺莎的看法，思想和广延是两种根本不同类的属性，它们彼此之间不能相互产生和相互决定，即"物体不能限制思想，思想也不能限制物体"[80]，但是，它们虽然性质根本不同，一个不能产生和决定另一个，它们却是同一个实体的两个属性，是从两个不同的方面来表现同一个实在。当我们从思想属性去认识神或自然时，它就是一个能思想的实体，当我们从广延属性去认识神或自然时，它就是一个有广延的实体，表现为思想的实体和表现为广延的实体乃是同一个实体。他说："纵然两个属性可以设想为确有区别，也就是说，这个属性无须借助那个属性，但我们也不能由此便说它们是两个

---

[79] 约金姆：《斯宾诺莎〈伦理学〉研究》，1901年，第65页。
[80] 斯宾诺莎：《伦理学》，贺麟译，商务印书馆，1959年，第3页。

存在或两个实体。"[81] 因此,不论我们借广延这一属性,还是借思想这一属性来认识实体,我们总会发现同一的内容和同一的关系。同样,广延属性的一个样态和这个样态在思想属性里的样态即它的观念也是同一个东西,只不过我们借不同的属性去了解它们罢了。对于广延属性的每一个样态或物体,我们可以从思想属性方面把它看成思想属性的样态即该物体的观念;对于思想属性的每一个样态或观念,我们也可以从广延属性方面把它看成广延属性的样态即该观念的对象。斯宾诺莎写道:

> 凡是无限知性认作构成实体的本质的东西全都只隶属于唯一的实体,因此思想的实体与广延的实体就是那唯一的同一的实体,不过时而通过这个属性,时而通过那个属性去了解罢了。同样,广延的一个样态和这个样态的观念亦是同一的东西,不过由两种不同的方式表示出来罢了。……譬如,存在于自然界中的圆形与在神之内存在着的圆形的观念,也是同一的东西,但借不同的属性来说明罢了。[82]

按照斯宾诺莎的看法,思想属性和广延属性的这种同一关系不仅表现在思想的实体和广延的实体只是同一的实体,广延属性的一个样态和这个样态的观念只是同一个东西,而

---
[81] 斯宾诺莎:《伦理学》,贺麟译,商务印书馆,1959年,第9页。
[82] 斯宾诺莎:《伦理学》,贺麟译,商务印书馆,1959年,第46页。

且也表现在观念自思想属性而出与观念的对象自广延属性而出,其方式亦是相同的,即观念的次序和联系与事物的次序和联系是相同的。换句话说,在斯宾诺莎看来,观念的因果次序和事物的因果次序并不是两个因果次序,而是同一个因果次序,只是我们从不同的属性去考察罢了。他说:

> 无论我们借广延这一属性,或者借思想这一属性,或者借任何别的属性来认识自然,我们总会发现同一的因果次序或同一的因果联系。换言之,我们在每一观点下,总是会发现同样的事物连续。[83]

这样,我们就看到思想和广延这两个属性之间存在有一种同一而两面的复杂关系:

(一)思想不同于广延,思想不能产生和决定广延,广延也不能产生和决定思想。思想和广延在类别上是根本不同的两种属性。因此,宇宙存在有两条根本不同的作业线,它们相互不影响和不发生任何关系,各在自身范围内进行创世活动,而相对于这两条不同的作业线,存在有两种互不依赖的解释系统,即广延的解释系统和思想的解释系统。当事物被认作广延的样态时,我们必须单用广延这一属性去解释整个自然界的次序或因果联系,反之,当事物被认作思想的样态时,整个自然界的次序或因果联系则必须单用思想这一属性去解释,任何试图建立思想和广延之间联系的理论都不能

---

[83] 斯宾诺莎:《伦理学》,贺麟译,商务印书馆,1959年,第46页。

成立。

（二）思想和广延虽然是两种根本不同类的属性，但它们却不是两个存在或两个实体，而是同一个实体，它们所表现的乃是同一的内容和同一的因果关系。因此，上述两条宇宙作业线又是同一条作业线，只不过是通过两种不同属性表现出来罢了，它们创世活动的因果次序和联系完全是同一个因果次序和联系。因而无论我们借广延这一属性，还是借思想这一属性去认识自然，我们总会发现同一的因果次序或同一的事物连续。所以上述两种互不依赖的解释系统又可以看成是同一个解释系统，因为它们所揭示的自然的因果次序和联系乃是同一的次序和联系。

斯宾诺莎这种关于思想和广延关系的理论，过去有些哲学史家称作心物平行论或心物等同论。如果所谓平行是指两条永不相交的直线，那么我们不认为斯宾诺莎这种理论是平行论，因为他并不认为思想和广延是两个完全不相干的系统，而是认为它们本身只是同一个系统；而且平行论容易使人想到二元论，犹如笛卡尔派的心物平行论那样。同样，斯宾诺莎这种理论也不能称之为等同论，因为思想和广延虽然是同一实体的两种属性，能思想的实体和有广延的实体是同一个实体，但它们却是从两个不同的方面来表现同一个实在，因此它们不是绝对的等同，而是有差别的同一。所以我们宁可称之为"心物同一两面论"，所谓同一，指它们所表现的是同一个实在，所谓两面，指它们是从两个根本不同方面对同一个实在的表现。

五、无限样态和有限样态

整个样态系统（或被自然产生的自然）在斯宾诺莎体系里包括两个样态，即无限样态（一般样态）和有限样态（个别样态）。所谓无限样态，按照斯宾诺莎的定义，是指直接出于神的属性或神的属性的分殊的样态，而有限样态则不是直接出于神的属性，而是出于上述无限样态的样态。这里，显然从神到无限样态，由无限样态再到个别事物，有一个从一般到特殊再到个别的逻辑推演过程，而无限样态似乎就构成实体和个别事物之间的中间环节。

从神过渡到个别事物（即有限样态），这在斯宾诺莎哲学里是一个非常重要而又棘手的问题。它既是神与世界之间关系的实质性问题，又是一与多、一般和个别之间的逻辑关系问题。按照传统的哲学观点，神是无限的和永恒不变的，而个别事物则是有限的和变灭无常的，神是一，而个别事物则是多，那么，如何从单一的无限的永恒的神中产生出众多的有限的变灭无常的个别事物呢？这在传统哲学里是一直未能解决的问题。虽然斯宾诺莎曾经说过因为神是世界万物的内因，神与世界是一个东西，因而这个问题本身就不是问题，然而他毕竟还需要做出一些具体的解释。譬如在《神、人及其幸福简论》一书中，他就曾经借伊拉斯摩斯的口提出过这样一个问题：既然神是自然万物的内因，而内因与其结果又是始终结合在一起的。只要神存在，其结果就不能被毁灭，那么为什么由神产生的万物却是变灭无常的呢？他在

《伦理学》中也同样肯定这一点:

> 有限的且有一定的存在的东西不能为神的任何属性的绝对本性所产生,因为凡是出于神的任何属性的绝对本性的东西,都是无限的和永恒的。[84]

因此他需要对无限的永恒的神(即实体)过渡到有限的变灭无常的个别事物这一问题做出具体的解释。也就是说,他需要找出神(实体)与个别事物之间的某种过渡中介或环节。

在斯宾诺莎早期著作《神、人及其幸福简论》里,斯宾诺莎就曾经把对象分为三类:一类对象本身变灭无常的,另一类对象由于它们的原因而是非变灭无常的,但是第三类对象仅仅由于它自身的力量和威力而是永恒的、非变灭无常的。他说:

> 变灭无常的东西是所有并非任何时候都存在的个别的事物,或者是所有有一个开端的个别事物;而另一类东西(指由于它们的原因而非变灭无常的对象),像我所说的,是所有那些作为个别样态的原因的一般样态;但是第三类对象就是神,或者就是我们认为和神一样的东西,即真理。[85]

---

[84] 斯宾诺莎:《伦理学》,贺麟译,商务印书馆,1959年,第26页。
[85] 斯宾诺莎:《神、人及其幸福简论》,洪汉鼎、孙祖培译,商务印书馆,1987年,第193—194页。

显然,这里所谓第二类对象就是他所要寻找的从神过渡到个别事物的中间环节。因为这类对象一方面本身存在的原因是出自神,因而是非变灭无常的;另一方面它们又是变灭无常的个别事物的原因,他把这类东西称之为"一般样态"。这种思想在《伦理学》里表现得更为明确,他说:

> 凡是被决定而存在和动作的东西,都是为神所决定而这样的。但是有限的、且有一定的存在的东西,不能为神的任何属性的绝对本性所产生,因为凡出于神的任何属性的绝对本性的东西,都是无限的和永恒的。所以任何有限之物,不是自神而出,而是自神的某种属性而出,就这种属性被看成处于某种样态的状态而言。[86]

按照斯宾诺莎在《伦理学》里所定的名称,这种处于某种样态状态的属性,就是"无限样态"。它本身既是出于神的属性的绝对本性,因而是永恒无限的,又是一切有限个别事物存在和动作的原因,它是神和有限个别事物的中间环节。在斯宾诺莎看来,神虽然不能认作个别事物的远隔因,然而为了分辨神的直接产物和间接产物起见,神只能是无限样态的最近因,而无限样态才是个别事物的最近因。由此可见,斯宾诺莎之所以要在实体和有限样态之间插入无限样态,就是为了给予有限样态一个最近因的解释。无限样态的使命就是具体解释神与世界之间的联系,具体说明实体的单一性和自

---

[86] 斯宾诺莎:《伦理学》,贺麟译,商务印书馆,1959年,第26页。

然万物的多样性、实体的静态和自然万物的动态之间的关系,因此无限样态在斯宾诺莎哲学体系里担负着从实体过渡到有限样态的桥梁或中间环节的作用,斯宾诺莎试图通过无限样态来解释整个自然界的错综复杂的现象。

关于无限样态,在《神、人及其幸福简论》中,斯宾诺莎只举了物质中的运动和思维中的理智这两种样态,他说:

> 关于一般的被自然产生的自然,或者关于一般的样态,关于直接依赖于神的或为神直接所创造的创造物,我们所知道的只有两种,即物质中的运动和思维中的理智。我们主张这两种东西是永恒地存在并且将永恒地保持不变。[87]

至于除了这两种直接的无限样态之外,是否还有间接的无限样态,斯宾诺莎在这本书中似乎再没有说明。但在《伦理学》里,斯宾诺莎对无限样态却明确区分了两类:一类是直接的无限样态,即所谓出于神的属性的绝对本性的样态;一类是间接的无限样态,即所谓出于依神的属性之绝对本性而存在的分殊的样态。他说:

> 一切必然地无限地存在着的样态,或者必然出于神的某种属性的绝对本性,或者是出于某种属性的分殊,而这

---

[87] 斯宾诺莎:《神、人及其幸福简论》,洪汉鼎、孙祖培译,商务印书馆,1987年,第176页。

种分殊是必然地无限地存在着。[88]

遗憾的是，他对他这种颇为抽象的说法再未做具体解释，究竟什么是直接出于神的属性之绝对本性的无限样态，什么是间接出于神的属性的分殊的无限样态，似乎是不清楚的。幸喜他的《书信集》和《神学政治论》里提供了两份材料，我们可以借用来理解这两种样态。当时他的一些朋友在读了《伦理学》手稿后，曾经向他提出了这一问题（参阅《斯宾诺莎书信集》第63封），想要他举出一些直接由神的属性所产生的东西和间接由神的属性的分殊所产生的东西，斯宾诺莎对此在回信中答复说："您要举的第一类例子，在思想方面是绝对无限的理智，在广延方面是运动和静止；第二类例子是宇宙的全貌（facies totius universi）[89]，虽然宇宙的全

---

[88] 斯宾诺莎：《伦理学》，贺麟译，商务印书馆，1959年，第24页。
[89] 关于 facies totius universi 沃尔夫森在其《斯宾诺莎的哲学》里有一个考证式的解释，他认为这个用语来源于《圣经》，在《圣经》中描写"越过整个地球"时，常说"越过整个地球面"。拉丁文《圣经》里译作 super faciem totius terrae 或 super faciem omnis terrae（面）这个字也可以表示"个体"的意思，这是从希腊字 πρōσωποy 来的意思。所以"宇宙的全貌"也可以表示整个宇宙是一个个体，这和斯氏说的"我们不难认为整个自然界是一个个体"的意思相一致。斯宾诺莎之所以把"宇宙的全貌"认为是间接的无限样态，这可能是受希伯来神秘哲学中"faces"一词的影响，这个词在希伯来神秘哲学里表示从无限者流射出来的东西。希伯来神秘哲学家阿伯拉巴姆·赫累拉（Abraham Herrera）曾在其著作中把这些间接射出来的东西叫作"无限者的宇宙面"。（参阅沃尔夫森《斯宾诺莎的哲学》，第1卷，第244—245页。）

貌以无限的方式在发生变化,但却永远保持同一个东西"⑩,并要他的朋友参阅《伦理学》第二部分命题十三的附释到补则七。在那里斯宾诺莎分析了各种复合体后说道:"我们不难理解整个自然界是一个个体,它的各个部分,换言之,即一切物体,虽有极其多样的转化,但整个个体可以不致有什么改变。"⑪另外,在《神学政治论》里,斯宾诺莎也对无限样态做了一个说明,他说:"在研究自然现象时,我们须先探讨自然中是最普遍共同的,如运动静止之类,以及探讨自然永久遵循的规律,借以规律自然得以连续运行。"⑫根据上述两段材料,我们可以看出,斯宾诺莎所谓直接出于神的属性的无限样态,是指自然界所有个别事物所普遍共同具有的本质东西,如物质中运动和静止,思维方面的无限理智;而所谓间接出于神的属性的分殊的无限样态,是指那种整个看来是固定不变的东西,也即指那些支配整个自然界运动变化的固定不易的自然规律。没有这些本质和规律,个别事物既不能存在,也不能被理解。他在《知性改进论》里曾经这样说过:

> 自然界中变灭无常的个别事物的内在本质只可以在固定的永恒的事物中去寻求,在那些好像深深印在事物里的,并为一切个别事物的发生和秩序所必遵循的规律中

---

⑩ 《斯宾诺莎书信集》,英译本,1928 年,第 308 页。
⑪ 斯宾诺莎:《伦理学》,贺麟译,商务印书馆,1959 年,第 56 页。
⑫ 斯宾诺莎:《神学政治论》,温锡增译,商务印书馆,1963 年,第 112 页。

去寻求。是的，我们还可以说，所有变灭无常的个别事物都密切地本质地依存于固定永恒的东西。没有固定永恒的东西，则个别事物既不能存在，也不能认识，所以这些固定的永恒的东西，虽是个别的，但是因为它们无所不在，并且具有弥漫一切的力量。在我们看来，即是变灭无常的个别事物的界说的类或共相，而且是万物的最近因。[93]

这里话虽然多，但意思是清楚的，即个别事物的存在必依赖于它们自身中的固定永恒的普遍本质以及依赖于它们发生变化所必遵循的普遍规律。普遍本质（即共相）和普遍规律就是事物存在的两大根本条件，前者即直接的无限样态，后者则是间接的无限样态。从这里可以看出，斯宾诺莎之所以要在实体和个别事物之间提出这两类无限样态，是为了从自然界万物的质的多样性和运动变化找出恒久不变的和单纯的普通东西，以使它们能作为单一的永恒的神和众多的短暂的事物之间的中介环节。在他看来，个别事物依赖于神，但不是直接出于神，而是通过两类无限样态与神间接发生联系。神是直接的无限样态即运动和静止、无限理智的绝对的最近因，而不是间接的无限样态即事物普遍关系和规律性的自类的最近因；直接的无限样态是间接的无限样态的最近因，而不是有限的个别事物的自类的最近因；而间接的无限样态才是有限的个别事物的最近因，斯宾诺莎试图用这种方式来完

---

[93] 斯宾诺莎：《知性改进论》，贺麟译，商务印书馆，1960年，第55页。

成他对整个自然的逻辑解释。

在斯宾诺莎的整个自然系统里，我们所知道的属性有两种，即广延属性和思想属性，因而无限样态系统也有两个，即广延属性方面的无限样态系统和思想属性方面的无限样态系统。下面我们简单分析一下斯宾诺莎这两个无限样态系统。

广延属性方面的无限样态系统：（一）直接的无限永恒的样态是运动和静止。在斯宾诺莎看来，自然界的各种物体之所以千差万别，是因为运动和静止的比率不同，而且，一物体之所以发生变化，也在于它的运动和静止的比率在发生变化。因此我们可以说，一切物体的质的差异以及运动变化乃由于运动和静止这些直接的无限样态所造成，而运动和静止是直接与神的广延属性相关，它们的概念包含广延，所以斯宾诺莎说这样一种无限样态是"直接出于神的属性的绝对本性"，即直接出于广延属性。（二）间接的无限永恒的样态，照斯宾诺莎的说法，是"宇宙的全貌"，也就是支配宇宙内全部物体相互关系和运动变化的一些物理规律以及整个自然界的固定不易的秩序。在斯宾诺莎看来，每一物体的动静比率的变化必然引起与它邻近的另一物体的动静比率的变化，而这另一物体的动静比率变化必然又引起它邻近的另一物体的动静比率的变化，这样无限传递下去，整个宇宙内的所有物体都可以发生动静比率的变化。但是，宇宙内万物虽然是这样永恒不断地在发生动静比率的变化，然而它们的总和，即整个宇宙的运动和静止却保持同一的比例关系，这也就是说，必然受运动静止比率守恒定律所支配。他说："须知所有物体都被其他物体所围绕,它们都以一种严格确定的方式相互被规定存在和动作,并且在它们的全部总和中,也就是在整个宇宙中,运动和静止之间总是保持同一比率关系。由此可见,每一个物就它经受一定的变化而言,总是被认为是整个宇宙的一部分,总是同它的整体相一致,并且同其他部分处于紧密的联结中。"[94] 整个宇宙在斯宾诺莎看来,就是由相互联结在一起的元素所构成的一个和谐的系统,都被齐一的规律所统治,因此自然呈现统一的固定不易的秩序。显然,这种思想是同当时的原子论和自然科学特别是力学紧密联系在一起的。

与广延属性方面的无限样态系统相平行的,是思想属性方面的无限样态系统。这个系统内的直接的无限永恒样态是理智(Intellectus,这里是指神的无限理智,而不是指人的有限理智)[95]。斯宾诺莎为什么要把理智算作一种直接的无限样态呢?他在《伦理学》中有过一种解释:

因为这里所谓理智并不是指绝对的思想(这是自明的),不过只是指思想的一种样态,以示有别于其他各

---

[94] 《斯宾诺莎书信集》,英译本,1928年,第211页。
[95] 在斯宾诺莎体系里,思想方面的直接的无限永恒样态,除了用"无限理智"这一词外,还有其他几个词,如"绝对无限的理智"(Intellectus absolute infinitus,见《书信集》第64封)。"无限的思想力"(potentia infinita cogitandi,见《书信集》第32封)以及"神的观念"(idea Dei,见《伦理学》,第二部分命题三、四、八),这几个词的意思是一样的。

种样态，如欲望、爱情等。所以必须凭借绝对思想才能得到理解，这就是说，理智必须凭借神的一种属性，而这种属性能表示思想的永恒无限的本质，才能得到理解，没有这种属性，理智就既不能存在，也不能被理解，所以理智只能算作被自然产生的自然。[96]

这里一方面说明理智并不是神的思想属性，而是神的思想属性的一种样态，另一方面又说明理智这种样态不同于思想属性的其他各种样态如欲望、爱情等。在斯宾诺莎看来，正如所有广延样态都是以运动和静止为基础一样，所有思想样态也都是以理智作为基础，如意愿、情感和欲望等思想样态皆依赖于理智，因为意愿或欲望的行为皆以被意愿或被欲望的对象的观念为前提。他说："在所有的思想样态中，就本性来说，观念总是在先的，例如一个人有了一个观念，则将必随之具有其余的样态（对于这些样态，就本性说来，观念是在先的）。"[97]所以理智是思想属性方面无限样态系统内的直接的无限永恒样态，所谓直接的，就是直接得自于神的思

---

[96] 斯宾诺莎：《伦理学》，贺麟译，商务印书馆，1959年，第28页。
[97] 斯宾诺莎：《伦理学》，贺麟译，商务印书馆，1959年，第50页。类似的思想，我们可以在《神、人及其幸福简论》一书附录二中找到，斯宾诺莎在谈到无限观念是思想属性最直接的样态后说："应当注意，所有其他的样态如爱、欲望、快乐等之皆起源于这最初的直接的样态，所以如果这最初的直接的样态不先于存在，则爱、欲望、快乐等也就不能产生。"（《神、人及其幸福简论》，洪汉鼎、孙祖培译，商务印书馆，1987年，第259页。）

想属性。至于这个系统内的间接的无限永恒样态,例如类似于广延系统的"宇宙的全貌"的东西,斯宾诺莎没有具体谈,但我们也可以类推为支配各种思想样态相互关系的齐一规律以及它们之间的固定不易的无限因果联系。[98]因为斯宾诺莎主张观念和事物一样,亦有固定不易的必然因果联系和秩序,他说:

> 观念自思想的属性而出,与观念的对象自其所隶属的属性而出或推演而出,其方式是相同的,而且具有同样的必然性。[99]

所谓有限样态,在斯宾诺莎体系里,就是指宇宙内的特殊具体事物,既包括广延领域内的个别自然事物,又包括思想领域内的个别观念、个别情感和个别欲望等。这些东西在

---

[98] 关于斯宾诺莎思想属性方面无限样态系统内的间接的无限永恒样态,在斯宾诺莎注释家中有各种各样的解释。波洛克(Pollock)认为是"神的观念"(见其《斯宾诺莎》,第187页),约金姆也基本同意这一看法(见其《斯宾诺莎〈伦理学〉研究》,第95页),马铁努(J. Martineau)认为是"理性思维的恒常形式或必然逻辑规律"(见其《斯宾诺莎研究》,第200页),沃尔夫森认为是思想属性里的"宇宙的全貌"(见其《斯宾诺莎的哲学》,第1卷,第247页)。我个人基本同意马铁努和沃尔夫森的看法,而不同意波洛克和约金姆的看法,因为"神的观念"类似于"理智",是思想属性里的直接的无限样态。思想属性方面无限样态系统内的间接的无限永恒样态只能指支配所有思想样态的普遍统一规律和固定不易的观念因果秩序。

[99] 斯宾诺莎:《伦理学》,贺麟译,商务印书馆,1959年,第45页。

斯宾诺莎看来，如果单就它们自身而言，都是变灭无常的有限事物。这些变灭无常的有限样态如何与无限永恒的神发生联系呢？斯宾诺莎解释说，有限事物是直接从有限的原因产生的，这些有限的原因在数目上是无限的，它们形成一个无限的因果系列，这个无限的因果系列是从间接的无限永恒样态而来，因为间接的无限永恒样态就是它们的整体和规律性，而间接的无限永恒样态则是直接神的属性而来，通过这一系列的中间环节，有限样态与神联结起来，所以最终来说，神则是有限样态存在和本质的致动因。斯宾诺莎说：

> 严格说来，神不能认作个别事物的远隔因，除非是为了分辨神的间接产物与神的直接产物，或出于神的绝对本性的东西方便起见。因为我们通常总是把远隔因了解与结果没有联系的。但是一切存在都存在于神之内，都依靠神而存在，如果没有神，它们就既不能存在，也不能被理解。[100]

在斯宾诺莎体系里，有限样态至少具有下述三种根本性质：

（一）由于直接的和间接的无限永恒样态的作用和规范，所有有限样态皆受整个自然界的绝对必然的固定不易的规律支配，因而它们构成一个无限的必然的因果系列，"每个个体事物或者有限的且有一定的存在的事物，非经另一个

---

[100] 斯宾诺莎：《伦理学》，贺麟译，商务印书馆，1959年，第27页。

有限的且有一定的存在的原因决定它存在和动作，便不能存在，也不能有所动作，而且这一个原因也非经另一个有限的且有一定存在的原因决定它存在和动作，便不能存在，也不能有所动作。如此递推，以致无穷"[101]，例如A物由B物决定，B物由C物决定，C物由D物决定，……整个有限样态呈现一无限的必然的因果系列。不仅广延样态（自然事物）有这种因果系列，而且思想样态（人的观念）也有这种因果系列，只不过这两种因果系列，照斯宾诺莎的说法，只是同一个因果系列的两种表现，它们的次序和联系完全是一样的。

（二）有限样态的现实本质是一种自我保存的努力（conatus），不仅有生命的物质有这种努力，而且无生命的物质也有这种努力。努力在斯宾诺莎看来，乃是万物内维护自身和保存自身的能动因素，它们得自于神的能动力量，因为事物具有的本质和力量在斯宾诺莎体系里只不过是神的本质和力量的部分表现，他说："因为个体事物是由某种一定的形式来表示神的属性的样态，也就是说个体事物乃是由某种一定的形式来表示神之所以为神的力量的事物。"[102] 努力学说应当说是斯宾诺莎哲学里超出机械论的一种非机械论解释，为事物自身运动变化找寻内在的原因和根据。

（三）全部有限样态根据它们直接间接得自神的关系而有实在性圆满性程度的等级。他说："凡是直接从神产生出

---

[101] 斯宾诺莎：《伦理学》，贺麟译，商务印书馆，1959年，第25—26页。
[102] 斯宾诺莎：《伦理学》，贺麟译，商务印书馆，1959年，第98页。

来的结果才是最圆满的，而那须有多数间接原因才能产生出来的东西则是最不圆满的。"[103] 他曾在给友人的信中比喻说："老鼠虽然像天使一样依赖于神，疯狂像快乐一样依赖于神，然而老鼠并不因而能与天使同类，疯狂能与快乐等同"[104]，"犯人是按照他们的方式来表现神的意志，正如好人以他自己的方式来表现神的意志一样，但犯人并不因此就能同好人相媲美"[105]。任何事物具有的实在性愈多，它所表现神的圆满性也就愈多，事物的实在性和圆满性构成一个由低级到高级的不同层次的系列。

综上所述，斯宾诺莎的样态系统包括两类样态，即无限样态（一般样态）和有限样态（个别事物），而无限样态又分为直接的无限样态和间接的无限样态。无限样态和有限样态的关系就是固定不变的事物（本质和规律性）和变灭无常的事物的关系。正如实体和样态、一般和个别、整体和部分的关系一样，无限样态也不是独立于有限样态之外的另一种东西，而是有限样态的最一般的性质和规律，没有无限样态不是表现在有限样态中的无限样态，没有有限样态不是具有无限样态的有限样态。没有无限样态，有限样态既不能存在，又不能被理解，反之，没有有限样态，无限样态也不能存在，又不能被理解。无限样态是实体和有限样态之间的过渡桥梁和中间环节，也就是相当于后来黑格尔所谓普遍、特

---

[103] 斯宾诺莎：《伦理学》，贺麟译，商务印书馆，1959年，第36页。
[104] 《斯宾诺莎书信集》，英译本，1928年，第191页。
[105] 《斯宾诺莎书信集》，英译本，1928年，第150页。译文据约金姆的译文有所改动。

殊和个别三分法里的"特殊"这一环节。

六、逻辑性的自然架构和绝对必然系统

至此，我们已对斯宾诺莎形而上学体系里作为联结点的几个重要范畴了分别的说明，这里我们需要对这些联结点所构造的自然架构做一个总体鸟瞰，以便更充分地认清斯宾诺莎形而上学体系的根本特征。

正如我们前面所说的，斯宾诺莎给自己的哲学所提出的根本任务是阐明人与自然的关系。他把这一任务首先放在构造自然体系上，企图通过自然学说来阐明人在自然中的地位和作用。因而自然架构学说是他的形而上学的核心和根本点。

他的自然架构是这样：只有一个实体，也就是神或自然，它有无限多个属性，而在这无限多个属性里面，我们人类所能认识的只有两个属性，即思想属性和广延属性，这是神或实体自身的两种活动能力或本质，本身是主动的、无限的和永恒的，它们两者既不能相互产生，又不能相互决定，它们是从两个不同方面来表现同一个实体。这两个属性可以表现为两类永恒的样态，即直接的无限永恒样态和间接的无限永恒样态，前者表现神的属性的绝对本性，后者表现神的属性的分殊。广延属性的直接无限永恒样态是运动和静止，思想属性的直接无限永恒样庇则是无限的理智；广延属性的间接无限永恒样态是"宇宙的全貌"，思想属性的间接无限

永恒样态，虽然斯宾诺莎没有明确说明，我们同样可以推知是"宇宙的全貌"，前一种"宇宙的全貌"表现在质的领域成为万物动静守恒的规则，后一种"宇宙的全貌"表现在精神的领域成为支配各种观念逻辑推导的规则。不论是直接的无限永恒样态，还是间接的无限永恒样态，它们都是神的属性和有限样态的过渡桥梁和中间环节，最终都是通过有限样态表现出来。有限样态是自然界里的全部个别事物，既包括物理领域的自然物体，又包括心理领域的个别观念、个别欲望和个别情感，全部有限样态的总和就是自然界。实体和它的属性，斯宾诺莎叫作"产生自然的自然"，而整个样态系统，既包括无限样态又包括有限样态，则被斯宾诺莎叫作"被自然产生的自然"。我们可以用下面的图表来表示斯宾诺莎的这种自然架构：

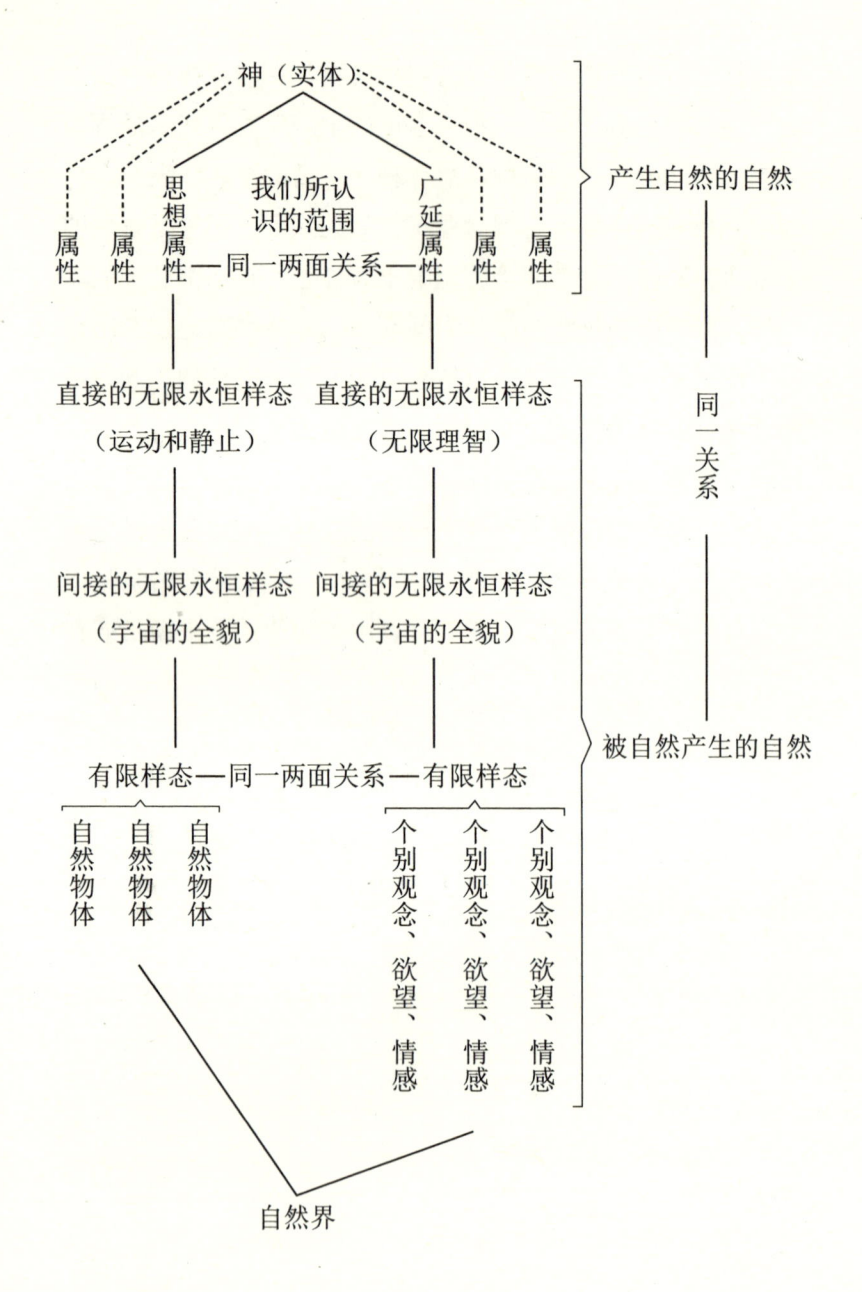

```
                          神（实体）
                  ┌─────────┼─────────┐
          ┌───┬───┤         │         ├───┬───┐                  ┐
          │   │   思  我们所认  广                                │
          │   │   想  识的范围  延                                │  产生自然的自然
          属  属  属 ─同一两面关系─ 属  属  属                    │
          性  性  性             性  性  性                      │
                  │                 │                           │
                  │                 │                           │
          直接的无限永恒样态    直接的无限永恒样态                  │
           （运动和静止）         （无限理智）                    │  同
                  │                 │                           │  一
                  │                 │                           │  关
          间接的无限永恒样态    间接的无限永恒样态                  │  系
           （宇宙的全貌）        （宇宙的全貌）                    │
                  │                 │                           │
                  │                 │                           │  被自然产生的自然
          有限样态─同一两面关系─有限样态                           │
          ┌─┬─┬─┐           ┌─┬─┬─┐                            │
          自 自 自           个 个 个                            │
          然 然 然           别 别 别                            │
          物 物 物           观 观 观                            │
          体 体 体           念、念、念、                          │
                            欲 欲 欲                            │
                            望、望、望、                          │
                            情 情 情                            │
                            感 感 感                            ┘
                 └──────┬──────┘
                      自然界
```

对于这个自然架构，我们首先要认识它是一个逻辑性的自然架构，而不是一个因果性的自然架构，也就是说，这个自然架构中的各个联结点之间的关系是根据——结论（ground-consequence）的关系，而不是原因——结果（cause-effect）的关系。斯宾诺莎经常使用的两个拉丁文词 affectiones 和 modificationes 最能表明这一关系，这两个词我们可以按我国传统哲学中的"理一分殊"说法翻译为"分殊"，以表示一种"体现于""寓于"或"表现于"的逻辑蕴涵关系，犹如一般体现于个别中，整体寓于个体中，本质表现于现象中。因此，在斯宾诺莎的自然架构中，无限的实体是通过自身表现在它们两种属性中，使我们人类对实体的本质有所认识，不过这两种属性却分别体现在它们各自的直接的无限样态和间接的无限样态之中，而直接的无限样态和间接的无限样态无非只是一切有限样态的普遍本质和统一规律，因而它们需要通过有限样态来表现，或表现于众多的有限样态之中。这里每一个联结点从逻辑上讲都是不能独立存在的，它们总是一个通过另一个表现出来，一个本身逻辑蕴涵了另一个。这里既没有抽象的实体，也没有抽象的属性或抽象的无限样态。不论是实体、属性，还是无限样态，它们最终都是表现在无限数目的有限样态之中，或者说，表现为无限数目的有限样态。正如数学演绎中，其结论不是前提在时间上的后果，而是前提本身内容的逻辑展开或推导。斯宾诺莎自然架构中的全部联结点也不是在时间上一个跟着另一个产生出来，而是一个跟着另一个定义，当作蕴涵的东西展开来。在斯宾诺莎的自然架构里是没有时间性的概念，各个联结点的关系并不表现一种时间过程,斯宾诺莎整个自然架构是逻辑上一次完成的。在这个意义上,我们可以跟随西方哲学史家的观点,把斯宾诺莎的形而上学体系叫作"逻辑一元论"[106]。

因此,我们对于斯宾诺莎的自然架构的陈述也可以不从神或实体开始,而直接从自然界或有限样态开始:无限数目的有限样态是唯一的现实存在,其本质和规律就是直接的无限样态和间接的无限样态,而直接的无限样态和间接的无限样态无非只是神的属性的绝对本性和分殊的表现,而神的属性就是神或实体的固有本质,因而整个自然界无非就是神或实体的表现。因此,对斯宾诺莎来说,"产生自然的自然"(实体及其属性)和"被自然产生的自然"(无限样态和有限样态)并不是两个自然,而是同一个自然,只是我们从两个不同的方面去看罢了。"产生自然的自然"表现了世界的统一性、能动性和无限性,"被自然产生的自然"则表现了世界的多样性、被动性和有限性,整个自然的真理在于统一性和多样性、能动性和被动性、无限性和有限性的统一。所以根本来说,斯宾诺莎自然架构中只存在一个东西,这个东西既可以叫作神或实体,又可以叫作样态和世界,说斯宾诺莎哲学是有神论固然是错误的,但说它是无世界论也是错误的[107]。在斯宾诺莎哲学里,唯一的实在就是作为统一系统来

---

[106] 见罗素:《西方哲学史》下册,第102页。
[107] 黑格尔在其《逻辑学》和《哲学史讲演录》等著作中多次讲斯宾诺莎哲学是无世界论,我们不能接受这种解释。

看的无限永恒的自然界。

对于斯宾诺莎的自然架构,我们要认识的第二个要点是思想和广延、心和物的同一两面关系。思想和广延,或它们的样态心灵和身体,乃是两种性质根本不同的东西,它们彼此之间没有任何共同之点,因此它们中一个不能决定或影响另一个,广延不能限制思想,思想也不能限制广延,身体不能决定心灵使它思想,心灵也不能决定身体使它动作。当事物被认作思想的样态时,我们必须单用思想这一属性来解释,反之,当事物被认作广延的样态时,我们就必须单用广延这一属性去解释。但是,思想和广延,或心灵和身体,虽然性质是这样根本不同,一个不能决定或影响另一个,它们却不是两个实体,而是同一个实体,只不过借不同的属性表现出来。因此在斯宾诺莎的自然架构里,思想和广延这两个无限系统并不真正是两个分离的系统,而是同一个无限系统的表现,正如手心和手背乃是同一个手的表现一样。他说:

> 凡是无限知性认作构成实体的本质的东西全都只隶属于唯一的实体,因此思想的实体与广延的实体就是那唯一的同一的实体,不过时而通过这个属性,时而通过那个属性去了解罢了。同样,广延的一个样态和这个样态的观念亦是同一的东西,不过由两种不同的方式表示出来罢了。……譬如,存在于自然中的圆形与在神之内存在着的圆形的观念,也是同一的东西,但借不同的属性来说明罢了。所以无论我们借广延这一属性,或者借思想这一属性,或者借任何别的属性来认识自然,我们总会

发现同一的因果次序或同一的因果联系。换言之，我们在每一观点下，总是会发现同样的事物连续。[108]

在斯宾诺莎看来，整个宇宙只是一个系统，因此整个宇宙的因果次序或因果联系也只能是同一种因果次序或因果联系。这种因果次序或联系可以表现在广延样态（物理世界）中，成为物理学或生理学解释所依据的原则或规律，也可以表现在思想样态（精神世界）中，成为心理学或精神学解释所依据的原则或规律，但不论是广延样态的因果次序或联系，还是思想样态的因果次序或联系，它们都是同一种因果次序或联系，即他所谓"观念的次序和联系与事物的次序和联系是相同的"[109]。因而，不论是物理学或生理学的解释，还是心理学或精神学的解释乃是同一种解释。这种心物同一两面理论或者说两套解释系统理论是这样巧妙，它虽然否定了思想和广延、心灵和身体有相互影响和相互作用的实在，却能解释思想和广延、心灵和身体有相互影响和相互作用的现象。

对于斯宾诺莎的自然架构，我们要认识的第三个也是最根本的要点是万物都受制于绝对必然性的彻底决定论观点。斯宾诺莎的自然架构虽然从整体来说是一个逻辑性的自然架构，但在这个架构中最基本的成分，即有限样态之间却存在着实在的因果必然联系。每一个个别有限的事物或观念都为另一个个别有限的事物或观念所产生和决定，而这另一个个

---

[108] 斯宾诺莎：《伦理学》，贺麟译，商务印书馆，1959年，第46页。
[109] 斯宾诺莎：《伦理学》，贺麟译，商务印书馆，1959年，第45页。

别有限的事物或观念又为另一个个别有限的事物或观念所产生和决定，以致全部存在的事物构成一个必然的因果链锁或因果系统，整个自然系统是一个绝对必然系统。在这个系统里，我们找不到任何偶然的东西，斯宾诺莎说："自然中没有任何偶然的东西，反之，一切事物都受神的本性的必然性所决定而以一定方式存在和动作。"⑩ 同样，在这个系统里，我们也找不到任何意志自由，斯宾诺莎说：

> 在心灵中没有绝对的或自由的意志，而心灵之所以有这个意愿或那个意愿乃是被一个原因所决定，而这个原因又为另一个原因所决定，而这个原因又同样为别的原因所决定，如此递进，以至无穷。⑪

人们之所以认为自己有意志和欲望的自由，这只是由于我们对那些引起意志和欲望的真正原因茫然无知，而人们之所以认为有些事物是偶然的，这只是由于我们孤立在个别的存在中或某个有限的因果链锁中来观察这些事物。一旦我们认识到自然界的全部秩序，认识到整个自然系统的因果联系，那么这种幻觉就会烟消云散。斯宾诺莎说："如果人们清楚理解了自然的整个秩序，他们就会发现万物就像数学论证那样皆是必然的。"⑫

---

⑩ 斯宾诺莎：《伦理学》，贺麟译，商务印书馆，1959年，第27页。
⑪ 斯宾诺莎：《伦理学》，贺麟译，商务印书馆，1959年，第80页。
⑫ 斯宾诺莎：《笛卡尔哲学原理附形而上学思想》，洪汉鼎、王荫庭译，商务印书馆，1980年，第170页。

那么，在斯宾诺莎的整个自然架构里是否存在有总体的目的和计划，或者说神的意愿和自由呢？斯宾诺莎也坚决否认这一点。在他看来，神既不为目的而存在，也不为目的而动作；神只是由它的本性的必然性而存在和动作，"神并不依据意志的自由而活动"[113]，"万物都预先为神所决定，但并不是为神的自由意志或绝对任性所决定，而是为神的绝对本性或无限力量所决定"[114]，而所谓"无限多的事物在无限多的方式下都自神的无上威力或无限本性中必然流出，这就是说一切事物从永恒到永恒都以同等的必然性自神而出，正如三角形之等于两直角是从三角形的本性必然而出一样"[115]。在斯宾诺莎看来，神的决定和命令并不是在已有的决定和命令之外，另有别的新的决定和命令，而是维护和保持现有的永恒的必然的自然秩序；神的万能并不是令现存的自然和自然秩序改观，另创一个新的自然界，而是表示万物除了在已经被产生的状态或秩序中外，不能在其他状态或秩序中被神所产生；而神的自由绝不是随心所欲和任意行为，而是神依据自身的本性的必然性而存在和依据自身的本性的必然性而行动。斯宾诺莎的自然系统就是一个绝对而冷酷的铁一般的必然因果系统。

---

[113] 斯宾诺莎：《伦理学》，贺麟译，商务印书馆，1959年，第29页。
[114] 斯宾诺莎：《伦理学》，贺麟译，商务印书馆，1959年，第34页。
[115] 斯宾诺莎：《伦理学》，贺麟译，商务印书馆，1959年，第19页。

第五章 认识论

本章我们考察斯宾诺莎的认识论。认识论究竟在斯宾诺莎整个哲学体系里居于何种地位，这在斯宾诺莎研究家中一般有两种相反的论点，一种认为斯宾诺莎认识论是其形而上学的必然产物，另一种认为斯宾诺莎的形而上学正是其认识论的必然结果，但不管这两种论点有怎样的分歧，下面这一点似乎是它们共同的看法，即斯宾诺莎的认识论不仅本身有特殊的意义，值得我们专门研究，而且也是我们正确理解他的形而上学和伦理学的主要途径。在斯宾诺莎整个哲学体系里，形而上学、伦理学和认识论是紧密结合在一起的，认识论的研究可以提供我们一把开启他的哲学大门的钥匙。

斯宾诺莎的认识论虽然本身是很有系统的，但是比较难以整体把握，因为它同时与两种相反的传统和倾向结合起来，即霍布斯的彻底的唯名论传统和笛卡尔的天赋观念的唯理论传统。在斯宾诺莎的认识论学说中，他一方面是一个唯名论者：所有一般词项和我们日常语言中的类概念只代表混淆的复合的感觉形象，这些形象是按照感知者感官经验的特殊次序产生的。它们带有个人的主观的性质，因此不能认为是真知识的表达。一切形而上学的争论，包括像"存在""事物"那样的先验名词,从一开始都是无意义的,共相概念(这是从特殊感觉形象的重复和联合而产生的混淆形象)只能做一种心理学的解释。《伦理学》第二部分命题四十附释一中这样一个结论:"这样每个人都可以按照其自己的身体的情状而形成事物的一般形象。无怪乎一些哲学家仅仅按照事物的形象来解释自然界的事物,便引起了许多争论",是具有一种我们可以在霍布斯和许多以后经验论哲学家中找到的形式。它的极端的表现就是否认一切形而上学的可能性,否认对于客观世界有确实知识的可能性。但这种唯名论在哲学史上却是一种不彻底的唯物论,因为它承认个别事物先于一般概念而存在,而一般概念只是人们用来称呼事物的名词,如我们在洛色林(Roscelin,约 1050—1112)、邓斯·司各脱(John Duns Scotus,约 1266—1308)、威廉·奥卡姆(William of Occam,约 1300—1350)和近代霍布斯那里所见到的那样。

但另一方面,斯宾诺莎这种唯名论却被他导向一个相反的结果。我们之所以承认我们感觉知识的不恰当性、我们日常分类的不恰当性,只是因为我们具有一种真知识的规范或标准,或像他所说的,只是因为我们具有一种可以用来鉴别真或假的真观念,因为"除了真观念外,还有什么更明白更确定的东西足以作真理的标准呢?正如光明之显示其自身并显示黑暗,所以真理即是真理自身的标准,又是错误的标准"①。这种规范和标准是数学里逻辑上毋庸置疑的命题所

---

① 斯宾诺莎:《伦理学》,贺麟译,商务印书馆,1959 年,第 76 页。

提供的，数学里的词项不是从感官经验而来的混淆的形象，而是理性所形成的清楚而且明晰的概念（斯宾诺莎称之为共同概念）。通过引用数学真理的范例来说明他所谓高一级的真知识，斯宾诺莎又回到了自柏拉图以来经笛卡尔发展的这条古老的唯理论传统。这种传统最后必然导致先天知识和真理融贯论，而这种知识和真理论正是唯心主义先验论的重要内容。

这两个传统的对立在中世纪就形成有名的唯名论和唯实论的争论，在近代就形成经验论和唯理论的争论，而在当代就形成逻辑经验主义所谓逻辑数学的同义反复的形式命题和经验科学的综合命题的对立。斯宾诺莎把这种根本不相容的传统或倾向结合在他的认识论体系里，就必然使他的认识论呈现了一种特殊的复杂而矛盾的形式。

一、观念和心灵

"观念"（idea）一词在西方哲学史上是一个涵义较为复杂的词，现今我们对这一词是按照英国经验论哲学所赋予的涵义使用的，即把它当作心灵里的感性形象（image）或印象（impression）。但是，就其本来的意思是完全不同的，柏拉图在最早使用 eidos、idea 时，是根据动词 idein 而来的，eidos 是中性形式的名词，idea 是阴性形式的名词，动词 idein 的意思是"看"，所以 eidos、idea 是指"所看的东西"。"所看的东西"一般指形相，即一种独立于人的心灵而存在的东西，所以 eidos 或 idea 最早的意思应当是指一种不依赖于人的心灵而独立存在的形相。不过，按照柏拉图的看法，这种独立存在的形相虽然是所看的东西，但本身却是不可为我们感官所认识的。它是思想的对象，而不是感觉的对象，它是永恒不变的存在，而不是变灭无常的存在。因此柏拉图认为在我们这个倏忽即逝的现实世界之外，还存在有一个永恒不变的理念世界，这个理念世界不仅独立于人的心灵而存在，还是现实世界的摹本。后来亚里士多德所谓形式和质料的区分，就来源于柏拉图这种两个世界的理论；他所谓的"形式"（form），就包含有柏拉图的 eidos 或 idea 的意思。在他看来，任何事物都具有形式和质料，质料是一种无规定的可能性，反之，形式则是给予质料以规定性的现实性。他说："我把事物的怎是及其本质理解为形式。"② 人的心灵之所以能认识客观事物，就在于接受了事物的形式。他在《论灵魂》里说：

> 灵魂的这个思维的部分，虽然是不能感知的，却必定能够接纳一个对象的形式。这就是说，它在性质上必定潜在地与它自己的对象完全一致，虽然它不就是那个对象。③

---

② 亚里士多德：《形而上学》，第 1032b1 页。
③ 亚里士多德：《论灵魂》，见《古希腊罗马哲学》，商务印书馆，1957 年，第 281 页。

在新柏拉图主义和奥古斯丁那里，柏拉图式的这种观念涵义很快就发展成为"上帝的思想"，他们认为观念就是存在于上帝心灵中的原型（archetype）、范式（paradigms）或模式（pattern），上帝正是凭借这些原型、范式或模式创造了万事万物。这些原型、范式或模式不仅可以离开人的心灵而独立存在，而且也可以离开具体的个别事物而独立存在。在中世纪，经院哲学家根据亚里士多德关于形式和质料的区分以及新柏拉图主义关于原型（范式或模式）和事物的区分，把观念一词又进一步理解为事物的思想本质（他们称之为客观本质），以同事物的形式本质相区别。客观本质（essentia objectiva）是指事物在思维中的本质或理智中的存在，反之，形式本质（essentia formalis）是指事物在现实世界的本质或自然中的存在。在经院哲学家看来，任何事物都有这两种本质，至于客观本质或观念存在于什么地方，他们说存在于上帝的心灵中，观念就是上帝理智中所认识的对象。

在近代，观念学说发展的一个重大步骤就是观念从上帝心灵中的存在下降为人的心灵中的存在，也就是说，观念从在人的心灵之外的存在转为在人的心灵之内的存在。但即使这样，如果我们仔细考察一下十七世纪大陆哲学家的思想，观念也不完全具有英国经验论所赋予的人的心灵中的感性形象或印象的这一心理学的涵义，例如笛卡尔，他就曾经明确说过，我们在使用观念一词时"是有不同涵义的"，我们既可以把它实质地理解为人的理智的一种活动，又可以把它观念地理解为这种活动所代表的东西。他说：

观念这个词在这里是有不同涵义的。它或者本身是我的理智的一种活动，在这个意义上，不能说观念比我完满；它或者可以客观地被当作这种活动所代表的东西，这个东西，虽然不能假定它存在于我的理智之外，可是由于它的本质的缘故，它却可以比我完满。在本书中我也将用更大的篇幅说明我怎么仅仅从我心里有比我完满的一个东西的观念这件事会引申出这个东西真实存在来。④

笛卡尔这里所谓观念的后一种涵义显然是从经院哲学家所谓的客观本质发展而来的，观念不是指我们心灵任意形成的概念，而是指存在理智中的事物的客观本质。笛卡尔曾经用了观念的客观实在性（realitate objectiva）这一概念，他说：

> 一个观念的客观实在性，我是指用观念表象的东西的实存性或存在性说的，这个实存性是在观念里边而言。……因为凡是我们领会为在观念的对象里边的东西都是客观地或者通过表象存在于观念本身里。⑤

因为按照经院哲学家的解释，凡是具有客观本质的东西也一定具有形式本质，事物就其存在于自然中有形式的实在，而

---

④ 笛卡尔：《第一哲学沉思集》，第 8 页。
⑤ 笛卡尔：《第一哲学沉思集》，第 161 页。

就事物存在于思想中则有客观的实在，形式的实在和客观的实在乃是同一事物两种存在方式。例如，太阳的形式存在就是指存在于天空中的太阳，而太阳的客观存在就是指存于理智中的太阳。由于形式存在和客观存在是统一的，所以我们可以根据太阳的客观存在即太阳的观念推出太阳的形式存在即实际存在于天空中的太阳。⑥ 笛卡尔关于上帝存在的本体论证明正是依于经院哲学这样一种形式本质和客观本质同一的理论。

正是基于观念这一根本性质，笛卡尔曾经强调我们应当把观念同我们的知觉表象区分出来，他把知觉表象称之为形象，他说：

> 仅仅是任意描绘出来的形象，我不把它们称之为观念，相反，这些形象，当它们是由肉体任意描绘出来的时候，也就是说，当他们是大脑的某些部分描绘出来的时候，我不把它们称之为观念，而只有当它们通知到大脑的这一部分的精神本身的时候，我才把它们称之为观念。⑦

---

⑥ 太阳的这一例证来源于笛卡尔本人，他曾经这样说过："我谈到观念，它绝不是在理智之外的，关于它，客观地存在只意味着它是以对象习惯在那里存在着的方式而在理智之中的。……这样一来，太阳的观念就是存在于理智之中的太阳本身，它不是形式地，就像太阳在天上那样，而是客观地、即以对象经常存在的方式存在于理智之中。"《第一哲学沉思集》，第 107 页）。

⑦ 笛卡尔：《第一哲学沉思集》，第 160—161 页。

这里所谓精神就是指大脑中的思维，可见观念不是知觉产物，而是思维产物，知觉产物即形象是混淆的，反之，思维产物即观念则是清楚明晰的。不过，我们应当指出的，在笛卡尔看来，观念虽然不同于感觉表象或形象，但它们都是人的心灵的产物，因为人的心灵是精神的实体，它具有表象的功能和思维的功能。在这一点上，笛卡尔很接近于我们现代的认识观点。

"观念"一词究竟在斯宾诺莎认识论里是什么涵义呢？在《伦理学》里，斯宾诺莎给观念下的定义是："观念，我理解为心灵所形成的概念，因为心灵是能思的东西。"[⑧] 这个定义表面上看来，似乎无所疑义，即观念就是我们人的心灵所形成的概念。但是，如果我们通读《伦理学》和斯宾诺莎其他一些认识论著作，我们就会发现这个定义包含有很大歧义。问题在于心灵（mens）在这里指什么，是光指人的心灵呢，还是也包括其他东西的心灵，例如神的心灵？如果光指人的心灵，那么观念一词还可以用近代心理学的涵义加以理解，即观念是人的心灵中的一种思维表象，但是我们看到，斯宾诺莎所谓心灵也包括神的心灵，而且他关于观念的论述很大一部分是建立在这一意义上的。《伦理学》第二部分命题三说："在神之内，必然有神的本质的观念以及一切从神的本质必然而出的事物的观念。"继后在命题五里又说："神能够形成它自己的本质的观念，以及一切自其本质必然而出的东西的观念，只是因为神是一个能思想的东

[⑧] 斯宾诺莎：《伦理学》，贺麟译，商务印书馆，1959年，第41页。

西。"如果我们用后面这段话去理解前面斯宾诺莎关于观念的定义，那么斯宾诺莎所谓观念就很具有柏拉图的形相、亚里士多德的形式，特别是经院哲学的客观本质的涵义。

这一点也并不难于理解，正如我们前面在论述斯宾诺莎自然系统中所说的，神或实体有两个根本的属性，即思想属性和广延属性。这两个属性都有样态化（modification）的能动作用，正如物体或有形的物质是神的广延属性的样态化产物一样，观念也是神的思想属性的样态化的产物。换句话说，一切个别物体都是唯一的神的广延属性的样态，对于所有这些个别物体，在神的思想属性里必有与它们相对应的样态，即在神的无限理智中必有关于它们的观念。因此斯宾诺莎的观念最根本的涵义应当是神的思想属性的样态。斯宾诺莎的论证是这样："观念的形式的存在乃是思想的一个样态，这就是说，就神之为一个能思想者而言，这是在一定方式下表示神的本性的一种样态"[9]，或者更明确的，"实际存在的个别事物的观念是思想的一个样态"[10]。

这样，我们就不难理解斯宾诺莎为什么在其早期著作《神、人及其幸福简论》和《知性改进论》里要用经院哲学的客观本质概念来解释观念，甚至有"观念即客观本质""事物的真观念即事物的客观本质"的说法。他说："既然一个观念（或客观本质）的真实的存在仅只需要思想属性和对象

---

[9] 斯宾诺莎：《伦理学》，贺麟译，商务印书馆，1959年，第45页。这里所谓形式的存在，是沿用亚里士多德的术语，意即现实的存在。
[10] 斯宾诺莎：《伦理学》，贺麟译，商务印书馆，1959年，第48页。

（或形式本质），那么，正如我们已经说过的，观念或客观本质就确实是思想属性的最直接的样态"[11]，"确定性不是别的，只是客观本质本身，换言之，我们认识形式本质的方式即是确定性本身……除非对一个东西具有正确的观念或客观本质外，没有人能够知道什么是最高的确定性，因为确定性与客观本质是同一的东西"[12]，"彼得的真观念就是彼得客观本质"[13]。而且我们还需指出的，即使在后期著作《伦理学》里，斯宾诺莎也还保留了这种经院哲学的术语，如他说"除非神的无限观念存在，否则个别事物的客观存在或它们的观念也是不存在的"[14]。

综上所述，观念一词在斯宾诺莎哲学体系里最根本的涵义是指神的思想属性的样态，而且是最直接和最基本的思想样态。这种思想样态的主体不是人的心灵，而是神的心灵，即神的思想属性，这一点不仅使斯宾诺莎的观念学说有别于近代经验论的观念学说，而且与笛卡尔的观念学说也有区别，我们可以说是一种新形式下的柏拉图式观念学说的复活[15]。

按照斯宾诺莎的看法，观念既然是神的思想属性的一种

---

[11] 斯宾诺莎：《神、人及其幸福简论》，洪汉鼎、孙祖培译，商务印书馆，1987年，第259页。
[12] 斯宾诺莎：《知性改进论》，贺麟译，商务印书馆，1960年，第30页。
[13] 斯宾诺莎：《知性改进论》，贺麟译，商务印书馆，1960年，第29页。
[14] 斯宾诺莎：《伦理学》，贺麟译，商务印书馆，1959年，第47页。
[15] 这样一种看法在现代斯宾诺莎研究家中已有人提出，例如哈特（Alan Hart）在其写的《斯宾诺莎的伦理学》（莱登，1983）一书中就试图根据柏拉图的观点来解释斯宾诺莎哲学中的一些困惑问题。

最基本的样态,因而观念从根本上说永远是真的。也就是说,它永远表示出它的对象在广延属性里所表现的同一本质和同一次序或联系,因为对于他来说,事物的客观本质(观念)与该事物的形式本质(物体)只不过是同一个事物本质的两种不同的表现。他写道:

> 凡是无限知性认作构成实体的本质的东西全都只隶属于唯一的实体,因此思想的实体与广延的实体就是那唯一的同一的实体,不过时而通过这个属性,时而通过那个属性去了解罢了。同样,广延的一个样态和这个样态的观念亦是同一的东西,不过由两种不同的方式表示出来罢了。[16]

简言之,凡是形式上从神的无限本性而出的任何东西,即客观上在神之内也是依同一次序和同一联系出于神的观念,"观念的次序和联系与事物的次序和联系是相同的"[17]。

在斯宾诺莎看来,观念与我们的心灵的知觉表象完全不同,它不受任何有限的个别心灵的影响,它永远而且必然包含它的对象的本质和存在,"在观念中没有任何积极的东西使它们成为错误的"[18],"一个现实存在的个体事物的观念必然包含这个事物的本质和存在"[19]。因此,一个观念——

---

[16] 斯宾诺莎:《伦理学》,贺麟译,商务印书馆,1959年,第46页。
[17] 斯宾诺莎:《伦理学》,贺麟译,商务印书馆,1959年,第45页。
[18] 斯宾诺莎:《伦理学》,贺麟译,商务印书馆,1959年,第68页。
[19] 斯宾诺莎:《伦理学》,贺麟译,商务印书馆,1959年,第47页。

即与神相关联的观念——都是真观念,即与它们的对象完全相符合的观念。也正是由于这一点,斯宾诺莎把观念称之为"概念",以说明观念与其他知觉表象的根本区别。

这样,我们就可以理解斯宾诺莎独特而又复杂的人的心灵概念了。什么是人的心灵呢?斯宾诺莎在《伦理学》中并没有给出一个明确的形式定义,但是他在第二部分给出的两个命题却明确地说明了他关于人的心灵的看法。命题十一说:"构成人的心灵的实际存在的最初成分不外是一个实际存在着的个别事物的观念。"接下来的命题十三则说:"构成人的心灵的观念的对象只是实际存在着的身体或某种广延样态。"如果我们把这两个命题结合起来,那么就是:构成人的心灵的实际存在的最初成分不外是一个实际存在着的身体的观念,简单地说,就是他在命题十九证明里说的,"人的心灵就是人的身体的观念或知识"。因此,在斯宾诺莎看来,人的心灵最基本的东西就是观念,或者说,人的心灵就是观念。不过,这里有几点需要我们注意,首先,他讲到构成人的心灵的"最初成分"是观念,意思是说构成人的心灵的还有其他的成分,因为心灵作为思想样态还可能有情感、欲望或意愿等,但是,正如斯宾诺莎所说的:

> 在所有的思想样态中,就本性说来,观念总是在先的,假如一个人有了一个观念,则将必随之具有其余的样态(对于这些样态,就本性说来,观念是在先的)。所以

观念是构成人的心灵的存在的最初成分。[20]

这里说明认识论在斯宾诺莎整个人学（其中包括伦理学）中的核心地位。其次，他讲到人的心灵只是一个实际存在着的事物的观念。这里"实际存在着"这一修辞语相当重要，按照斯宾诺莎的解释，"观念是构成人的心灵的存在的最初成分，但是这并不是一个不存在的东西的观念，因为这样这种观念本身就不能说是存在的，所以它必定是一个实际存在着的事物的观念"[21]。这就是说，人的心灵不是离开个体事物的实际存在而独立存在的，它的现实存在有赖于个体事物的实际存在，正如个体事物的存在具有一定的绵延，人的心灵的存在也是有一定的绵延。在这个意义上，人的心灵的存在是暂时的，它将随着个体事物的消灭而消灭，这里斯宾诺莎表现了他对于古代灵魂不死说的反对态度。第三，人的心灵不是一个实际存在着的其他个别事物的观念，而是一个实际存在着的个别身体的观念。这里斯宾诺莎把人的心灵和人的身体结合起来，心灵是身体的观念，反之，身体是心灵的对象，心灵和身体的关系，乃是观念和对象的关系。正如任何观念离不开它的对象，人的心灵也不能与作为它的对象的身体相脱离。因此各个不同的人的心灵的差异可以用它们的对象即各个不同的人的身体的差异来说明，而且同一个人的心灵在不同时间里的差异也可以用同一个人的身体在不同时间

---

[20] 斯宾诺莎：《伦理学》，贺麟译，商务印书馆，1959年，第50页。
[21] 斯宾诺莎：《伦理学》，贺麟译，商务印书馆，1959年，第50页。

里的差异来说明，人的心灵的性质和各种活动都相应于人的身体的性质和各种感触。斯宾诺莎说：

> 一个观念较其他观念更为完美或所包含的实在性更多，正如一个观念的对象也较其他观念的对象更为完美或所包含的实在性更多。所以为了判断人的心灵与其他事物的区别及其优胜于其他事物之处起见，我们首先必须知道人的心灵的对象，换言之，即人的身体的本性。[22]

斯宾诺莎把这一点称之为"身体和心灵的统一"。

从上述可见，斯宾诺莎的"人的心灵"概念是与他的"观念"概念紧密联系在一起。在他看来，人的心灵并不是一种独立自存的实体，而是一种以人的身体作为对象的观念。他不像一般人所认为的那样，把人的心灵看作是各种观念的所有者或主体，而是认为人的心灵本身就是观念。或者更正确地说，是一个由许多观念所构成的复合观念或观念系统。因为人的身体是由许多不同性质的个体组成的，而每一个个体又是由许多不同的部分组成的，所以作为人的身体的观念的人的心灵也是由这些形成身体的许多部分的各种观念所组成。斯宾诺莎说："构成人心的形式的存在的观念不是简单的，而是多数观念组成的。"在斯宾诺莎看来，那种在观念之外并作为观念的负载者的心灵是不存在的，人的心灵不过只是由身体各部分的诸观念所组成的一组观念集合或

---

[22] 斯宾诺莎：《伦理学》，贺麟译，商务印书馆，1959年，第52页。

观念系统。就此种意义而言，所谓人的心灵有一个观念，无非只是说，在某一个观念集合或系统中有一个观念；所谓人的心灵形成一些观念，无非只是说，存在有一些观念，这些观念是某一复合观念或观念系统的组成部分。

这样一种把人的心灵与观念加以等同的看法，在哲学和心理学的历史上是相当奇特的。首先，它反对了人心灵是实体这一根深蒂固的传统观念。我们知道，早在古希腊时代，人的心灵就被普遍认为是一种可以脱离肉体而独立存在的东西，特别是在柏拉图那里，人的心灵被看成是一种在它居留于肉体之前和之后可以存在并在居留于肉体期间可以支配肉体的东西。漫长的中世纪都是因袭这一观念，以致基督教提出灵魂不灭以及在肉体死后灵魂可以进入天堂或地狱的神话。即使在近代，笛卡尔基本上也坚持人的心灵是实体的这一看法。他在其《第一哲学沉思集》附录界说六中说："思维直接寓于其中的实体，在这里就叫作心灵（或精神）。"[23]在他看来，人的心灵就是一个能思维的实体，即"一个在怀疑、在理解、在设想、在肯定、在否定、在意愿、在拒绝、在想象和在感觉的东西"[24]，这种东西可以脱离肉体的存在而存在。与这种传统观念相反，斯宾诺莎坚决不把人心灵看成实体。他在《神、人及其幸福简论》一书中用逻辑学排中

---

[23] 笛卡尔：《第一哲学沉思集》，第161页。

[24] 笛卡尔：《第一哲学沉思集》，第27页。顺便说一下，笛卡尔这种心灵实体论在现代曾遭到猛烈攻击，例如英国分析哲学家莱尔（G. Ryle）在其《心的概念》一书中把笛卡尔这种心灵理论斥之为"机器中的幽灵"的神话。

律论证说：

> 我们的心灵或者是一个实体，或者是一个样态。它不是一个实体，因为我们已经证明，在自然中不能有任何有限的实体，所以它是一个样态。既然心灵是一个样态，那么心灵或者就必须是实体的广延样态，或者是实体的思想样态，它不是实体的广延样态，因为……，所以它必须是实体的思想样态。[25]

同样，在《伦理学》里，斯宾诺莎也否定实体的存在属于人的本质（当然也包括心灵的本质）。他说："实体的存在不属于人的本质，换言之，实体不构成人的形式。"[26]

其次，人的心灵与观念等同说也否定了人的心灵是观念的所有者和心理活动的主体这一根深蒂固的传统观念。按照传统的看法，人的心灵不同于观念，它是观念的所有者和主体，它本身具有认识、欲求等绝对能力，能进行各种认知和心理活动。斯宾诺莎否认这种看法，人的心灵不是一个可有可无观念的主体，人的心灵就是一组观念，离开了观念，人的心灵也就不复存在。至于说到人的心灵具有不同于个别意愿和个别观念的意志力和理解力，那也只是一种抽象的糊涂说法。他说：

---

[25] 斯宾诺莎：《神、人及其幸福简论》，洪汉鼎、孙祖培译，商务印书馆，1987年，第179页。

[26] 斯宾诺莎：《伦理学》，贺麟译，商务印书馆，1959年，第48页。

心灵中没有认识、欲求、爱好等等的绝对能力。因此这些能力和类似这些的能力，如其不是纯粹虚构的东西，便是我们所习惯于从个别事物所形成的一些玄学的或一般的东西。因此理智和意志与这个观念和那个观念或这个意愿和那个意愿的关系，就好像石的性质与这块石头或那块石头，又好像人与彼得和保罗的关系一样。[27]

按照斯宾诺莎的看法，正如我们只能说这块具体石头或那块具体石头存在、保罗或彼得这些具体人存在，而不能说有某种一般的石头或一般的人存在一样，我们人的心灵除了这个具体观念和那个具体观念、这个具体意愿和那个具体意愿外，是不可能有什么一般的抽象的理解力和意志力。既然意志力、理解力以及其他类似的能力只是共相、类名词，离开了具体的个别观念和个别意愿就不存在，那么很显然，除了具体的个别观念和意愿外，是不存在有不是观念或意愿的并作为观念或意愿的所有者即人的心灵的。因为除了意志、理智这些能力外，这个所有者又能是什么呢？所以斯宾诺莎认为，人的心灵不是一种承担认识和意愿的主体，人的心灵只能是一种复合观念，离开了观念，人的心灵只是一种抽象。

不过，当我们说斯宾诺莎主张人的心灵是一种复合观念或观念系统时，我们不可以把他的观点与后来的心灵原子论，特别是休谟提出的心灵是一串毫无根基的松散的印象的观点加以混同。对于斯宾诺莎来说，人的心灵虽然不是实

---

[27] 斯宾诺莎：《伦理学》，贺麟译，商务印书馆，1959年，第81页。

体,但是它是实体的一种思想样态,因此说人的心灵是一种复合的观念或观念系统,并不等于说人的心灵是观念的复合。斯宾诺莎不仅主张没有广延的原子,而且也反对有思想的原子,所有观念都是唯一实体的思想样态,"个别思想,或这个和那个思想都是某种一定的形式下表示神的本性的样态"[28]。正如每一个思想样态都有它在广延属性里的对应物即广延样态一样,作为人的心灵的诸观念也有它们的统一体,这个统一体的对象就是这些观念的对象所组成的身体,所以人的心灵虽然是一种复合的观念,但它不是一串毫无根基的松散的印象,而是身体的各个部分的观念所组成的统一观念或观念系统。正是在这个意义上,斯宾诺莎才有可能说到人的心灵是"能思的东西"。

按照斯宾诺莎的看法。组成人的心灵的观念,不仅包括构成身体的各部分的观念,而且也包括这些观念的观念,即所谓"反思的观念"或"心灵的观念"。他说:"心灵与身体相结合是因为身体是心灵的对象。根据同一理由,心灵的观念必与其对象,即心灵自身相结合。正如心灵自身与身体相结合一样。"[29] 心灵的观念,也就是以心灵作为对象的观念。既然心灵无非只是观念,所以心灵的观念就是观念的观念。在斯宾诺莎看来,这种观念的观念就构成心灵的自我意识。这种自我意识由于是在同一思想属性内进行的,因而有一种直接的形式。斯宾诺莎说:

---

[28] 斯宾诺莎:《伦理学》,贺麟译,商务印书馆,1959年,第42页。
[29] 斯宾诺莎:《伦理学》,贺麟译,商务印书馆,1959年,第62页。

心灵和身体是同一个体,不过一时由思想这个属性,一时由广延这个属性去认识罢了。所以心灵的观念与心灵自身也是同一之物,但由同一属性即思想这个属性去认识罢了。因此我说,心灵的观念与心灵自身以同一的必然性,由同一的力量存于神内。因为其实心灵的观念,换言之,观念的观念,不是别的,即是观念的形式,这不仅就观念被认为思想的一个分殊,而且也就其与其对象没有关系而言。正如一个人知道一件事,因而知道他知道这一件事,且同时知道他知道他知道这一件事,如此递进以至无穷。[30]

从这里斯宾诺莎以后得出了"具有真观念的人必同时知道他具有真观念,他不能怀疑他所知道的东西的真理性……正如光明之显示其自身并显示黑暗,所以真理即是真理自身的标准,又是错误的标准"[31]。

这样,我们就可以看出人心灵和其他个别事物的观念或心灵的区别了。按照斯宾诺莎的自然学说,任何个别事物(作为广延样态)必同时在神的思想属性里有它的对应物即观念,既然心灵无非只是个体事物的观念,所以我们可以说,一切个别事物都是有心灵的,只不过由于个别事物和人的身体之间的差别,事物的心灵与人的心灵有着程度上的差别。在斯宾诺莎看来,人的心灵和其他一切个别事物的心灵

---

[30] 斯宾诺莎:《伦理学》,贺麟译,商务印书馆,1959年,第62—63页。
[31] 斯宾诺莎:《伦理学》,贺麟译,商务印书馆,1959年,第75—76页。

的根本差别就在于人能对自己身体的观念形成观念的观念,也就是说,人的心灵能够对自己的身体形成自我意识。斯宾诺莎曾经这样解释人的特征,即人有思想(man thinks),而所谓人有思想,就是说"我们知道我们思想"[32]。人的身体的观念或人的心灵所具有的这种对自身身体的自我意识就构成人的心灵的主要特征和活动。正如亚里士多德认为动物灵魂不同于植物灵魂在于动物灵魂对于其他事物有感觉或意识一样。斯宾诺莎也认为人的心灵和其他事物的心灵的区别在于人的心灵能对自己身体有自我意识,并通过这种自我意识能认识其他外界事物。

二、观念和知觉形象

我们上面把斯宾诺莎的观念一词的涵义解释为神的思想属性的一种基本和最直接的样态,即一种与事物形式本质相符合的事物"客观本质"。按照这种涵义,他的观念乃是一种不受人的心灵任何影响的代表自然事物真实本质或本性的纯粹客观观念或自然观念。但是,我们必须注意,我们这种解释只是按照斯宾诺莎对观念一词的严格用法而提出的。事实上,斯宾诺莎正如他同时代的其他一些哲学家如笛卡尔一

---

[32] 斯宾诺莎:《伦理学》,贺麟译,商务印书馆,1959年,第42页。Gebhardt 版本是"Homo cogitat of anders, sy weten dat wy denken"(《伦理学》第二部分公则二)。

样，对观念一词还有一种广义的或日常普通的用法，即观念不仅是指代表自然事物真实本质或本性的纯粹客观的观念，还包括人的心灵通过自己身体情状对外物所形成的主观的观念。

按照斯宾诺莎的看法，人的身体是由许多不同性质的个体所组成，而每一个体又是由许多复杂的部分所组成，在这些部分中，有些是液质的，有些是柔软的，有些则是坚硬的。人身体的各个体在许多情形下都为外界物体所激动，当外界物体激动人的身体时，身体里的液质部分就冲击柔软部分，致使柔软部分的平面有所改变，从而遗留一些外界物体所冲击的痕迹在上面。斯宾诺莎把身体的这种可以变化的状态一般称之为人体的情状（affections），情状乃是一种广延样态。正如我们在斯宾诺莎自然系统里所说过，相对于每一个广延属性的样态，在神的思想属性里必有一个与该广延样态相关联的思想样态，因此当人的身体为外界物体所激动而产生相关的情状时，人的心灵必形成该情状的观念，从而觉察外界物体的存在。人的心灵所形成的这种情状的观念就是人的心灵通过自身情状对外界物体所形成的观念。按照斯宾诺莎的看法，这观念既包含有外界物体的性质，同时也必定包含人身自己的性质，而且表示我们自己身体的情况更多于表示外界物体的性质。

这样，我们就可看出，斯宾诺莎关于观念一词的广义或日常普通用法包括有两种完全不同性质的观念，一种是神的心灵的观念，它们指事物的"客观本质"，是关于自然事物的真实本质或本性的观念；一种是人的心灵的观念，它们指人的心灵凭借自己身体情状对外物所形成的观念，它们并不完全表现外物的性质，而是更多地表现被激动的人自己身体的性质。我们可以用斯宾诺莎自己所举的两个例子来说明这两种不同性质的观念。我们关于太阳的观念显然并不是太阳本身的观念，太阳本身的观念是神的心灵的观念，它是关于太阳自身的真实本质和本性的观念，是表现太阳形式本质的客观本质，用笛卡尔的话来说：

> 太阳的观念就是存在于理智之中的太阳本身，它不是形式地、就像太阳在天上那样，而是客观地、即以对象经常存在的方式存在于理智之中。㉝

反之，我们关于太阳的观念则是太阳作用于我们的身体所产生的情状的观念，这种观念与其说表现太阳自身的真实本质和本性，毋宁说更多表现我们身体受太阳激动所表现的情状。另如，构成彼得的心灵的彼得观念显然不同于某人如保罗心中关于彼得的观念，构成彼得心灵的彼得观念是神的心灵的观念，它是表现彼得形式本质即彼得身体存在的彼得客观本质，或者简单地说，它是彼得身体的观念，反之，保罗心中的彼得观念乃是彼得激动保罗身体在保罗身体上产生某种情状的观念，它与其说表示彼得自身的本性，毋宁说更表示保罗的身体状况。斯宾诺莎写道：

㉝ 笛卡尔：《第一哲学沉思集》，第 107 页。

我们明白见到，譬如说构成彼得的心灵的彼得观念，与在别人，譬如说在保罗心中的彼得观念间有什么区别，因为前者直接表示彼得本人的身体本质，只有当彼得存在时，它才包含存在；反之，后者毋宁是表示保罗的身体状况，而不是表示彼得的本性，因此只要保罗的身体状态持续着，保罗的心灵即能认识彼得，以为即在目前，纵使彼得并不即在面前。㉞

在斯宾诺莎看来，后一种关于人体自身情状的观念在认识论里相当重要，因为人的心灵一般都是凭借这种关于自己身体情状的观念才能认识自己的身体和外界事物的。他说：

> 人心除了凭借它的身体情状的观念外，不能认识它自己的身体，而且人心除了凭借身体的情状的观念外，也不能认识外界物体。㉟

不过，人的心灵关于自己身体情状的观念，虽然在认识论里相当重要，但它们大多数不是关于外界事物真实本质的客观观念，而是关于我们自己身体性质的主观观念，所以凭借这种观念我们不能产生关于外界事物本身的正确知识，而只能产生混淆的片段的和不正确的知识。斯宾诺莎在《伦理学》第二部分里用了很大的篇幅论证人体的情感或情状的观

㉞ 斯宾诺莎：《伦理学》，贺麟译，商务印书馆，1959年，第59—60页。
㉟ 斯宾诺莎：《伦理学》，贺麟译，商务印书馆，1959年，第67页。

念不包含有对人的身体自身、人的心灵和外界物体的正确知识,其基本的论据就是人体为外物所激动的任何一个情状的观念都必定既包含外物的性质又包含人体自身的性质,而且表示我们自己身体的情状更多于表示外界物体的性质。最后他得出结论说:

> 当人心在自然界的共同秩序下认识事物时,则人心对于它自己、它自己的身体以及外界物体皆无正确知识,但仅有混淆的片段的知识。因为人心除知觉身体情状的观念外,不能认识其自身。而人心除了凭借它的身体情状的观念外,不能认识它自己的身体,而且人心除了凭借身体的情状的观念外,也不能认识外界物体。所以只要人心具有这种身体情状的观念,则它对于它自身、对于它的身体,以及对于外界物体都没有正确知识,而仅有混淆的片段的知识。㊱

正是因为人的心灵凭借自己身体情状而对外界物体所形成的这种观念具有这样一种混淆的片段的和不正确的知识,斯宾诺莎在对观念一词的严格用法中不把这种观念称之为观念,而称之为"事物的形象"(imagines rerum),以便使它同作为真正观念的那种表现事物真实本质和本性的纯粹客观观念相区别。他说:"为了保持通常的用语起见,凡是属于人的身体的情状,假如它的观念供给我们以外界物体,正如

㊱ 斯宾诺莎:《伦理学》,贺麟译,商务印书馆,1959年,第66—67页。

即在面前,则我们便称之为'事物的形象',虽然它们并不真正复现事物的形式。"[37]

这里有一个问题需要我们解释一下,即严格按照斯宾诺莎自己在《伦理学》里的用语,人的心灵凭借自己身体情状而对外物所产生的观念,不应叫作"事物的形象",而应叫作"事物的形象的观念",形象(image)和形象的观念(idea of image)应有一种区别。正如上面引语中说"凡是属于人的身体的情状,假如它的观念供给我们以外界物体,正如即在面前,则我们便称之为事物的形象",这里是说人的身体的情状是事物的形象,而不是说人的身体的情状的观念是事物的形象,人的身体的情状是属于广延样态,而人的身体的情状的观念才属于思想样态,因而形象是广延样态,只有形象的观念才是思想样态。斯宾诺莎这种把形象等同于人的身体的情状的用法,在《伦理学》里我们可以找到大量证据,例如,他在第三部分命题二十七证明中说:"事物的形象乃是人体内的情状,而这些情状的观念表示被当作即在目前的外在物体。"命题三十二附释中又说:"事物的形象即是人体自身的情状,或者因为人体受外界原因的激动而渐倾向于做这事或做那事的状态。"另外,第二部分命题四十九附释中说:"名词和形象的本质乃纯是身体的运动所构成,而身体的运动又绝不包含思想的概念。"而且斯宾诺莎关于形象和观念的区别的大部分论述都是基于这种广延样态和思想样态的区别上的。例如,在第二部分命题四十八附

---

[37] 斯宾诺莎:《伦理学》,贺麟译,商务印书馆,1959年,第60页。

释中说："我们谓观念并非指眼睛底里或脑髓中间的形象，而是指思想的概念。"同样，在命题四十九附释中为了扫除那种认为观念是由于形象所构成的成见起见，斯宾诺莎说：

> 只需注意思想的性质并不丝毫包含广延的概念就够了，这样并可以明白见到观念既是思想的一个样态，绝不是任何事物的形象，也不是名词所构成，因为名词和形象的本质乃纯是身体的运动所构成，而身体的运动又绝不包含思想的概念。

因此，按照斯宾诺莎对于形象一词的严格用法，我们应当把人的心灵凭借自己身体情状（即形象）所形成的外物观念称之为形象的观念。

但是，在十七世纪的大多数哲学家看来，形象一词应当具有观念的意思，即它不应属于身体的情状或广延样态，而应像观念一样属于思想样态，而且他们大多数都把观念和形象混同使用，例如霍布斯在他对《笛卡尔沉思集》的反驳中，观念和形象几乎成了同义词。他说：

> 当我思维到一个人时，我给我表象一个观念或一个由颜色、形状组成的形象，对于这个观念或形象我可以怀疑它是否和一个人相称，或者是否不相称。当我思维天的时候也一样。当我思维一个怪物的时候，我给我表象一个观念或者一个形象，对于这个观念或形象我可以怀疑

它是什么动物的肖像。[38]

甚至在笛卡尔那里，虽然他为了批驳霍布斯和其他一些人对他观点的反驳，曾经强调了他的观念与一般形象的区别，但他往往仍把观念与形象混同使用，如他说，"仅仅任意描绘出来的形象，我不把它们称之为观念……而只有当它们（指形象）通知到大脑的这一个部分的精神本身的时候，我才把它们称之为观念"[39]，这里显然是把一种特殊的形象视作观念，而且有时他还把这两个名词像英国哲学家那样混同使用，如"观念或形象"[40]。鉴于哲学史上这一事实，特别是为了我们便于联系哲学史讨论斯宾诺莎的那种与经验论相区别的唯理论认识观点，在本书中我们一般把斯宾诺莎所说的"形象的观念"简单地称之为"形象"，而把他所说的"形象"称之为"人体的情状"，因而斯宾诺莎所谓形象和形象的观念的区别，就是人体的情状和形象的区别，形象就是人心凭借自身情状所形成的外物观念。事实上，这样一种改变用语也不纯出于我们杜撰，斯宾诺莎自己有时也采用这一用法，例如他在《伦理学》第二部分命题四十九中说"我首先要劝告读者，必须仔细注意观念或心灵的概念与我们想象所形成的事物的形象二者之区别"，显然这里"事物的形象"应指"事物的形象的观念"，因为由我们想象所形成的一定

---

[38] 笛卡尔：《第一哲学沉思集》，第 181 页。
[39] 笛卡尔：《第一哲学沉思集》，第 160—161 页。
[40] 笛卡尔：《第一哲学沉思集》，第 39 页。

是思想样态，而不是广延样态。同样，在该部分命题四十附释一里，斯宾诺莎说"这样每个人都可以按照其自己的身体的情状而形成事物的一般形象，无怪乎一些哲学家仅仅按照事物的形象来解释自然界的事物，便引起了许多争论"，这里"事物的形象"也应指"事物的形象的观念"，因为它是每个人按照其自己的身体的情状而形成的。

总之，我们在下面讨论观念和形象的区别时，形象是指身体感触或人体情状的观念，形象的对象是外物激动人体所产生的情状。人体的情状是物理和生理的产物，即广延的样态，而作为人体情状的观念的形象则是思维的和心理的产物，即思想的样态。人体的情状或身体的感触因为是广延样态，所以不能提供任何知识或信息，但人体情状或身体感触的观念，即形象，因为是思想样态，所以能够提供知识或信息，虽然这种知识或信息只是表示外界物体如人体所感触的那样。正是因为形象和观念一样同属于思想属性的样态，所以我们可以将它们两者进行比较和区别，它们两者构成我们人类两种不同的认识方式。

形象和观念的区别在哪里呢？首先，它们产生的原因不同。形象起源于我们身体与外物的接触，或者说，起源于我们身体为外物所激动；反之，观念不起源于身体与外物的接触，而纯粹是心灵自身所形成的概念。形象起源于人体的情状，而人体的情状是广延的样态，因而形象的性质包含有广延的概念；反之，观念是心灵和理智所产生，而心灵和理智是思想的样态，因而观念的性质只包含思想的概念，而不包含任何广延或形体的概念。理智与形象的形成无关，反之，知觉与观念的出现无关。斯宾诺莎说:"观念既是思想的一个样态,绝不是任何事物的形象,也不是名词所构成。因为名词和形象的本质乃纯是身体的运动所构成,而身体的运动又绝不包含思想的概念。"

其次,主动性和被动性不同。形象产生于身体的感触或人体的情状,而身体的感触或人体的情状乃是外界物体激动或作用人体的产物,因而形象表示心灵对于外界物体是被动地接受,反之,观念产生于心灵自身的活动,因而观念表示心灵对于外界物体是主动地把握。斯宾诺莎在他关于观念的定义里之所以用"心灵所形成的概念"来解释,正如他所说的,就是为了要表示观念与知觉形象的这种区别。他说:"我说概念而不说知觉,因为知觉这个名词似乎表示心灵之于对象是被动的,而概念一词则表示心灵的主动。"

第三,图画式表象和概念式把握不同。形象和观念都可以说是表现或反映外在事物,但它们各有不同的表现或反映形式。形象是图画式地表象外在事物,斯宾诺莎说它是"壁上呆板的图画",反之,观念是概念式地把握外在事物,不是图画式的思想,本身即包含有肯定和否定。斯宾诺莎说:

> 所有那些人们认为观念是形象所构成,形象是起于身体与外界物体的接触,大都相信某些东西的观念,如果我们对它们不能形成相似的形象,便不是观念,而只是任意虚构的幻象。因此他们将观念认作壁上死板的图片,而且他们既为这种先入的成见所占据,便不能见到观念

之为观念本身即包含肯定与否定。[41]

所以我们不能"形成图画式的思想,因为我们所谓观念并非眼睛底里或脑髓中间的象,而是指思想的概念"[42]。

第四,混淆性和清晰性不同。形象是人心通过自身情状而对外物所形成的观念,因而这种观念既包含有外物的性质,又包含有人体自身的性质,而且表示我们自己的身体的情况更多于表示外界物体的性质,因此斯宾诺莎说:"人体的情状的观念,只要它仅仅与人心有关联,便不是清楚明晰的,而是混淆的。"[43]他把这种观念比喻为"无前提的结论"[44],意思就是没有逻辑的清晰性。反之,观念起源于心灵的理智活动,不受身体情状的任何影响,它们纯为事物的内在本质所决定,因而观念一定是清楚而且明晰的。斯宾诺莎说:"只要心灵在此种或别种方式下为内在本质所决定,则心灵便能清楚明晰地观认事物。"[45]真正的观念对于斯宾诺莎来说永远是清楚明晰的,他曾把观念和形象等其他表象的区别比喻为觉醒和睡梦的区别[46]。

第五,片面性和完全性不同。形象起源于身体的感触或人体的情状,而这种身体感触或情状依赖于当下外物激动人

---

[41] 斯宾诺莎:《伦理学》,贺麟译,商务印书馆,1959年,第83页。
[42] 斯宾诺莎:《伦理学》,贺麟译,商务印书馆,1959年,第81页。
[43] 斯宾诺莎:《伦理学》,贺麟译,商务印书馆,1959年,第66页。
[44] 斯宾诺莎:《伦理学》,贺麟译,商务印书馆,1959年,第66页。
[45] 斯宾诺莎:《伦理学》,贺麟译,商务印书馆,1959年,第67页。
[46] 斯宾诺莎:《知性改进论》,贺麟译,商务印书馆,1960年,第35页。

体的某实际方面,因而形象只表现外物在某一时间的某一方面情况,而不表现外物在一切时间的全部情况,所以斯宾诺莎说:"只要人心具有这种身体情状的观念,则它对于它自身、对于它的身体,以及对于外界事物都没有正确的知识,而仅有混淆的片段的知识。"[47] 反之,观念起源于心灵的活动,不为外界物体激动情况或偶然的机缘所决定,而"为内在本质所决定以同时观认多数事物而察见其相同、相异和相反之处"[48],因而观念能完满地表现事物的全部本质,不受任何时间和地点的限制。

第六,相对性和绝对性不同。形象起源于身体的感触或人体的情状,不同的身体对同一个事物可以形成不同的形象,而且即使同一个身体在不同的时间对同一个事物也会形成不同的形象,因而这些形象是因人而异和因时而异的,所以是相对的。斯宾诺莎曾经以"人"、"马"、"狗"这些所谓共相概念为例,来说明形象的混淆性,他说"这些概念之形成,并不是人人相同的,乃依各人身体被激动的常度,和各人的心灵想象或回忆这种情状的难易而各有不同"[49]。例如,凡常常用赞美的态度来观察人们的身材的人,一提到"人",将理解为一玉立的身材,而那些习于从别的观点来观察的人,则将形成人的别的共同形象,如能笑的动物、两足而无羽毛的动物或理性的动物等。"这样这个人都可以按

---

[47] 斯宾诺莎:《伦理学》,贺麟译,商务印书馆,1959年,第67页。
[48] 斯宾诺莎:《伦理学》,贺麟译,商务印书馆,1959年,第67页。
[49] 斯宾诺莎:《伦理学》,贺麟译,商务印书馆,1959年,第73页。

照自己的身体的情状而形成事物的一般形象。无怪乎一些哲学家仅仅按照事物的形象来解释自然界的事物，便引起了许多争论。"[50] 反之，观念起源于心灵的理智活动，不受身体情状的任何干扰，纯为事物的内在本质所决定，因而观念不是因人而异和因时而异的，而是具有绝对确定性的。斯宾诺莎说：

> 凡具有真观念的人无不知道真观念包含最高的确定性。因为具有真观念并没有别的意思，即是最完满、最确定地认识一个对象。其实没有人会怀疑这点，除非他认为观念乃是呆笨的东西，有如壁上的一张图画，而不是思想的一个样态或理智的自身。[51]

三、理智和想象

观念和形象的区分，必然带来凭借观念的认识和凭借形象的认识的区分。凭借观念的认识，斯宾诺莎称之为理智（intellect），而凭借形象的认识，斯宾诺莎称之为想象（imagination）。他说："当人心凭借它的身体的情状的观念以考察外界物体时，我们更称它是想象着那物体。"[52] 反

---

[50] 斯宾诺莎：《伦理学》，贺麟译，商务印书馆，1959年，第73页。
[51] 斯宾诺莎：《伦理学》，贺麟译，商务印书馆，1959年，第76页。
[52] 斯宾诺莎：《伦理学》，贺麟译，商务印书馆，1959年，第65页。据格布哈特版本，增加了"的观念"三字（"Cum Mens humana per

之，理智乃是"指示我们如何指导心灵使依照一个真观念的规范去进行认识"[53]。因此，理智和想象对形成我们人类对外间事物的两种认识方式。

按照斯宾诺莎的看法，想象一方面可以分为记忆的想象（retentive imagination）和构成的想象（compositive imagination），如他说："想象是心灵借以观察一个对象，认为它即在目前的观念。"[54]这就是记忆的想象，通过这种想象，事物虽然当时并不在场，心灵却能凭记忆想象它即在目前。另外，如他说："许多常被一般人认作想象的东西，虽然我们知这些东西并不像我们所描绘的那样"[55]，"虚构的观念……是自然界中许多的事物和动作的混淆的观念凑合而成的，或可更妥当地说，是由于同时考虑这些多数的不同的观念而并未经过理智的承认"[56]。这就是构成的想象，或者简单地叫作"虚构"，如我们想象或虚构"树木说话、人在转瞬间就变成石头或变成泉水、鬼魂出现在镜子里面、无中生有，甚至神灵变成野兽，或转成人身，以及其他类此的东西，不可胜数"[57]。另一方面，想象又可以分为初生的想象（productive imagination）和再生的想象（reproductive

---

ideas affectionum sui corporis corpora externa contemplator, eandem tum imaginary dicimus"）。

[53] 斯宾诺莎：《知性改进论》，贺麟译，商务印书馆，1960年，第31页。
[54] 斯宾诺莎：《伦理学》，贺麟译，商务印书馆，1959年，第67页。
[55] 斯宾诺莎：《知性改进论》，贺麟译，商务印书馆，1960年，第37页。
[56] 斯宾诺莎：《知性改进论》，贺麟译，商务印书馆，1960年，第41页。
[57] 斯宾诺莎：《知性改进论》，贺麟译，商务印书馆，1960年，第39页。

imagination），例如《伦理学》第二部分命题十七就是解释初生的想象，"假如人的身体受激动而呈现某种情状，这种情状包含有外界物体的性质，则人心将以为这个外界物体是现实存在的或即在面前，直至人的身体被激动而呈现另一情状以排除这个外界物体的存在或现存为止"[58]，简言之，初生的想象是这样一种观念，"这观念表示人的身体现时的情状，而不表示外界物体的性质，并且表示得模糊而不明晰"[59]，例如，当我们望见太阳时，我们总是按照我们身体的当时感触去想象太阳距离我们只有二百英尺远，这就是一种初生的想象。初生的想法也可称之为知觉的想象，简称之为知觉。《伦理学》第二部分命题十八是解释再生的想象，"假如人身曾在一个时候而同时为两个或多数物体所激动，则当人心后来随时想象着其中之一时，也将回忆起其他的物体"[60]，因而再生的想象也可称之为记忆的想象，它是需要凭借记忆方能完成的想象。在斯宾诺莎看来，知觉的想象或初生的想象是当下的想象，其中不包含时间的概念，反之，记忆的想象或再生的想象则不是当下的想象，而是经历一段时间后的想象，例如，一个当过兵的人看见沙土上有马蹄痕迹，可能想到他过去骑马参加战争的情况，反之，一个乡下农夫可能由马蹄痕迹想到他的犁具、田地等。按照斯宾诺莎的分析，记忆的想象还可再下分为记忆和回忆两种，虽然这

---

[58] 斯宾诺莎：《伦理学》，贺麟译，商务印书馆，1959年，第58页。
[59] 斯宾诺莎：《伦理学》，贺麟译，商务印书馆，1959年，第159页。
[60] 斯宾诺莎：《伦理学》，贺麟译，商务印书馆，1959年，第60页。

两种记忆想象都包含时间的概念，但记忆只包含连续的时间。斯宾诺莎说：

> 究竟记忆是什么呢？记忆不是别的，即是头脑对于印象的感觉，并且有一定的时间观念伴随着这种感觉。这一点由回忆也可以看出来，因为在回忆中，心灵回忆到过去的感觉，但是不把它认为在连续的时间中。所以对于这一个感觉的观念，不是感觉在时间中的持续，换言之，不是记忆。[61]

知觉想象和记忆想象的区分，也可以看成是"从感觉经验得来的观念"和"从记号或名词得来的观念"的区分。斯宾诺莎在谈到想象或他所谓第一种知识时有两种观念："第一，从通过感官片段地、混淆地和不依理智的秩序而呈现给我们的个体事物得来的观念，因此我们常称这样的知觉为从泛泛经验得到的知识。第二，从记号得到的观念。例如，当我们听得或读到某一些字，便同时回忆起与它们相应的事物，并形成与它们类似的观念，借这些观念来想象事物。"[62]这两种观念或知识显然就是指知觉想象和记忆想象，因此在斯宾诺莎那里，感觉经验认识和语词感性理解均属于想象。

不过，在斯宾诺莎看来，知觉想象和记忆想象虽然本身有差别，但它们有密切关系，这种关系在于知觉想象是

---

[61] 斯宾诺莎：《知性改进论》，贺麟译，商务印书馆，1960年，第49页。
[62] 斯宾诺莎：《伦理学》，贺麟译，商务印书馆，1959年，第73—74页。

记忆想象的源泉或基础,也就是说,如果没有知觉想象,记忆想象也不可能出现。他曾经说:"想象力或者所谓共同的官能为某种个别的物体所刺激而起的力量,就可以促使记忆力坚强。"[63]因此之故,他在有些地方并不做这种区分,而把它们加以等同使用,如"想象或回忆"(imaginatur vel recordatur),或"想象或回忆"(imaginatio seu memoria)[64]。

正如想象分为知觉想象和记忆想象两种一样,理智在斯宾诺莎看来也可以分为两种,即理性(ratio)和直观(intuitio)。按照斯宾诺莎的解释,理性乃是"从对于事物特质所具有的共同概念和正确观念而得来的观念"[65],这里所谓"共同概念"(notiones communes),乃指表现一切事物共同本质的概念,如运动和静止概念,一般来说,就是指公理一类的观念,因此理性认识就是从那些表现事物共同本质的一般的观念出发进行演绎推导的认识方式,也就是我们一般所说的科学认识的方式。直观乃是"由神的某一属性的形式本质的正确观念出发,进而达到对事物(形式)本质的正确知识",这里所谓形式本质乃是经院哲学术语,意指自然本质,因此直观乃是从神的某一属性的自然本质出发直接观照个别事物自然本质的认识方式,也就是从一般到个别、从整体到部分、从无限到有限的认识方式,我们一般可以把

---

[63] 斯宾诺莎:《知性改进论》,贺麟译,商务印书馆,1960年,第48页。
[64] 斯宾诺莎:《伦理学》,贺麟译,商务印书馆,1959年,第73页、第96页。
[65] 斯宾诺莎:《伦理学》,贺麟译,商务印书馆,1959年,第74页。

这种方式称之为哲学认识方式。斯宾诺莎曾用一个浅显的例子来说明理性和直观这两种理智认识方式的差别，例如，有三个数要求第四个数，使第四个数与第三个数之比等于第二个数与第一个数之比。学过数学的人可以根据欧几里得几何学里关注比例数的共同特性，通过数学计算得到所求的第四个数，反之，如果该三个数很简单，如1、2、3，我们就无须数学计算，而单凭直观就可以推出这个数是6。虽然这两种方式都能得出正确的答数，但后者比前者更为完善，因为它无须经过抽象的演算过程。斯宾诺莎曾经把这两种认识方式概括为这样两种方式：" 或者是就事物存在于一定的时间及地点的关系中去加以认识，或者是就事物被包含在神内，从神圣的自然之必然性去加以认识。"[66]在斯宾诺莎看来，后一种认识方式比前一种认识方式"更强而有力"，"能感动我们的心灵"[67]，是我们人类迄今所能期望的一种最高尚和最完善的认识。

不过，我们这里要讨论的乃是想象和理智这两种人类认识外间事物的方式。想象正如我们一开始所说的，乃是通过形象即人体情状的观念对外物的认识。这种认识方式，我们可以根据《伦理学》第二部分命题十八附释中对于记忆的论述来加以分析，在那里斯宾诺莎写道：

记忆不是别的，只是那些包含人身之外的事物的性质的

---

[66] 斯宾诺莎：《伦理学》，贺麟译，商务印书馆，1959年，第239页。
[67] 斯宾诺莎：《伦理学》，贺麟译，商务印书馆，1959年，第244页。

观念的某种联系，也就是人心中一种按照人身的情状的次序和联系而进行的观念联系。第一，我说这只是那些包含人身之外的事物的性质的观念的联系，而不是那种解释外界事物性质的观念的联系，因为这些观念其实乃是那些既包含人体性质又包含外物性质的人体情状的观念。第二，我说这种观念联系之发生是依照人身的情状的次序和联系，如此便可以有别于依照理智次序而产生的观念联系，理智次序是人人相同的，依照理智的次序足以使人心借事物的第一原因以认识事物。[68]

这里第一点是很清楚的，想象是凭借形象即人体情状的观念的认识，也就是说，它是一种由人体情状的观念所构成的观念联系，而人体情状的观念，正如我们前面分析的，既包含人体的性质，又包含外物性质，因而是一种混淆的观念，所以这种观念联系虽然也是一种包含有表现外物性质的观念联系，但因为它掺杂着人身自己的性质，因而它不是一种客观解释外界事物性质的观念联系。关键在于第二点，即想象观念联系的发生和进行是依照人身的情状的次序和联系，而不是依照人人皆相同的理智次序。斯宾诺莎曾举了几个例子来说明这种依照人身情状次序的观念联系，例如，从对于拉丁文 Pomum（"苹果"）一词的思想，一个罗马人立刻会转到鲜果的思想，其实真实的鲜果与 Pomum 一词的声音之间并无相似之处，而且除了那人的身体常常为苹果的

---

[68] 斯宾诺莎：《伦理学》，贺麟译，商务印书馆，1959年，第60—61页。

实物与 Pomum 的声音所感触外,也就是说,除了当他看见真实苹果时他又常听见 Pomum 一词的声音外,并无任何共同之处,因此真实苹果和 Pomum 声音之间的观念联系乃是依照人身情状的次序和联系。同样,每个人都可以按照他习于联结或贯串他心中事物的形象的方式,由一个思想转到另一个思想,例如,一个军人看见沙土上有马蹄痕迹,他将立刻由马的思想,转到骑兵的思想,从而转到战事的思想;反之,一个农民由马的思想将转到他的犁具、田地的思想,从而转到农事的思想。斯宾诺莎有时也把人们这种习于联结或贯串他心中事物形象的方式称之为"自然的共同秩序"(the common order of nature),他说"人心常依自然的共同秩序以观认事物"[69]。由于这种观念联系不是按照事物本身之间的客观联系,而是按照人身自己情状的次序和自身习惯联结的方式,所以这种观念联系是因而异和因时而异的。在这种意义下,观念联系是"为外在东西所决定或为偶然的机缘所决定"[70],因而不是表现客观事物本身真实联系的观念联系。

与想象相反,理智不是凭借形象而是凭借观念的认识,因此这种认识方式也有两个基本特征:一是构成理智这种观念联系的观念不是形象,即不是人体情状的观念,而是真实表现自然事物形式本质的客观概念,因而这种观念联系是客观解释外界事物性质的观念联系;二是这种观念联系不是依照人身情状的次序和联系,而是依照理智的次序,而所谓理

---

[69] 斯宾诺莎:《伦理学》,贺麟译,商务印书馆,1959 年,第 66 页。
[70] 斯宾诺莎:《伦理学》,贺麟译,商务印书馆,1959 年,第 67 页。

智的次序乃是人人相同的，是借事物的第一原因认识和演绎事物的次序。斯宾诺莎在《知性改进论》里曾经详尽分析了理智这两个基本特征，首先，他非常强调构成理智这种观念联系的观念乃是"纯出于心灵而不是由于身体的偶然的刺激而起的观念"[71]，因此这种观念一定要表现事物最内在的本质和最近因。他曾以圆形为例，说明真正的圆形观念与圆形形象不同，圆形的形象显然有圆周和圆心，但真正的圆形观念却没有圆周和圆心。而且圆形观念也不能仅仅表现圆形的一个特性，而要表现圆形的真正本质，例如我们不能说圆形就是"一个由中心到周边所做的一切直线都是等长的图形"，因为这个概念只是说出了圆形的一个特性，而不能表明圆形的本质。真正的圆形观念应当是"任何一根一端固定的另一端转动的直线所作成的圆形"，这个观念既表现了圆形的本质又表现了圆形产生的原因，并且从这个观念我们可以推得圆形所具有的其他一切特性。在斯宾诺莎看来，理智所凭借的观念由于不是起源于人体偶然地受外物所激动，而是"为内在本质所决定以同时观认事物而察见其相同、相异和相反之处"[72]，并能"纯粹由一物的本质或由它的最近因去加以理解"[73]，因而这种观念乃是我们正确认识自然的最好工具。其次，理智这种认识不仅在于它具有不同于形象的真正观念作为基础，而且它的观念推演秩序乃是一种真实表

---

[71] 斯宾诺莎：《知性改进论》，贺麟译，商务印书馆，1960年，第52页。
[72] 斯宾诺莎：《伦理学》，贺麟译，商务印书馆，1959年，第67页。
[73] 斯宾诺莎：《知性改进论》，贺麟译，商务印书馆，1960年，第52页。

现实在因果联系的次序。斯宾诺莎写道:

> 观念之客观地在思想世界与它的对象之在实在世界的关系是一样的。……凡是与他物有关系的东西——因为自然万物没有不是互相关联的——都是可以认识的,而这些事物的客观本质之间也都具有同样的关联。换言之,我们可从它们推出别的观念,而这些观念又与另一些观念有关联。[74]

因此理智的观念联系乃是一种"把我们的一切观念都从自然事物或真实存在推出,尽量依照由此一实在到另一实在的因果系列"[75]而进行的观念联系,通过这种观念联系,"我们的心灵可以尽量完全地反映自然。因此心灵可以客观地包含自然的本质、秩序和联系"[76]。

这样,我们就可以清楚看出想象和理智这两种认识方式的巨大差别了。首先,这是一种被动的认识过程和主动的认识过程的差别。在斯宾诺莎看来,想象基于人身情状的观念,而其观念联系又依据于人身情状的次序和联系,因而常为外物激动人体的情况和偶然机缘所决定,所以想象是一种被动的认识过程。他说:"因为我们知道想象所以产生的过程,想象所依照的一些规则——但大异于理智的规则——而

---

[74] 斯宾诺莎:《知性改进论》,贺麟译,商务印书馆,1960年,第31—32页。

[75] 斯宾诺莎:《知性改进论》,贺麟译,商务印书馆,1960年,第54页。

[76] 斯宾诺莎:《知性改进论》,贺麟译,商务印书馆,1960年,第54页。

且心灵因为想象的关系成为被动。""想象是无确定性,使心灵处于被动地位。"⁷⁷ 反之,理智基于人心自身形成的观念,而其观念联系又依据于纯粹的理智次序,因而只为理智本身的内在本质所决定,而不为外物所决定,所以理智是一种主动的认识过程。他曾经比喻地把这种认识过程描述为"心灵遵循一定的规律而活动,就好像一个精神的自动机"⁷⁸。斯宾诺莎这样一种关于真正认识乃是一种主动把握的观点在西方哲学史上是有重要意义的,我们知道,早在古希腊时代,亚里士多德就曾经认为认识乃是一种心灵吸收可理解形式的被动过程,他曾经把心灵和可思维的东西之间的关系等同于感官和可感觉的东西之间的关系,从而忽视了主动认识和被动知觉之间的根本差别。在近代,无论是培根还是霍布斯,他们都遵循亚里士多德的观点,把被动的感性知觉作为认识的基础,而且,即使像笛卡尔这样的唯理论者,有时也无形地受到亚里士多德的影响,他曾说道:

> 我称之为心灵主动的那些东西,就是所有我们的欲望,因为我们从经验得知,它们是直接由我们的心灵而来,并且似乎单独依赖于心灵。反之,我们通常把我们身上所有的那些知觉和知觉形式称之为人的被动,这些东西并不是我们的心灵使它们成为那样,因为心灵常常是从

---

⁷⁷ 斯宾诺莎:《知性改进论》,贺麟译,商务印书馆,1960年,第50页。
⁷⁸ 斯宾诺莎:《知性改进论》,贺麟译,商务印书馆,1960年,第50页。

它们所表现的事物得到它们的。⑲

在笛卡尔看来，表现心灵主动的乃是欲望和意愿，而知觉和理智乃属于心灵的被动。可是，斯宾诺莎却一反这种传统观点，他认识真正的理智认识绝不是犹如壁上呆板的画那样纯从外界物体被动接受而来，而是对于自然呈现于意识的事物的一种能动的把握。"认识"（cognitio）一词对于斯宾诺莎来说，绝不是接受知识，而是产生知识、把握知识，认识永远同认知行为相结合，或者更明确地说，认识永远是一种认知行动。

其次，想象和理智的差别是偶然的认识过程和必然的认识过程的差别。想象的认识起源于人体的情状，并依赖于人身情状的次序和联系，因而它所进行的观念联系乃是偶然的推测联系，而不是必然的因果联系。斯宾诺莎曾经举了一个浅显的例子来说明想象的这种偶然性质。假设某儿童昨天清晨看见彼得，正午看见保罗，晚间看见西门，今天清晨又看见彼得，正午又看见保罗，晚间又看见西门，一到明天早晨他再看见彼得时，他就会想象中午看见保罗，晚上看见西门；因为在他的想象中，彼得是与早晨相联系，保罗是与中午相联系，西门是与晚间相联系。一当有一天偶然有所变动，他在晚间没有看见西门，而看见伊代，到第二天早上他就会对晚间究竟会看见谁犹豫不决，因为对于他来说，西门

---

⑲ 笛卡尔：《心灵的情感》，见《笛卡尔著作选集》，英文版，第1卷，第340页。

和伊代在晚间出现都是可能的和偶然的。因此斯宾诺莎得出结论说：

> 只要我们用想象去考察事物，将事物纳于过去或将来的关系中来考察，这种想象的犹豫将不断侵入。因此，从过去、现在或将来的关系以考察事物，则我们将想象事物是偶然的。[80]

反之，理智的认识起源于表现事物内在本质的一般概念，并依赖于人人皆相同的理智次序，因而它的观念联系乃是客观事物的必然因果联系。斯宾诺莎特别强调理智不是从时间的关系，而是从永恒的和无限的观点去观察事物，他说"理智理解事物并不注意它们所占的时间，亦不注意它们的数量"[81]，而是"在永恒的形式下去认识事物"[82]。在《知性改进论》中，斯宾诺莎详加解释何为事物的内在本质，事物的内在本质"并不是从事物的存在的系列或次序推出，因为存在的次序充其量只能供给我们以它们外表的迹象、关系或次要情况，所有这些都和它们的内在本质相隔甚远。而内在本质只可以在固定的永恒的事物中寻求，并且也可以在好像深深刊印在事物里面，而为一切个别事物的发生和次序所必遵循的规律中去寻求"[83]。由此可见，理智的认识一定是具

---

[80] 斯宾诺莎：《伦理学》，贺麟译，商务印书馆，1959年，第78页。
[81] 斯宾诺莎：《知性改进论》，贺麟译，商务印书馆，1960年，第58页。
[82] 斯宾诺莎：《伦理学》，贺麟译，商务印书馆，1959年，第239页。
[83] 斯宾诺莎：《知性改进论》，贺麟译，商务印书馆，1960年，第55页。

有永恒必然的形式，斯宾诺莎曾以三角形观念为例来说明理智认识的这种永恒性和必然性，三角形观念必定包含这一肯定，即三角形三内角之和等于两直角，这一肯定属于三角形观念的本质。对于三角形观念的这一肯定，人的心灵绝没有任何绝对的或自由的意志可以拒绝，因为"心灵在永恒的形式下所理解的一切事物，它之所以能理解他们，并不是因为它把握了物体的现在的实际存在，而是因为它是在永恒的形式下把握物体的本质"[84]。因此"在心灵中除了观念所包含的意愿或肯定与否定之外，没有其他的意愿或肯定与否定"[85]。在斯宾诺莎看来，"理性的本性就在于真正地认知事物，或在于认知事物自身，换言之，不在于认事物为偶然的，而在于认事物为必然的"[86]。

第三，想象和理智的差别是感性的经验概括和理性的逻辑推演的差别。想象的形成依赖于感觉形象以及这种形象之间的偶然的次序和联系，它所得出的知识有时虽然也可能是正确的和有用的，但绝不是系统的，因为它是通过偶然的经验和或然的概括所得到的。反之，理智的认识仅依赖于真正表现永恒内在本质的观念，以及这种观念之间的客观必然联系，因而理智所得出的知识就一定是系统的。斯宾诺莎在与英国科学家波义耳的争论中，曾经明确告知我们应当区分两类根本不同的解释自然的概念："我认为那些由平常语言习

---

[84] 斯宾诺莎：《伦理学》，贺麟译，商务印书馆，1959年，第239页。
[85] 斯宾诺莎：《伦理学》，贺麟译，商务印书馆，1959年，第81页。
[86] 斯宾诺莎：《伦理学》，贺麟译，商务印书馆，1959年，第77页。

惯而形成的概念,或者那些不是按照自然本来面目而是按照人类的感觉来解释自然的概念,绝不能算作最高的类概念（generic terms）,更不能把它们和纯粹的按照自然本来面目来解释自然的概念混为一谈。"[87]这里所谓类概念就是能进行逻辑推理的最高概念,在斯宾诺莎看来,感性经验的概念绝不能进行逻辑推理,因为它们不具有这样一种系统性,更何况它们本身联系的次序根本不是理智的次序。反之,理智认识的概念既然是按照自然本来面目而形成的观念,也就是说,是"纯粹出于心灵而不是由于身体的偶然的刺激而起的观念"[88],并且这种概念的联系又是按照自然事物由一实在到另一实在的客观必然的因果系列,因而理智形成的观念就必然能形成一严密的逻辑演绎系统。斯宾诺莎特别强调理智认识的这种逻辑推演的系统性,他说,为了获得清楚而明晰的观念,即达到真正认识事物的目的,我们必须"设法把所有的观念按照那样一种方式加以联系和排列,以便心灵可以尽可能客观地既从全体又从部分以反映自然的形式"[89]。正是基于这样一种观点,他特别推崇数学证明,因为数学正是一严密的逻辑演绎系统,在此系统中不存在任何混淆的偶然的结论,一切结论都是清晰的和必然的。也正是为了实现这一知识理想,斯宾诺莎的《伦理学》最后采用了几何学证明的形式。

---

[87] 《斯宾诺莎书信集》,英译本,1928年,第93页。
[88] 斯宾诺莎:《知性改进论》,贺麟译,商务印书馆,1960年,第52页。
[89] 斯宾诺莎:《知性改进论》,贺麟译,商务印书馆,1960年,第52页。

但是，数学的公理系统或其他自然科学的公理系统，还不是斯宾诺莎最高的知识理想，因为这些系统只是从某一领域内的最高类概念出发进行推演，或用斯宾诺莎的话来说，只是从那些"表现事物特质的共同概念和正确观念"出发而推演的知识。因此，它们充其量只是一般的科学知识，而不是更高级的哲学知识，哲学的知识应当是从一个最完善存在的观念进行推演的逻辑系统。他说：

> 能表示最完善存在的观念的反思知识要比表示其他事物的观念的反思知识更为完善。换言之，凡是能指示我们如何指导心灵使依照一个最完善存在的观念为规范去进行认识的方法，就是最完善的方法。[90]

这种哲学知识系统也就是"从神的自然之必然性去加以认识"的逻辑演绎系统，也就是斯宾诺莎所说的第三种即直观知识，即"由神的某一属性的形式本质的正确观念出发，进而达到对事物本质的正确知识"。这种知识系统才是斯宾诺莎最高的知识理想，他说："心灵的最高努力和心灵的最高德性，都在于依据第三种知识来理解事物……从这第三种知识可以产生心灵的最高满足。"[91]

---

[90] 斯宾诺莎：《知性改进论》，贺麟译，商务印书馆，1960年，第31页。
[91] 斯宾诺莎：《伦理学》，贺麟译，商务印书馆，1959年，第237—238页。

四、真观念和正确观念

斯宾诺莎在《伦理学》里并没有正式提出真理的定义，他只是在第一部分的公则里提出一条类似真理定义的公则："真观念必定符合它的对象。"这条公则究竟是否就是斯宾诺莎认识论的真理定义，以及这条公则究竟应当怎样理解才算符合斯宾诺莎本人的意思，在近年来斯宾诺莎研究中一直是一个引起很大争论的问题[92]。

首先，这里"对象"（ideatum）一词究竟指什么？从词源来看，ideatum 来源于 idea，即表示观念所对应的或所关联的东西。中国哲学里有所谓"能"和"所"的说法，斯宾诺莎所说的观念和对象的关系，似乎类似于中国哲学里的能和所的关系。鉴于观念和对象的这种词源学关系，现代西方斯宾诺莎研究家一般不把 ideatum 译为 object（对象），而译成 that of which it is the idea，意即该观念是其观念的东西，或者说，该观念所关联的或所对应的东西。这一点我们可以

---

[92] 有关斯宾诺莎真理论的研究文献相当多，其中最为重要的有：罗宾逊（Robinson）的：《斯宾诺莎伦理学评注》（1928，莱比锡），沃尔夫森（H. A. Wolfson）的《斯宾诺莎的哲学》（1934，哈佛大学），约金姆（H. H. Joachim）的《斯宾诺莎〈伦理学〉研究》（1901，牛津）和《斯宾诺莎知性改进论注释》（1940，牛津），汉普舍尔（S. Hampshire）的《斯宾诺莎》（1951，牛津），帕金森（G. H. R. Parkinson）的《斯宾诺莎的知识论》（1954，牛津），马克（T. C. Mark）的《斯宾诺莎的真理论》（1972，纽约和伦敦），本德（J. G. Bend）编的《斯宾诺莎论认识、自由和存在》（1974，荷兰）以及哈特（A. Hart）的《斯宾诺莎的伦理学》（1983，莱登）等。

从斯宾诺莎关于心灵的对象是身体的观点来理解。在《伦理学》第二部分命题十三里，斯宾诺莎为了证明构成人的心灵的观念的对象只是身体，他说："除身体外，如果心灵还有别的对象，则这个对象所造成的结果的观念，必然应该存在于我们的心灵之中，因为没有存在的事物不会产生某种结果的。但是（据第二部分公则五）现在并没有这种观念，可见我们心灵的对象是一个存在着的身体，而不是别的。"这里引用的公则五，是说"除了身体和思想的样态以外，我们并不感觉或知觉到任何个体的事物"。这条公则应当说是表述不清楚的，因为难道人的心灵除了自己身体和思想样态外，就不能知觉任何其他的物体吗？斯宾诺莎在第二部分命题十四中说："人心有知觉许多事物的能力，如果它的身体能够适应的方面愈多，则这种能力将随着愈大。"可见人心除了自己身体外，是可以知觉许多其他物体的。第二部分公则五只能这样来理解，即除了通过身体的感受外，人心不能知觉其他物体，这是有证据的，因为斯宾诺莎明确说过："人心除了凭借身体的情状的观念外，也不能感知外界物体。"[93]一当公则五做这样的理解后，我们就可以看出斯宾诺莎之所以认为只有身体才是心灵的对象，并不是因为心灵不能感知其他的物体，而是因为心灵只可能通过自己的身体去感知其他的物体，也就是说，心灵只可能直接感知自己的身体，而不可能直接感知其他外界物体。心灵为什么只能直接感知自己的身体呢？其原因在于心灵和身体是结合或关联在一起的

---

[93] 斯宾诺莎：《伦理学》，贺麟译，商务印书馆，1959年，第67页。

东西，因此，斯宾诺莎在称身体是心灵的"对象"时，他不仅意味着心灵知觉身体，而且更表示心灵与身体的相互关联和相互结合。所以斯宾诺莎所说的对象，我们只能理解为与观念直接相关联和相结合的东西。

我们可以援引斯宾诺莎自己的一些例子来说明这样一种特殊的"对象"概念。例如，我心中的太阳概念，它的对象显然就不是自然界天空中的太阳本身，而应指我的身体由于受到自然中太阳的激动而产生的生理情状，因为与我心中的太阳观念直接相关联和相结合的东西，乃是我的身体受外间太阳所激动而产生的生理情状，而不是自然界天空中的太阳。自然界天空中的太阳只是神心内（自然内）的太阳观念即太阳心灵的对象。同样，保罗心中的彼得观念，它的对象也不是在保罗之外的彼得本人，而是保罗身体由于受到彼得激动所产生的生理情状，因为与保罗心中的彼得观念直接相关联或相对应的东西，乃是保罗自身中由于受到彼得激动所引起的生理情状，而不是存在于保罗之外的彼得本人。彼得本人（即彼得身体）只是神心内（自然内）的彼得观念（即彼得心灵）的对象。

在斯宾诺莎体系里，这种对象既可以指物理的东西，即广延属性的样态，也可以指观念的东西，即思想属性的样态。斯宾诺莎说：

> 就观念之作为一个形式本质而论，它可以作另一个客观本质的对象。而这第二个客观本质，就它本身看来，也是真实的东西，也是可理解的东西。如此类推，以

至无穷。[94]

例如,彼得本人是彼得观念(即彼得心灵)的对象,而这个彼得观念本身又可作为形式本质,成为另一个观念,即彼得观念的观念的对象,而彼得观念的观念又可成为彼得观念的观念的观念的对象。斯宾诺莎说,这种情况正如某人回想他知道彼得时,他又知道他知道彼得,他更知道他知道他知道彼得。如果对象是物理的东西,观念和对象的关系就是思想属性的样态和广延属性的样态的关系,即观念和事物的关系,如我心中的太阳观念和我身体被太阳激动所产生的情状,保罗心中的彼得观念和保罗身体上受彼得激动所产生的情状,以及一般神心内的观念(即所谓自然观念)与它的对象,如彼得心灵和保罗身体,都是这种关系。如果对象是观念的东西,那么观念和对象的关系就不是两种属性的样态之间的关系,而是同一个思想属性的两种样态之间的关系,即观念的观念和观念的关系,如彼得观念的观念和彼得观念的关系。

其次,真观念必定符合它的对象,这里"符合"(convenire)一词究竟又是什么意思呢?拉丁文 convenire 乃是英文 convention(集合)一词的词根,convenire 在拉丁文里有会合、相遇、相聚或结合的意思,正确的译法应当是"结合在一起",即英文里 to come together 或 coalescere 的意思。真观念必定符合它的对象,也就是说,真观念必定与

---

[94] 斯宾诺莎:《知性改进论》,贺麟译,商务印书馆,1960年,第29页。

它的对象关联和结合在一起。这一点也不难于理解,当斯宾诺莎说"构成人的心灵的观念的对象只是实际存在着的身体或某种广延样态,而不是别的"[95]时,他所指的意思就是心灵和身体的这种结合,正如他在该命题的附释中说,"因此我们不仅认识到人的心灵与人的身体的联合,而且知道如何理解身体和心灵的统一"[96]。因此,作为观念的心灵和作为该观念的对象的身体之间的符合关系,就是指它们两者之间相互结合和相互统一的关系,简言之,"符合"就是指"同一"。

真观念必定符合它的对象,其意义就是真观念必定与它的对象相同一。这一点我们是可以在斯宾诺莎著作中找出证据的。例如,斯宾诺莎在《伦理学》第一部分唯一引证"真观念必定符合它的对象"这条公则的命题三十里说:"真观念必定符合它的对象,这就是说,凡客观地包含在理智中的东西一定必然存在于自然中。"这里显然是对真观念必定符合它的对象这条公则的解释,按照这个解释,真观念符合它的对象,并没有别的意思,只是说明"客观地"包含在理智中的东西一定必然"形式地"存在于自然中。也就是说,观念必定与它的对象同时并存。所谓同时并存,在斯宾诺莎体系里,就是指它们是同一个东西,只不过就不同的属性去看罢了。斯宾诺莎在这里使用了经院哲学的术语"客观地",用我们现代的语言来说,就是思想的或观念的。在斯宾诺莎

---

[95] 斯宾诺莎:《伦理学》,贺麟译,商务印书馆,1959年,第51页。
[96] 斯宾诺莎:《伦理学》,贺麟译,商务印书馆,1959年,第52页。

看来，事物的"客观本质"（即观念的本质、理智中的存在）必然与事物的"形式本质"（即实在的本质，自然中的存在）同时并存的，因为两者是同一个东西的两种不同表现形式，一种以观念形态表现，一种以实在形态表现。任何客观本质必同时具有形式本质，没有形式本质的客观本质不能存在，反之，没有客观本质的形式本质也不能存在。因此客观本质与形式本质相符合，就是因为客观本质与形式本质是同一个东西，换句话说，客观本质就是形式本质。另一个例子是第二部分命题三十二，这命题说："一切与神相关联的观念都是真观念。"为了证明这一命题，斯宾诺莎论证说："因为一切在神之内的观念（据第二部分命题七绎理）总是与它们的对象完全符合，所以它们都是真观念。"[97] 而他所引证的命题七绎理是说：凡存在于广延属性中的东西也都依同一次序和同一联系出现在思想属性中，随之而来的附释就是斯宾诺莎关于心物同一论最典型的表述：

> 凡是无限知性认作构成实体的本质的东西全都只隶属于唯一的实证，因此思想的实体与广延的实体就是那唯一的同一的实体，不过时而通过这个属性，时而通过那个属性去了解罢了。同样，广延的一个样态和这个样态的观念亦是同一的东西，不过由两种不同的方式表示出来罢了。……譬如，存在于自然界中的圆形与在神之内存在着的圆形观念，也是同一的东西，但借不同属性来说

---

[97] 斯宾诺莎：《伦理学》，贺麟译，商务印书馆，1959年，第68页。

明罢了。[98]

由此可见，斯宾诺莎所谓观念与对象的符合，只是表示观念和对象是同一个东西，只不过是通过不同的属性表现出来。

而且，斯宾诺莎还进一步认为，观念自思想的属性而出与观念的对象自广延的属性而出，其推演的方式也是相同的，即观念与观念的联系和秩序同事物与事物的联系和次序也是完全相符合的，他说："观念的次序和联系与事物的次序和联系是相同的。"[99] 在《知性改进论》里他更明确地说：

> 观念之客观地在思想世界与它的对象之在实在世界的关系是一样的。假如自然界中有一件事物与其他事物绝无交涉或关联，则它的客观本质，即完全与它的形式本质符合的客观本质，将与任何别的观念无丝毫交涉或关联，换言之，我们将不能从它做出任何推论。反之，凡是与他物有关系的东西——因为自然万物没有不是互相关联的——都是可以认识的，而这些事物的客观本质之间也都具有同样的关联，换言之，我们可以从它们推出别的观念，而这些观念又与另一些观念有关联。[100]

观念与观念的联系和次序为什么同事物与事物的联系和次序

---

[98] 斯宾诺莎：《伦理学》，贺麟译，商务印书馆，1959年，第46页。
[99] 斯宾诺莎：《伦理学》，贺麟译，商务印书馆，1959年，第45页。
[100] 斯宾诺莎：《知性改进论》，贺麟译，商务印书馆，1960年，第31—32页。

相同或相符合呢？这是因为观念与观念的联系和次序同事物与事物的联系和次序，并不是两个联系和次序，而是同一个联系和次序。斯宾诺莎说：

> 神的思想力量即等于神的行动的现实力量。这就是说，凡是在形式上从神的无限本性而出的任何东西，即客观上在神之内也是依同一次序和同一联系出于神的观念的……所以，无论我们借广延这一属性，或者借思想这一属性，或者借任何别的属性来认识自然，我们总会发现同一的因果次序或同一的因果联系，换言之，我们在每一观点下总会发现同样的事物连续。[⑩]

因此，观念的次序和联系之所以必定符合它们的对象的次序和联系，乃是因为观念的次序和联系与它们的对象的次序和联系相同一，正如观念之所以符合它的对象，乃是因为观念与它的对象相同一样，符合关系在斯宾诺莎体系里只是同一关系，就是指它们本身是同一个东西，只不过以不同属性表现出来罢了。

从上述分析可见，观念和它的对象的关系，在斯宾诺莎体系里，并不是指我们所谓心灵的观念和心灵所知觉的外界事物的关系，而是指观念和与它相结合的东西的关系，因此观念和它的对象的符合关系，并不是指我们心内的观念和外界事物的符合关系，而是指观念和与它相结合的东西的同一

---

⑩ 斯宾诺莎：《伦理学》，贺麟译，商务印书馆，1959年，第45—46页。

关系。就神心内的观念（即我们一般所谓自然观念）来说，每一观念必定与它在广延属性里的对应物——广延样态相同一，如太阳观念（指神心内的太阳观念，不是指我们人心内的太阳观念）与太阳本身、彼得心灵与彼得身体，都是神心内的观念与它的对象相同一的例子；就我们人心内的观念（即我们一般所谓的认知观念）来说，我们每一观念必定与我们身体上相应的生理情状（同样也是广延样态）相同一，如我的太阳观念和我身体上关于太阳的生理情状、保罗心中的彼得观念和保罗身体关于彼得的生理情状，都是人心内的观念与它的对象相同一的例子。简言之，斯宾诺莎讲真观念必定符合它的对象，他只是就他的本体论而言的，即在他的体系里，任何作为思想样态的观念都必定有一个相应的广延样态作为它的对象，而不是就他的认识论而言的，即不是讲我们人类的观念都必定与该观念所表象的外界事物相符合，这也就是他为什么要把这一条公则放在《伦理学》第一部分即他的本体论部分，而不放在第二部分即他的认识论部分里的理由。

既然真观念必定符合它的对象是属于斯宾诺莎本体论的一条公则，所以我们就不能简单地把它看成是斯宾诺莎认识论里的真理定义。如果我们把它看成是斯宾诺莎认识论里的真理定义，我们将碰到一个极大的困难，因为在斯宾诺莎的自然系统里，任何一个思想样态在广延属性里必然有它的对应物，即某个与它相同一的广延样态；反之，任何一个广延样态在思想属性里也必然有它的对应物，即某个与它相同一的思想样态，观念离不开它的对象，对象也离不开它的观念，观念和它的对象总是相同一的。在这个意义上，我们可以说任何观念都必定符合它的对象的，也就是说，任何观念都是真的。斯宾诺莎的确是有这样看法，他说："因为一切在神之内的观念总是与它们的对象完全符合，所以它们都是真观念"[102]，"在观念中没有任何积极的东西使它们成为错误的"[103]，"一切观念都在神内，而且就它们与神相关联而言，它们都是真观念和正确观念"[104]。但是这样一来就很奇怪了，斯宾诺莎怎么会讲到错误观念或虚假观念呢？既然一切观念都是真观念，怎么会有假观念的存在呢？而且，既然一切观念都是真观念，我们有什么必要讲到观念的真或假的标准呢？也就是说，我们有什么必要讲到真理论呢？[105]因此，在我们研究斯宾诺莎的真理论时，我们绝不能简单地根据"真观念必定符合它的对象"这一条本体论意义的公则把他的真理论说成是符合论，即使我们确实认为斯宾诺莎的真理论是符合论，我们也应当从别的方面找寻根据。

我们在前面曾对斯宾诺莎所使用的"观念"一词区分了两种涵义，一是指在永恒的形式下表现事物本质或本性的观念，这就是神的心灵内的观念；一是指人的心灵对于外界事

---

[102] 斯宾诺莎：《伦理学》，贺麟译，商务印书馆，1959年，第68页。
[103] 斯宾诺莎：《伦理学》，贺麟译，商务印书馆，1959年，第68页。
[104] 斯宾诺莎：《伦理学》，贺麟译，商务印书馆，1959年，第70页。
[105] 例如帕金森（G. H. R. Parkinson）就提出过这一问题："每一个观念都是真的，这是悖理的，因为如果'真'一词要有它通常的意义，就必定有它的对应词'假'的用法。"（见他的《斯宾诺莎的知识论》，第113页）。

物的知觉形象或印象，这就是人的心灵形成的观念。神的心灵内的观念是以自然事物本身为对象，因此它们是关于自然事物的观念，反之，人的心灵内的观念则是以人体内由于受外界物体激动而产生的生理情状为对象，因而它们是关于人体自身情状的观念。例如，神心内的太阳观念（也可称之为太阳心灵）是一个以自然界里的太阳为其对象的观念，而人的心灵中的太阳观念，就不是以自然界里的太阳为其对象，而是以这个太阳作用于人体所产生的生理情状为其对象，所以它不是直接关于自然界里的太阳的观念，而是关于人体自身情状的观念。那么，我们人心内的太阳观念与自然界中的太阳本身之间又是一种什么样的关系呢？按照斯宾诺莎的看法，既然我们心灵内的观念不是别的事物的观念，而是涉及太阳的观念，那么我们心灵内的太阳观念与自然界中的太阳本身就应当具有一种表象关系（representation），因而自然界里的太阳虽然不是我们心灵内的太阳观念的对象，却可以看成是我们心灵内的太阳观念所表象的事物，它们两者之间存在有一种表象关系。

这样，在斯宾诺莎的认识论里就出现了一种极为复杂的情况，即我们应当在认识论中区分观念的对象和观念所表象的事物。就拿上面的太阳例子来说，我们心灵里的太阳观念，一方面有我们身体关于太阳的生理情状作为它的对象，另一方面又有自然界里的太阳作为它所表象的事物。这与通常观念的论述是不同的。通常的论述是，观念的对象就是观念所表象的事物，我们有一个关于太阳的观念，它的对象或所表象的事物就是自然界里的太阳，认识只涉及这两个因素的关系。但是在斯宾诺莎这里，认识涉及三个因素：一个是我们的太阳观念，另一个是我们身体关于太阳的生理情状，再一个是自然界里的太阳本身。而且问题可能还更复杂，因为自然界里的太阳作为广延样态，在神内也必然有它的思想样态，即神心内的太阳观念（即斯宾诺莎所谓太阳心灵），这样我们的认识就涉及四个因素：（一）神心内的太阳观念；（二）我们人心内的太阳观念；（三）我们人体关于太阳的生理情状；（四）自然界里的太阳本身。其中（一）和（四）是同一个东西，只是以不同属性表现出来，它们构成一组神内的观念和对象关系；（二）和（三）也是同一个东西，只是以不同属性表现出来，它们构成另一组人心内的观念和对象关系。相对于（二）来说，（三）是它的对象，（四）是它所表象的事物。在斯宾诺莎看来，当我们谈到观念和对象的关系时，我们首先应当明确区分观念所表象的事物和观念的对象，绝不能把观念所表象的事物误认为观念的对象，例如保罗心中的彼得观念，它的对象绝不能是彼得本人，而只能是保罗身体为彼得激动所产生的生理情状，彼得本人只能是保罗心中彼得观念所表象的事物。当然，相对于神心内的彼得观念即彼得心灵来说，彼得本人既是它的对象，又是它所表象的事物。其次，我们也应当区分表象外物给我们的观念和以外物为对象的观念，绝不能把表象外物给我们的观念误认为以外物为对象的观念，例如，我们心内的太阳观念就是一个表象外物给我们的观念，它与神心内的太阳观念——这是一个以太阳本身为对象的观念——是不同的。我们在认识论中谈到观念的真或假时，一般是涉及我们心内的表象外物给我们的观念。

按照斯宾诺莎的看法，以外物为对象的观念和它的对象之间的关系是本体论的关系，即所谓理智的实在（客观本质）和自然的实在（形式本质）之间的同一关系，而表象外物给我们的观念和它所表象的事物之间的关系则是认识论的关系。从本体论来说，一切观念，包括神心内的自然观念以及人心内的身体情状的观念，都有它们的对象，并与之相同一或相结合，因而无所谓它们是否符合它们的对象的真理论问题，但就认识论来说，并非一切观念都与它们所表象的事物相符合。因此，我们的观念虽然都有与其对象相符合的本体论关系，但有与其所表象的事物是否如实表象的认识论关系。这也就是说，我们的观念虽然没有它们是否符合其对象的真理论问题，但有它们是否符合其所表象事物的真理论问题。就此而言，"真观念必定符合它的对象"虽然不是认识论里的真理定义，而是一条本体论的心物同一论公则，但是由于斯宾诺莎区分了观念的对象和观念所表象的事物，这一本体论公则可以变形为认识论里的真理定义，这就是"真观念必定符合它所表象的事物"。这也就是说，斯宾诺莎的真理论仍可以被我们称之为符合论，即凡是如实地表现了它所表象的事物的观念就是真的，凡是不如实地表现了它所表象的事物的观念则是假的。

这一点我们可以从斯宾诺莎对于想象这种认识方式的分析看出来。正如我们前面所说的，想象是一种凭借形象即人体情状的观念而对外的认识。在想象中，我们一般可以区分三个因素：外界事物、认识者的身体情状和认识者关于外界事物的观念。例如，在保罗关于彼得的想象过程中，既有彼得本人和保罗受彼得激动而产生的身体情状，又有保罗心中的彼得观念。按照斯宾诺莎的看法，保罗心中的彼得观念既包含有彼得本人的性质，又包含有保罗自身情状的性质，而且包含自身情状的性质更多于彼得本人的性质，因而它只能是彼得的"形象"，并不是真正复现彼得的形式。他说：

> 譬如说构成彼得的心灵的"彼得"观念，与在别人，譬如说在保罗心中的"彼得"观念间有什么区别。因为前者直接表示彼得本人的身体本质，只有当彼得存在时，它才包含存在；反之，后者毋宁是表示保罗的身体状况，而不是表示彼得的本性，因此只要保罗的身体状态持续着，保罗的心灵即能认识彼得，以为即在目前，纵使彼得并不即在面前。……凡是属于人的身体的情状，例如它的观念供给我们以外界事物，正如即在目前，则我们便称之为"事物的形象"，虽然它们并不真正复现事物的形式。[106]

显然，斯宾诺莎在这里认为通过想象而得到的关于外界事物的观念并不真正复现事物的形式，也就是并不如实地表现它所表象的事物。这就说明在他看来，观念的正确或错误是以它们是否符合它们所表象的事物这一符合论真理定义为根据的。正是基于这一定义，斯宾诺莎紧接着得出结论说：

---

[106] 斯宾诺莎：《伦理学》，贺麟译，商务印书馆，1959年，第59—60页。

由此推知，当人心在自然界的共同秩序下认识事物（即我们现在所谓感性认识），则人心对于它自己、它自己的身体，以及外界物体皆无正确知识，但仅有混淆的片段的知识。因为人心除知觉身体的情状的观念外，不能认识其自身，而人心除了凭借它的身体情状的观念外不能认识它自己的身体，而且人心除了凭借身体的情状的观念外，也不能认识外界物体。所以只要人心具有这种身体情状的观念，则它对于它自身、对于它的身体，以及对于外界物体，都没有正确知识，而仅有混淆的片段的知识。[107]

现在我们可以对斯宾诺莎为什么一方面主张一切观念都是真观念，另一方面又承认虚假或错误观念存在的问题做出回答了。一切观念都是真观念，这是就他的本体论而言的，即一切观念都与它们的对象相同一，但是，如果我们就认识论而言，就并非一切观念都是真观念，有些观念虽然符合它们的对象，却不符合它们所表象的事物。这一点斯宾诺莎在分析错误观念时讲得很清楚，他说："心灵的想象，就其自身看来，并不包含错误，而心灵也并不由于想象而陷于错误，但只是由于缺乏一个足以排除对于许多事物虽不存在而想象为如在面前的观念。"[108] 这意思就是说，当我们在想象时，例如我们想象太阳与我们相距只有二百英尺，如果我们就本体

---

[107] 斯宾诺莎：《伦理学》，贺麟译，商务印书馆，1959年，第66—67页。
[108] 斯宾诺莎：《伦理学》，贺麟译，商务印书馆，1959年，第60页。

论来考虑这种想象的形成，显然它是真的，因为它符合它的对象，即我们身体被太阳距离激动的情状，"即使我们后来知道太阳与我们的距离，在地球的直径六百倍以上，我们仍然想象着太阳离我们很近，因为这并不由于我们不知道它的真距离，而仍然由于我们的身体自身为太阳所影响，而我们的身体的情状即包含有太阳的本质"[109]。但是，如果我们就认识论来考虑这种想象的真理，那么它显然是错误的，因为它并不符合它所表象的事物，即太阳与我们的实际距离，因此它不是正确观念，而是错误观念。在斯宾诺莎看来，认识论里观念的正确或错误仅在于观念与它所表象的事物是否一致，而不在于观念与它的对象是否一致，任何观念虽然都符合它的对象，但并非都符合它所表象的事物，认识论的真理定义只能是真观念必定符合它所表象的事物。

不过，这里有一个问题需要我们注意，即我们人的心灵是否具有正确表象外界事物的真观念呢？因为按照斯宾诺莎的看法，人的心灵是凭借自身情状的观念而认识外界事物的，而人身情状的观念与其说表示物界事物的性质，不如说更多表示人体自身情状的性质，那么人的心灵不是就没有如实表象外界事物的正确观念了吗？情况并不是这样，斯宾诺莎认为，人的心灵虽然具有不正确的观念，但是它也可以具有正确观念。他说："在每个人的心灵中，有些观念是正确的，也有些观念是歪曲的、混淆的。"[110] 按照斯宾诺莎的看

---

[109] 斯宾诺莎：《伦理学》，贺麟译，商务印书馆，1959年，第69—70页。
[110] 斯宾诺莎：《伦理学》，贺麟译，商务印书馆，1959年，第91页。

法，人的心灵具有的正确观念乃是那些关于一切事物共同具有的东西的观念。他说："对于人体和通常激动人体的外界物体所共有和所特有的，并且同等存在于部分和全体内的东西，人心中具有正确的观念。"[11] 对此斯宾诺莎的证明是：既然外物是我们情状的原因，所以我们的情状与外物必有某种共同的东西，因而我们身体情状的观念包含有外物的性质。现在如果有一种东西为人体和激动人体的外界物体所共同具有和特有，并且同等存在于外界物体的部分和全体里，那么人心关于自身情状的观念就一定能正确地表象激动人体的外界事物，因而对于它们的观念就是正确观念。斯宾诺莎的具体论证是这样：

> 设 A 为人的身体与某种外界物体所共有且特有的东西，设 A 同等存在于人的身体内及那些外界物体内，并设 A 同等存在于每一外界物体的部分和全体。则 A 自身的正确观念将存在于神内，就神具有人的身体的观念和就神具有某种外界物体的观念而言。假设人的身体为它和外界物体共同具有的东西所激动，换言之，为 A 所激动，则这种感受或情状的观念将包含 A 的特质，所以这个情状的观念就具包含 A 的特质而言，将正确地存在于神内，就神之作为人的身体的观念而言，这就是说，就神构成人的心灵的本性而言。所以这个情状的观念也正确

---

[11] 斯宾诺莎：《伦理学》，贺麟译，商务印书馆，1959 年，第 71 页。

地在人的心灵中。[112]

正是基于这个理由,斯宾诺莎认为,我们才能具有不同于感性想象认识的理智认识,才能有区别于依照想象次序的依照理智次序去产生观念的正确联系。

但是值得注意的是,在斯宾诺莎这个论证中,我们身体情状的观念之所以正确地表象了外物,并不像一般经验论者所认为的那样,是因为它们直接作为外物的心理图画或形象,而是因为它们的对象即外物激动我们身体所产生的情状与外物有某种共同的东西,而这种共同的东西又同等地存在于外物的部分和全体内。由于我们的观念是这种与外物有某种共同东西的情状的观念,它们就必然客观地包含了外物(作为情状的原因)形式地包含的东西,因而它们正确地表象了外物,从而我们关于外物的观念就是正确的观念。例如,我有一个向我表象太阳的观念,这个观念并不是太阳的直接的心理图画,而是我的身体情状的客观实在,这种情状是太阳激动我的身体所产生的。既然太阳是这种情状的原因,既然原因和结果一定有某种共同的东西(因为"凡是彼此之间没有共同之点的事物,这物不能为那物的原因"),所以太阳和我的身体情状有某种共同的东西,假如这种东西同等存在于外界太阳的部分和全体里,则我的太阳观念就是外界太阳的正确观念。请看下面示意图:

---

[112] 斯宾诺莎:《伦理学》,贺麟译,商务印书馆,1959年,第71页。

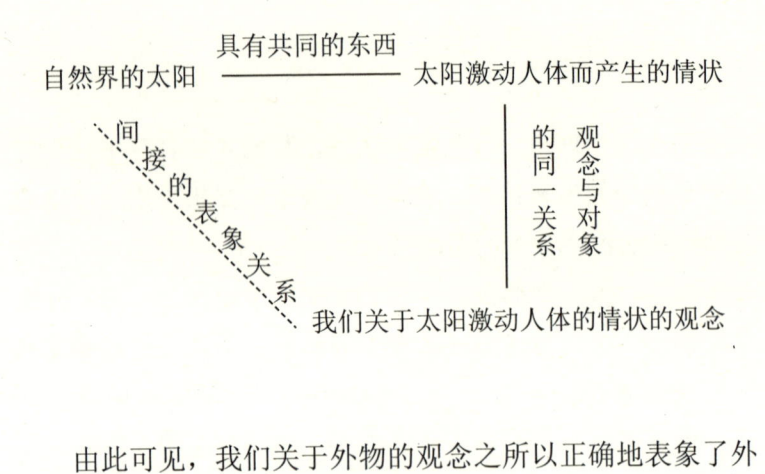

```
               具有共同的东西
   自然界的太阳 ——————— 太阳激动人体而产生的情状
         ╲                      的 观
          ╲间                   同 念
           ╲接                  一 与
            ╲的                 关 对
             ╲表                系 象
              ╲象
               ╲关
                ╲系
                 ╲ 我们关于太阳激动人体的情状的观念
```

由此可见，我们关于外物的观念之所以正确地表象了外物，并不是因为它们是外物的直接反映，而是通过我们的观念与它们的对象（外物激动人体所产生的生理情状）的本体论同一关系，间接表象了它们的对象与外物所具有的共同东西，由于这种共同东西同等存在于外物的部分和全体里，因而正确地表象了外物。因此，当我们说斯宾诺莎的真理论是一种符合论，但这是一种很特殊的符合论，它是通过观念和它的对象的同一来说明观念和它所表象的事物的符合，这可以说是一种唯理论的真理符合论，而不是经验论的真理符合论。

正因为如此，在我们如何知道我们的观念是正确表象外物的真观念这一问题上，斯宾诺莎并不求助于经验和外在的检验，而是直接依据于观念本身的内在性质。他说："真思想的形式必定在思想自身内而不依赖别的东西，并且它不承认所知的对象为原因，而必须依靠知性自身的力量和性质"，"真思想和错误思想的区别不仅在于外表的标志，而主要的乃在于内在的标志"[113]。因此斯宾诺莎在《伦理学》第一部分提出了那条类似于真理定义的本体论公则后，紧接着在第二部分即认识论中就提出不必援引对象的唯理论真理标准，即"正确观念，我理解为单就其自身而不涉及对象来说，就具有真观念的一切特性及内在标志的一种观念"，并强调说"我说内在的标志是为了排除外在的标志即所谓观念与它的对象的符合"[114]。

很长时期，正确观念（idea adaequata）被认为是斯宾诺莎在真观念之外提出的另一种真理定义，以致认为斯宾诺莎真理论除了符合论（the correspondence theory of truth）之外，还存在有融贯论（the coherence theory of truth）。我们认为这是一种误解。其实，正确观念和真观念在斯宾诺莎体系里并不是两种根本不同的观念，而是同一种观念。这一点斯宾诺莎在1675年写给谢恩豪斯的一封信中说得很清楚：

> 我承认，真观念和正确观念，除了"真"这个词表示观念和对象的符合，"正确"这个词表示观念自身的性质外，没有任何其他的区别。所以真观念和正确观念除了这种外在的区别外，实际上根本没有区别。[115]

如果真观念和正确观念是两种根本不同的观念，那么斯宾诺

---

[113] 斯宾诺莎：《知性改进论》，贺麟译，商务印书馆，1960年，第43—44页。
[114] 斯宾诺莎：《伦理学》，贺麟译，商务印书馆，1959年，第41页。
[115] 《斯宾诺莎书信集》，英译本，1928年，第300页。

莎就决不会说它们的区别只是外在的区别，所以它们实际上是没有根本区别的，而且斯宾诺莎在给正确观念下的定义中就明确说明它是"具有真观念的一切特性及内在标志的一种观念"，可见正确观念并不排斥它与其所表象事物之间的符合关系，而是包含有这种符合关系。但是，既然真观念和正确观念是同一种观念，它们之间没有什么根本区别，那么斯宾诺莎为什么在真观念之外又提出正确观念呢？

这个问题可以这样来解释：真观念必定符合它所表象的事物，这是斯宾诺莎唯一给出的真理定义，意即只有符合其所表象的事物的观念才是真观念。但是我们怎样知道我们的观念是符合它们所表象的事物呢？这却不是一个光靠真理定义而可解决的问题。按照经验论的观点，这问题似乎很简单，只要把我们的观念与它们所表象的事物加以比较，就可以确定我们的观念是否真观念。可是按照唯理论的观点，问题却不是这样简单，我们心灵关于外界事物的观念或知识并不是通过心灵直接知觉外物而产生的，而是通过心灵自身的观念而知道的，心灵直接知觉的东西只是心灵自身的观念。就斯宾诺莎的情况来说，心灵乃是通过自身关于外物的生理情状的观念而知觉外物的，因此经验论所谓观念和事物的比较对于唯理论者来说是不可能的，因为我们不能直接感知外界事物，我们关于外界事物的观念或知识，只是通过我们关于它们在我们身体上造成的情状的观念而获得的。但这样一来就有一个问题了，如果我们是通过我们自身的观念而知道它们所表象的事物的，那么我们如何能区分如实表象事物的观念和不如实表象事物的观念呢？也就是说，我们如何能知道我们的观念是正确观念呢？例如，我有一个能动或静的物体的观念，我如何能知道这物体真能动或静呢？因为我并未直接感知这个物体，仅是通过我关于它的观念而知道它的。因此为了考察我们的观念是否正确地表象了它们所表象的事物，我们不能将我们关于该事物的观念同事物本身加以比较。笛卡尔就曾经面临着这个问题，他的答复是靠这样一条原则，即凡是清楚而且明晰地被设想的东西就是真的，清楚性和明晰性被认为是观念完全不依赖于与其表象事物的关系而具有的内在真理标志。一当我们确定了我们的观念具有清楚性和明晰性，我们就能够确信我们的观念是正确表象事物的真观念。由此可见，对于唯理论者来说，我们除了真理定义外，还得有一个真理标准，使我们能根据我们观念的内在性质去确定我们观念的真理性。"标准"（criterium）一词在希腊文和拉丁文里本有判定、检验的方法和途径的意思。

如果我们仔细考察斯宾诺莎论述真观念本身具有不同于虚假或错误观念的内在性质的段落，我们可以清楚看出他正是为了确立这种真理标准而提出正确观念的。例如，他在讲到具有真观念的人必同时知道真观念包含最高的确定性时说：

> 说到这里，我相信已经充分答复了下面的疑问，这些疑问大略如下：如果真观念与错误观念的区别仅在于真观念与它的对象相符合，像前面所说的那样，如此，则真观念岂非并没有高出于错误观念之上的真实性或圆满性吗（因为两者间的区别即仅系于外在的标志）？而且因

此那些具有真观念的人岂不是将没有较高于仅具有错误观念的人的实在性或圆满性吗？再者，为什么人会有错误的观念呢？并且一个人何以能确知他具有与对象相符合的观念呢？⑯

这里斯宾诺莎虽然提出了四个问题，但中心的问题是真观念本身是否就具有高于错误观念的实在性和圆满性，以使我们光凭观念本身的内在性质就可知道该观念是否是与其所表象事物相符合的真观念，斯宾诺莎肯定地答复这一问题。他说：

> 一个人何以能够确知他具有与对象相符合的观念的问题，我也已经屡次说过了，即他知道他的观念符合它的对象，因为他具有一个与对象相符合的观念，或因为真理即是真理自身的标准。此外还可以附加一句，我们的心需，就其能真知事物而言，乃是神的无限理智的一部分，因此，心灵中清楚明晰的观念与神的观念有同等的真实。

由此可见，正确观念是作为从观念内在性质判定我们的观念是否是真观念的真理标准而提出的，正确观念并不是在真观念之外的另一种观念，而本身就是真观念，只不过它是我们人类可以借观念本身内在性质就可判定其为真的真观念。这

---

⑯ 斯宾诺莎：《伦理学》，贺麟译，商务印书馆，1959年，第76页。

一点从"正确观念"(idea adaequata)一词也可看出来，adaequate 源于 adaequatio 动词，在拉丁文里是一个表示具有充分性、圆满性和相当性的形容词，斯宾诺莎之所以选用这一形容词，就是为了表现真观念的内在实在性和圆满性。按照斯宾诺莎的想法，真观念和错误观念本身必有内在性质的根本差别，否则真观念不成其为真观念，错误观念也会被误认为真观念。例如，某人给我描述一个圆，说它的一切直径都是相等的，我毫无疑问地会立即肯定他的圆观念是正确的；但是，假如有人让我想象一个"圆的方"，我就会毫不犹豫地说他的观念是错误的，因为我无论如何想象不出有这样一种圆形，它既是圆的又是方的。观念本身所具有的逻辑清晰性就可以使我判定该观念是真观念，反之，观念本身所具有的逻辑矛盾性就可以使我判定该观念是假观念。按照斯宾诺莎的看法，真观念和错误观念的区分，犹如清醒和梦幻、光明和黑暗的区分。他说："任何掌握真理的人是不会怀疑他掌握真理，而陷于错误的人则会臆想他得到真理，犹如梦呓者会认为他是清醒的，而真正清醒的人绝不会认为他是在梦中一样"[117]，"除了真观念外，还有什么更明白更确定的东西足以作真理的标准呢？正如光明之显示其自身并显示黑暗，所以真理即是真理自身的标准，又是错误的标准"[118]。

---

[117] 斯宾诺莎：《神、人及其幸福简论》，洪汉鼎、孙祖培译，商务印书馆，1987年，第215页。
[118] 斯宾诺莎：《伦理学》，贺麟译，商务印书馆，1959年，第76页。

五、三种知识的理论

在《伦理学》里,斯宾诺莎将人类知识分为三种。第一种知识是指下面两类知识,即:(一)"从通过感官片段地、混淆地和不依理智的秩序而呈现给我们的个体事物得来的观念。因此我常称这样的知觉为从泛泛经验得来的知识";(二)"从记号得来的观念。例如,当我们听到或读到某一些字,便同时回忆起与它们相应的事物,并形成与它们类似的观念,借这些观念来想象事物"。按照斯宾诺莎的说法,这两种考察事物的方式乃是"第一种知识,意见或想象"[119]。

第二种知识是指"从对于事物的特质具有的共同概念和正确观念而得来的观念",这类知识他称之为"理性或第二种知识"[120]。

第三种知识是"由神的某一属性的形式本质的正确观念出发,进而达到对事物本质的正确知识",他把这类知识称之为"直观知识"或"第三种知识"[121]。

第三种知识的划分大体上和《知性改进论》《神、人及其幸福简论》两书中的划分是一致的,只是在《知性改进论》中,他把第一种知识分为两种知识,即所谓"由传闻或者由某种任意提出的名称或符号得来的知识"和"由泛泛的

---

[119] 斯宾诺莎:《伦理学》,贺麟译,商务印书馆,1959年,第73—74页。
[120] 斯宾诺莎:《伦理学》,贺麟译,商务印书馆,1959年,第74页。
[121] 斯宾诺莎:《伦理学》,贺麟译,商务印书馆,1959年,第74页。

经验得来的知识,亦即由未为理智所规定的经验得来的知识"[122],因而成了四种知识,而在《神、人及其幸福简论》里,他有时分为四种知识,有时又把它们概括为三种,即他所谓"意见""信仰"和"清晰的知识"[123]。

在所有这三部著作里,斯宾诺莎都举了一个同样的例子来说明他这三种知识的区别:设有三个数,求第四数,使第四数与第三数之比,要等于第二数与第一数之比。他说人们可能通过三种方式算出这个数:第一种方式是根据从学校老师那里听来而未经证明的公式或根据自己常常计算简单数目的经验算出这个数;第二种方式是根据欧几里得几何学定理,即如四数互成比例,则第一个数与第四个数之积必与第二个数与第三个数之积相等,这是一种根据比例的共同特性,并通过具体演算而得出的知识;第三种方式是不借具体演算而单凭直观,如有 1、2、3 这三个简单数,我们就无须经过演算过程而凭直观就可直接得出第四数是 6,斯宾诺莎说,这是一种"无需任何传闻或经验或推理的技术",仅"通过直观径直地窥察到在一切计算之中的比例"而获得的知识[124]。

从斯宾诺莎所举的这个例子可以看出,他所谓第一种知识,即意见或想象,就是指一种不依理智的秩序而由直接经

---

[122] 斯宾诺莎:《知性改进论》,贺麟译,商务印书馆,1960 年,第 24 页。
[123] 斯宾诺莎:《神、人及其幸福简论》,洪汉鼎、孙祖培译,商务印书馆,1987 年,第 184 页,第 239—240 页。
[124] 斯宾诺莎:《神、人及其幸福简论》,洪汉鼎、孙祖培译,商务印书馆,1987 年,第 183 页。

验和间接传闻而得到的感性知识;他所谓第二种知识,即理性,是一种按照已经证明了的公理或概念进行演算和推理的科学知识;而他所谓第三种知识,即直观,则是一种不借任何演算而单凭直观去洞察事物本质的哲学知识。

按照斯宾诺莎的看法,这三种知识不仅在知识的真实性上各有差别,而且在知识的效用和价值方面也是完全不同的。第一种知识既没有确实性又没有必然性,它通常属错误的知识,从而只能产生与善的理性相对立的激情,第二种知识和第三种知识虽然都是真知识,使我们能辨别真理和错误,然而它们在程度上却是有差别的。第二种知识只能产生一般的抽象的知识,虽然使我们具有善的欲望,但不能帮助我们达到所企求的完善,反之,第三种知识却是强而有力的知识,它能使我们产生真正的笃实的对神的理智的爱,从而使我们达到真正的幸福自由。

三种知识理论可以说是斯宾诺莎认识论的最后结晶,正是通过这三种知识理论,斯宾诺莎从他的认识论过渡到伦理学,最后建立了他的"理智伦理学"。

第一种知识:意见或想象(opinio or imaginatio) 这是一种不依理智的秩序而由直接经验和间接传闻或名号而得到的感性知识。斯宾诺莎曾举了一些例子来说明这种知识,例如由传闻我知道我的生日、我的家世;由泛泛经验我知道我将来必死,因为我看见与我同类的人死去;由泛泛经验我知道油可以助火燃烧,水可以扑灭火,同样,我知道犬是能吠的动物,人是有理性的动物。大体说来,这种知识包括如下七个方面的知识:(一)直接的感官知觉；（二）间接的传闻；（三）泛泛的经验；（四）记忆；（五）由名号而来的知识；（六）由抽象的"共相概念"而来的知识；（七）简单的归纳推理的知识。

斯宾诺莎首先从生理学的角度研究了这种知识的起源。在他看来，这种知识起源于我们身体受到外物的激动，或者说，它是外物激动我们身体所产生的情状的观念。因为我们人体是由许多不同性质的个体所组成，而每一个个体又是由许多复杂的部分所组成，如液质部分、柔软部分和坚硬部分。当外界物体激动人体的液质部分，常常冲击着柔软部分，因而改变了柔软部分的平面，并在这个平面上遗留下一些为那个外物所冲击的痕迹，形成了人体的情状。这样，在人心内就产生了一个关于人体情状的观念，因而人心就对那个激动它的身体的外物形成直接的感性知觉。不过，斯宾诺莎认为，人体的液质部分还可以发生自发地重演运动，也就是说，当外界物体停止对人体的激动时，人体的液质部分可以由自发运动重演其为外界物体所产生的情况，在人体内引起与最初外界物体激动时相同的情状，因而人心在外界物体不存在时也能间接想到该物体。这种没有外界物体激动而在人心内出现的事物间接表象，斯宾诺莎称之为"事物的形象"，而人心在这种方式下去认识事物，斯宾诺莎则称之为"想象"。他说：

> 人心想象一个物体是由于人身为一个外界物体的印象所激动、所影响，其被激动的情况与其某一部分感受外界

物体的刺激时相应。[125]

　　从上面斯宾诺莎关于感性知觉和想象的起源的分析中我们可以看出，感性知觉和想象都与外界物体对人体的激动或刺激有关，感性知觉是在外界物体对人体的激动的当下直接产生的，而想象乃是一种记忆或联想，虽然它不是由于当下外界物体的直接激动，但它是由于外界物体的印象间接的激动或影响。在斯宾诺莎看来，所有我们由传闻、经验、记忆以及由名号得到的知识都属于这种由间接激动或影响所形成的想象之列。不过，这里我们应当注意，虽然斯宾诺莎讲感性知觉和想象与外界物体对人体的激动有关，但这绝不意味着外界物体就是我们感性知觉观念和想象观念的原因。因为按照他的心物两面论，物体不能作用和决定观念的，我们之所以在外界物体激动人体时产生一个关于外界事物的观念，乃是因为外界物体激动人体时在人体内产生了关于外界物体的生理情状，由于人体情状是一个广延样态，因而在思想属于里必有一个与它相对应的思想样态，即关于我们人体情状的观念，我们只是通过这种情状的观念才知觉外界事物的。但也正是由于这种心物同一关系，所以斯宾诺莎说：

　　假如人身在任何情形下不受外界物体影响，则人身的观念，换言之，人心将不在任何情形下被该物体存在的观

---

[125] 斯宾诺莎：《伦理学》，贺麟译，商务印书馆，1959年，第60页。

念所激动,也不在任何情形下知觉该外界物体的存在。[126]

总之,外界事物与人心关于该外界事物的感性知觉观念和想象观念的关系,不是原因和结果的关系,而是同时发生的两面关系。

值得注意的是,斯宾诺莎把通过感官知觉得来的一般或普遍的观念,即他所谓"先验名词"(transcendental terms)和"共相概念"(universal notions),也归之于第一种知识。在他看来,外物激动人体,人体只能同时明晰地形成一定数目的形象,如果超过了这种限度,则这些形象便会混淆起来,如果超过得太多,则所有的形象便将全体混同起来,这样人心将混淆地想象一切物体而不能分辨彼此,仅用一种属性去概括全体,以至产生了像"存在""事物"等这样一些抽象的先验名词。另外,还有一种像"人""马""狗"这样一些所谓共相概念,这些概念虽然不像先验名词那样把全部事物加以混同,还分有人、马、狗等,但它们也是由于部分形象的混淆的结果。按照斯宾诺莎的看法,这些名词和概念的形成乃是依各人身体被激动的常度、各人的爱好和倾向而各有不同,例如凡以赞美态度观察人的人,一提到"人"字,将理解为一玉立的身材,而其他人则根据他们的爱好和倾向形成其他的有关人的共同形象,如能笑的动物、两足而无羽毛的动物或理性的动物。斯宾诺莎说:"这样每个人都可以按照其自己的身体的情状而形成事物的一般形

---

[126] 斯宾诺莎:《伦理学》,贺麟译,商务印书馆,1959年,第65页。

象。无怪乎一些哲学家仅仅按照事物形象来解释自然界的事物，便引起了许多争论。"[127]

综上所述，斯宾诺莎认为第一种知识的根本缺陷在于：（一）偶然性。因为这种知识只是从个人的传闻和个别的经验得来的一些个别的偶然性的知识，它们没有普遍性和必然性。斯宾诺莎说"只要人心常为外界所决定或为偶然的机缘所决定以观认此物或彼物，则人心将不能同时观认多数事物而察见其相同、相异和相反之处"[128]，就是指这种知识的偶然性。（二）主观性。因为这种知识的形成基于人体自身的情状，并且其观念的联系不是依照理智的秩序，而是依照人身中的情状或情感的次序，因此这种知识"都不过是想象的产品罢了，除了仅足以表示想象的情况以外，再也不能表明事物的本性"[129]。（三）现象性。因为这种知识所揭示的不是事物的本质，而是它们的偶然的或表面的现象，他说："不唯这种知识的本质不很确定，没有必然性，而且也没有人可以根据这种知识，对于自然事物，除仅仅发现一些偶性之外，更能发现任何别的东西。"[130] 由于斯宾诺莎得出结论说，第一种知识是混淆的、片段的和不正确的知识，它是"错误的原因"[131]。

不过，我们应当注意，虽然斯宾诺莎说第一种知识是混

---

[127] 斯宾诺莎：《伦理学》，贺麟译，商务印书馆，1959年，第73页。
[128] 斯宾诺莎：《伦理学》，贺麟译，商务印书馆，1959年，第67页。
[129] 斯宾诺莎：《伦理学》，贺麟译，商务印书馆，1959年，第40页。
[130] 斯宾诺莎：《知性改进论》，贺麟译，商务印书馆，1960年，第27页。
[131] 斯宾诺莎：《伦理学》，贺麟译，商务印书馆，1959年，第74页。

淆的、片段的和不正确的知识以及是错误的原因，但他并未否认第一种知识在人类生活中的功用，他说："其实，差不多所有关于实际生活的知识大都得自泛泛的经验。"[132]在他所举的求第四比例数的例子中，他说商人们会立即告诉你他们知道如何求出第四个数，因为他们尚没有忘记从他们的老师那里听来的但未加证明的老法子，另外一些人还可以根据简单数目的经验求得第四数。显然，他们的知识虽然不是精确的数学知识，但它们的功用性是不能否认的。而且我们还可以一般地说，斯宾诺莎虽然认为经验知识可能是错误的来源，但他并不因此而否认经验知识，正相反，他经常援引经验来论证一些逻辑上有可能但不是自明的公设。他说：

> 我不相信我是违背真理，因为我所提出的一切公设，没有什么不符合经验的地方，对于这些符合经验的公设，及当我们既已证明人体存在正如我们所知觉那样之后，我们实在更没有什么可以怀疑的了。[133]

在《伦理学》中我们可以找出许多地方，斯宾诺莎都是强调"经验也像理性一样明白教导我们""人人都可凭经验知道"等语[134]，这充分说明斯宾诺莎并不完全否认经验在认识中的作用。

---

[132] 斯宾诺莎：《知性改进论》，贺麟译，商务印书馆，1960年，第25页。
[133] 斯宾诺莎：《伦理学》，贺麟译，商务印书馆，1959年，第59页。
[134] 斯宾诺莎：《伦理学》，贺麟译，商务印书馆，1959年，第93—95页。

斯宾诺莎这种看法来源于他对错误的分析，按照他的看法，错误既然也是一种观念，它就与无知不同，因而它不是非知识，而只是知识的缺乏（privatio cognitionis）。他说：

> 观念中没有积极的成分足以构成错误的形式。但错误不能是知识的绝对缺乏（因为我们仅说心灵犯错误或起幻觉，而不说身体犯错误或起幻觉），也不能是绝对的无知，因为无知与错误完全是两回事。所以错误只是由于知识的缺乏，这种缺乏是对事物的不正确的知识或不正确的和混淆的观念所包含的。[135]

对一个事物知识缺乏与对一个事物绝对无知根本不同，知识缺乏只是说有一个观念，这个观念不完全，而绝对无知则是根本没有任何观念，因此说错误是知识的缺乏，只是说知识的不全，如果我们的知识从不全到全，从缺乏到完备，那么我们的不正确的观念就能变成正确的观念。斯宾诺莎曾举了一个例子来说明这一点：当我们望见太阳时，我们想象太阳距离我们只有二百英尺远，这错误并不纯在想象，乃起于当我们想象时，我们不知道它的真距离是多少，也不知道想象的原因是什么。一当我们有了这些知识，我们就再不会认为太阳离开我们只有二百英尺远了。所以斯宾诺莎说："心灵的想象，就其自身看来，并不包含错误，心灵并不由于想象而陷入错误，而只是由于缺乏一个足以排除对于许多事物虽

---

[135] 斯宾诺莎：《伦理学》，贺麟译，商务印书馆，1959年，第69页。

不存在而想象为如在面前的观念。"⑯ 按照斯宾诺莎的看法，只要我们认清想象的这种性质，我们还是可以通过想象得到事物的真知识的。

第二种知识：理性（ratio） 这是一种从事物特质的共同概念和正确观念加以理性推导的科学知识。按照斯宾诺莎的看法，第二种知识是逻辑演绎和科学推理的知识，即一种经过演算和推理的知识，它是我们人类所具有的第一种必然是真的知识。

作为第二种知识推理基础的不是人身情状的观念，而是关于事物特质的共同概念和正确观念。所谓共同概念（notiones communes）是指那些表示一切事物所共同具有的且同等存在于部分内及全体内的特质的概念，如广延概念、运动和静止概念，即类似于洛克所谓第一性质的那些概念。按照十七世纪的用法，共同概念就是我们现在所谓的公理，例如斯宾诺莎的朋友梅耶尔在为斯宾诺莎的《笛卡尔哲学原理》一书所写的序言中，就把公设、公理与心灵的共同概念等同使用。这种用法最早来源于欧几里得，因为在欧几里得的几何学原本里，公理被称之为共同概念。而所谓关于事物特质的正确观念，是指那些表示人体和经常作用于人体的外物所共同具有的并且同等存在于部分和全体内的特质的概念。这种正确观念与上述共同概念的区别，就在于它们不是关于一切事物所共同具有的特质的概念，而是关于其中一部分经常作用人体的事物和人体所共同具有的特质的概念。共

---

⑯ 斯宾诺莎：《伦理学》，贺麟译，商务印书馆，1959 年，第 60 页。

同概念可以说是具有绝对普遍应用的一般公理或规则,反之,事物特质的正确观念则是具有有限应用范围的特殊公理或规则。

按照斯宾诺莎的看法,关于事物特质的共同概念和正确观念,既然都是或者表示一切事物所共同具有的且同等存在于部分和全体内的东西,或者表示人体和激动人体的外物所共同具有的且同等存在于部分和全体内的东西的概念,所以它们都与第一种知识的人身情状的观念(形象)和共相概念不同,它们不具有主观性和片面性,而具有普遍性和客观性,因而可以为我们正确所认识。斯宾诺莎写道:"只有为一切事物所共同具有的且同等存在于部分和全体内的东西才可正确地被认识"[137],"对于人体和通常激动人体的外界物体所共有和所特有的,并且同等存在于部分和全体内的东西,人心中具有正确的观念"[138]。

相对于第一种知识来说,第二种知识有三个明显的特征:(一)必然性。第二种知识因为是从关于事物特质的共同概念和正确观念出发进行理性推导而得到的知识,而所谓理性推导即不是依据人身情状的秩序,而是依据人人皆相同的理智秩序,所以这种知识就不是偶然性的知识,而是必然性的知识。斯宾诺莎说:"理性的本性不在于认为事物是偶然的,而在于认为事物是必然的。"[139](二)普遍性。第二

---

[137] 斯宾诺莎:《伦理学》,贺麟译,商务印书馆,1959年,第70页。
[138] 斯宾诺莎:《伦理学》,贺麟译,商务印书馆,1959年,第71页。
[139] 斯宾诺莎:《伦理学》,贺麟译,商务印书馆,1959年,第77页。

种知识因为是从一切事物所共同具有的或人体与外物所共同具有的特质的观念进行理性推导而来的知识，所以这种知识必然具有普遍性，也就是说，从具有普遍性的观念得来的观念，也必然具有普遍适用性。（三）客观性。第二种知识推导的基础观念不是主观性的人身情状的观念，而是事物特质的共同概念和正确观念，而且其推导的秩序不是主观性的人身情状的次序，而是与事物本性相符合的理智次序，所以这种知识必然具有客观性。所以我们可以说，从第一种知识到第二种知识，乃是从逻辑上毫无相关的印象和混淆的观念到逻辑上相关的清楚的命题和正确的观念，是从依人身情状的次序的认识方式到依理智秩序的认识方式，是从个别的主观的偶然的知识到普遍的客观的必然的知识。第二种知识相对于第一种知识来说，当然是高一级的知识。

不过，按照斯宾诺莎的看法，第二种知识仍有两个基本的局限性：首先，这种知识是抽象的和一般的。作为第二种知识推理基础的是关于事物共同特质的共同概念和正确观念，这种概念和观念因为是表示事物共同具有的特质，因而不能表示个别事物的本质。斯宾诺莎说："凡一切事物所共同具有的，且同等存在于部分和全体内的，并不构成个体事物的本质。"[⑩]例如，运动和静止虽然为一切事物所共同具有，但它们不能构成任何一个个体事物的本质，否则一切事物就没有质的差别了。斯宾诺莎之所以用"共同的特质"（common propria）一词，就是为了有别于事物的本质

[⑩] 斯宾诺莎：《伦理学》，贺麟译，商务印书馆，1959年，第70页。

（essence）。由于第二种知识是关于事物的共同特质而不是关于个体事物的本质的知识，所以这种知识只能是抽象的和一般性的知识。其次，斯宾诺莎认为第二种知识由于取消了个别性而不能感动人，因而它的论证不是那样"亲切有力"。他说："我想我们值得在这里提到这一点，以便借这个例子表明，对个体事物的直观知识或者所谓第三种知识有什么力量，并且较之那种一般性的知识或我所谓第二种知识是如何更强而有力。因为虽然在第一部分里，我曾经一般地证明一切的一切，其本质和存在都依存于神，那种证明，虽然正确无可置疑，但是究竟不能感动我们的心灵，不像我们从依存于神的个体事物的本质自身直接推论出来那样亲切有力。"[141]

第三种知识：直观知识（scientia intuitive） 这是一种直接从神的某种本质的正确观念出发而达到对事物本质认识的哲学知识。这是斯宾诺莎心目中最完善的知识，是"心灵的最高德性"[142]。

按照斯宾诺莎的看法，事物被我们认为是真实的，不外两种方式："或者是就事物存在于一定的时间及地点的关系中去加以认识，或者是就事物被包含在神内，从神圣的自然之必然性去加以认识。"[143]前一种方式显然是指通常的科学知识，即他所谓第二种知识，而后一种方式则是真正的哲学

---

[141] 斯宾诺莎：《伦理学》，贺麟译，商务印书馆，1959年，第243—244页。

[142] 斯宾诺莎：《伦理学》，贺麟译，商务印书馆，1959年，第239页。

[143] 斯宾诺莎：《伦理学》，贺麟译，商务印书馆，1959年，第239页。

知识，即他所谓第三种知识。这种知识最根本的特征是直接从神的本质的正确观念出发，进而达到对个体事物本质的直观。正如我们前面所述，第二种知识，虽然也是真知识，但是一般的和抽象的知识，它不能达到对个别事物的真正本质的认识。要达到对个别事物真正本质的认识，只有通过第三种知识即哲学知识，因为这种知识是从神与物、神与人即所谓天人关系来揭示个体事物的真正本质。我们知道，在斯宾诺莎自然系统里，个别事物只是神的属性的样态，离开了神，个别事物既不能存在又不能被认识，因而要理解个别事物的真正本质，只有从神的属性的本质的观念出发。因此第三种知识乃是从个别事物的真正第一因来认识个别事物的认识方式。

对于这种知识，我们首先应当认识到，它是从第二种知识发展而来的，是从第二种知识所没有达到的对于个别事物真正本质的认识开始的，而不是一种突如其来的神秘灵感，犹如新柏拉图主义所宣扬的神秘知识。斯宾诺莎说"这种知识是由神的某一属性的形式本质的正确观念出发，进而达到对事物本质的正确知识"，这个定义本身就表明它与第二种知识是同样的推理知识。它与第二种知识不同的地方，只在于它的出发点不是那些表示事物共同具有的特质的共同概念和正确观念，而是神与事物、神与人的关系，用我们现在的话来说，即事物和人在自然中的地位，与整个自然界的关系。第三种知识的根本点，就是从整个自然或宇宙观看一切事物，用斯宾诺莎典型的话来说，就是"在永恒的形式下认识事物"。他说：

在永恒的形式下以认识事物,即是就事物通过神的本质被认作真实存在去加以认识,或者就事物通过神的本质而包含存在去加以认识。[144]

斯宾诺莎把第三种知识称之为"直观知识","直观"一词在这里究竟指什么呢?斯宾诺莎自己似乎没有明确的说明,不过我们可以根据他举的关于直观知识的例证做一些探索。在他叙述了想象和理性是如何求第四个比例数之后,他说:"但是要计算最简单的数目,这些方法全用不着,譬如,有1、2、3三个数于此,人人都可看出第四比例数是6,这比任何证明还更明白,因为单凭直观,我们便可看到由第一个数与第二个数的比例,就可以推出第四个数。"[145]这就是说,这几个数是如此简单,以致我们不需要经过间接演算的具体过程,就能从第一数与第二数的比例中直接推出第四数。由此可见,这里所谓直观,并不是指毫无推理的纯粹直觉,而也是一种推理,只是这种推理是这样熟练,以致可以不需要做任何间接的演算过程而就能直接推出结论。因此我们可以说,斯宾诺莎这种直观既不同于康德所讲的直观,也不同于柏格森所讲的直觉。康德所谓直观,是人们把先天的感性形式(时间和空间)加诸客观世界的主观创造活动;柏格森所谓直觉,是指一种排斥任何理性分析的神秘体验。它们都是排斥推理的,而斯宾诺莎的直观则是一种科学

---

[144] 斯宾诺莎:《伦理学》,贺麟译,商务印书馆,1959年,第240页。
[145] 斯宾诺莎:《伦理学》,贺麟译,商务印书馆,1959年,第74页。

的直观，它本身包含着直接推理。这一点斯宾诺莎是明确承认的，在谈到第二种知识不能感动人时，他说它"不像我们从依存于神的个体事物的本质自身直接推理出来那样亲切有力"[146]。所以我们可以把斯宾诺莎的直观知识理解为在理性知识长期积累基础上，特别是在数学直观的影响下所形成的一种直接推理性的知识。

第三种知识除了其明显的直观特征外，还有一个更为重要的特征，即它是心灵的最高德性，是最完善的伦理知识。斯宾诺莎写道：

> 从第三种知识可以产生心灵的最高满足。心灵最高的德性在于知神或在于依据第三种知识来理解事物。心灵愈善于依据这种知识来理解事物，那么心灵的这种德性愈大。所以谁能依据这种知识来理解事物，谁就能发展到最高的完善。[147]

斯宾诺莎为什么赋予第三种知识以这种最高的伦理价值呢？因为在他看来，不论我们依据第一种知识，还是依据第二种知识，来理解事物，我们都局限于与认识对象的被动关系，认识对象始终是与认识主体对立的；反之，当我们依据第三种知识来理解事物时，认识对象与认识主体的对立关系消灭了，认识不再是与认识主体无关的被动行为，而是成了认识

---

[146] 斯宾诺莎：《伦理学》，贺麟译，商务印书馆，1959年，第244页。
[147] 斯宾诺莎：《伦理学》，贺麟译，商务印书馆，1959年，第238页。

主体实践生活的指南,成了我们获得得救、幸福和自由的手段。斯宾诺莎说:"一个人获得这种知识愈多,便愈能知道自己,且愈能知神,换言之,他将愈益完善,愈益幸福。"[148] 这就是说,如果我们愈能了解自然,认识自然,我们就愈能了解我们在宇宙中的地位,了解我们的使命,以及了解我们完成自己使命的方法和途径,因而我们就愈能完成自己的神圣使命,我们就愈能获得自由和幸福,愈能达到我们的最高完善。

至此,我们可以对斯宾诺莎的三种知识理论作一简单的概括:第一种知识是通过直接经验和间接传闻而来的感性知识,它起源于身体受外界物体的偶然激动,它具有偶然性、主观性和现象性,是我们产生错误的原因。我们日常生活中的知识大部分就是这种类型的知识。第二种知识是基于事物共同特质的共同概念和正确观念而产生的间接推理知识,虽然相对于第一种知识来说,它具有必然性、客观性和普遍性,并且是真知识,但它仍是抽象的和一般性的知识,通过它不能达到我们的心灵的最高完善。这种知识也就是我们一般所谓自然科学知识。第三种知识是从神的本质属性来理解个别事物的本质所产生的知识,它既能摆脱第一种知识的偶然性、主观性和现象性,又能扬弃第二种知识的抽象性和一般性,使科学知识的普遍性和必然性与感性知识的直接性和具体性相结合,达到个别和一般、具体和抽象、主观和客观的统一,因而达到了最高的知识境界。这种知识就是斯宾诺莎心目中最完善的科学和伦理相结合的哲学知识。

---

[148] 斯宾诺莎:《伦理学》,贺麟译,商务印书馆,1959年,第240页。

第六章　伦理学

现在我们考察斯宾诺莎的伦理学。按照斯宾诺莎的看法，这是他的全部哲学的最终目的所在。在他看来，哲学研究绝不是仅仅获得知识，更重要的是以这种知识来指导人的行为和道德实践，求真必以至善为目的，知识需要与实践相统一，本体论、认识论最终必须落脚在伦理学上。哲学家在这里给自己规定的任务是：研讨情感的起源和性质，以及理性的力量，以便"指出理性有什么力量可以克制情感，并且指出什么是心灵的自由和幸福"[①]。换言之，他想通过对人类情感和行为的原因和性质的考察，指出一条达到人类自由和幸福的道路或途径。

按照斯宾诺莎的看法，在研讨人类的情感和生活方式诸伦理问题时，普遍存在一种理想主义批判观点。按照这种观点，自然界的人类不是遵守自然界共同规律的自然事物，而是某种超出自然界之外的"王国中的王国"，他们可以不受自然界普遍规律的支配，自己有绝对的力量控制自己的行为。所以一当持这种观点的人看到人们软弱无力和变化无常

[①] 斯宾诺莎：《伦理学》，贺麟译，商务印书馆，1959年，第220页。

时，他们不把原因归结为自然的共同力量，而归结于人性中的缺陷，从而对人类表示悲哀、嘲笑、蔑视和诅咒。斯宾诺莎认为，这种对人类情感和行为不求理解而一味嘲笑或诅咒的人是不可能真正指出人心何以克制情感的。他说：

> 诚然，有不少著名的人物曾经写了许多优秀的东西来讨论正当的生活方式，并给予人们不少具有充分智慧的箴言，但是就我所知，还没有人曾经规定了人的情感的性质和力量，以及人心如何可以克制情感。②

甚至像笛卡尔那样大名鼎鼎的人，斯宾诺莎也认为，他的做法"除了表示他的伟的机智外，并不足以表示别的"③。因此，斯宾诺莎认为，他需要另辟蹊径来研讨人类的情感和行为。在他看来，人类本身只是遵守自然界共同规律的自然事物，因而他们的一切情感和行为正如其他一切自然事物一样，皆出于自然的必然性，即使他们的情感和行为在我们看来是有缺陷的，我们也不能对他们加以嘲笑和蔑视，而应当冷静地、客观地指出这些情感和行为的原因，找出摆脱这些情感和行为的正确方法。斯宾诺莎说他要按照几何学方法来研究人们的缺陷和愚昧，并用理性的方式证明这些缺陷和愚昧产生的原因，犹如几何学家考察线、面和体积一样。他说：

---

② 斯宾诺莎：《伦理学》，贺麟译，商务印书馆，1959年，第89页。
③ 斯宾诺莎：《伦理学》，贺麟译，商务印书馆，1959年，第89页。

在自然界中，没有任何东西可以说是起于自然的缺陷，因为自然是永远和到处同一的。自然的力量和作用，亦即万物按照它们而取得存在，并于一些形态变化到另一些形态的自然的规律和法则，也是永远和到处同一的。因此也应该运用同一的方法去理解一切事物的性质，这就是说，应该运用普遍的自然规律和法则去理解一切事物的性质。因此，仇恨、愤怒、嫉妒等情感就其本身看来，正如其他个体事物一样，皆出于自然的同一的必然性和力量。所以它们也有一定的原因，通过这些原因可以了解它们，它们也有一定的特性，值得我们加以认识，正如我考察任何别的事物的特性一样，在单独地考察它们时可以使我们得到快乐。所以，我将采取我在前面两部分中考察神和心灵的同样的方法来考察情感的性质和力量，以及人心征服情感的力量，并且我将要考察人类的行为和欲望，如同我考察线、面和体积一样。④

这种观点，我们可以叫作自然主义描述观点，以同理想主义批判观点相区别。它的根本特征是冷静而客观地观察和分析人类的情感和人类的行为，而不做任何从理想规范出发的抽象的价值评判，因为一切事物皆出于自然的永恒必然性，整个自然界根本不存在任何合目的性和理想性。因此我们不可能根据一个客观的价值标准去判断一物是好的，另一物是坏的，自然事物本身就是它本身那样，它无所谓善或恶、圆满

---

④ 斯宾诺莎：《伦理学》，贺麟译，商务印书馆，1959年，第90页。

或不圆满。

这样，我们就碰到了斯宾诺莎伦理学的一个最大的难题，即自然主义描述立场和伦理学道德规范要求的矛盾。因为按照自然主义描述观点，我们是不可能对人类的情感和行为做出价值评判的，事物本身不存在善或恶、圆满或不圆满。所谓"善"或"恶""圆满"或"不圆满"无非只是我们想象的产物，而不表示事物的任何真实本性。这实际上就是否定了任何道德判断的可能性，也就是否定了有作为道德规范的伦理学的存在。但是，伦理学本身却是一个道德规范的体系，它需要建立人性的理想，也需要有按照这种人性理想来判断人类行为的好或坏的可能性，也就是说，它需要有"善"和"恶"、"圆满"和"不圆满"这些伦理道德规范概念，否则一种作为道德规范的伦理学无从建立。

因此，在我们研讨斯宾诺莎的伦理学之前，我们必须首先考察他的"圆满性"和"善"的概念，我们必须首先弄清楚他是在什么意义上允许自己讲到"善"和"恶"、"圆满"和"不圆满"、"德行"和"恶行"，以及"理想的"人性和"理想的"人性生活。

首先，我们必须知道，在斯宾诺莎整个自然系统里是不存在圆满和不圆满、善和恶的。整个自然界是被永恒的必然性所决定，它根本不存在有任何合目的性，或用斯宾诺莎自己的话来说，那个我们称之为神或自然的永恒无限的本质，"其动作正如其存在一样皆基于同样的自然的必然性，……

神不为目的而存在，神也不为目的而动作"⑤。换言之，神或自然的实在性就具有它可能具有的一切，它的绝对必然性和充实的存在性就构成了它的完全性。如果我们说神或自然包含有继续实现目的和理想的可能性，那么我们实际上就否认了神或自然具有绝对的必然性和完全的实在性。因此，我们所谓以目的和理想为标准的"圆满"和"不圆满"、"善"和"恶"概念绝不是表示自然事物的真实本性的概念，而是我们想象的产物，也就是说，是我们在比较事物过程中人为地形成的"想象存在物"。斯宾诺莎写道：

> 一般人所习于用来解释自然的那些观念，都不过是些想象的产品罢了，除了仅足以表示想象的情况以外，再也不能表明事物的本性。因为这些观念有名称，好像是表示那离想象而独立存在的事物，所以我只好称它们为想象存在物，而非理性存在物。⑥

斯宾诺莎在《伦理学》第四部分序言里一开始就分析了"圆满"和"不圆满"这两个概念或名词的起源。在他看来，这两个名词皆来源于我们心灵的两种习惯，一种是惯以作者的意图或目的去考察作品的习惯，认为凡是实现了作者意图或目的的作品都是圆满的，凡是未实现作者意图或目的的作品都是不圆满的；一种是惯以我们关于事物的一般观念

---

⑤ 斯宾诺莎：《伦理学》，贺麟译，商务印书馆，1959年，第155页。
⑥ 斯宾诺莎：《伦理学》，贺麟译，商务印书馆，1959年，第40页。

去考察事物的习惯,认为凡是符合我们关于那类事物的一般观念的事物都是圆满的,反之,凡是不符合我们关于那类事物的一般观念的事物则是不圆满的。斯宾诺莎说前一种习惯形成了这些名词的原始意义,而后一种习惯构成了这些名词后来发展的意义。他写道:

> 如果有人打算做一件事,并且业已完成这事,则他的工作便称为圆满,不仅他自己,只要任何人确实知道或相信自己知道,做那事的人的主意和目的,都会称他的工作为圆满。例如,我们看见一件工程(假定这工程的未完成),如果我们知道主持这工程的人的目的是在建筑一所房子,则我们就会说这所房子不圆满或尚未完成。反之,只要我们看见这所房子已经依照主持者的计划建筑完竣,则我们便会称这所房子为圆满。但是假如我们看见一个从来没有见过的工程,并且假如我们也不知道那工程师的主意,于是我们就不能断言这件工程是圆满或不圆满的了。这似乎就是圆满和不圆满这两个名词的原意。但是后来人们逐渐形成一般的观念,想出一些房屋、楼台、宫殿等模型,并且喜好某些类型的事物而厌弃别种类型的事物。因此每一个人称一物为圆满,只要这物符合他对于那类事物所形成的一般观念,反之,他将称一物为不圆满,如果这物不十分符合他对于那类事物所预先形成的模型,虽说按照制造者的本意,这物已经是圆满地完成了的。这似乎就是圆满和不圆满两概念何以常常会被应用于不经人手制造的自然事物上面的

唯一原因。因为人对于自然和人为的事物,总是习于构成一般的观念,并且即认为这种观念为事物的模型,他们而且又以为自然(他们相信自然无论创造什么东西,都是有目的的)本身即意识到这些模型,而且把它们提出来作为事物的型式。所以当人们看见一件自然事物,不完全符合他们对于那类事物所构成的型式,他们便以为自然本身有了缺陷或过失,致使得那事不圆满或未完成。⑦

在斯宾诺莎看来,我们心灵这样一种应用圆满和不圆满等概念于自然事物的习惯,并不是基于对自然事物的一种真知灼见,而是起源于我们心灵的想象或成见。他说:"由此可见,应用圆满和不圆满等概念于自然事物的习惯,乃起于人们的成见,而不是基于对于自然事物的真知。因为在本书第一部分的附录里,我已经指出自然的运动并不依照目的,因为那个永恒无限的本质即我们所称为神或自然,它的动作都是基于它所赖以存在的必然性,像我所指出的那样,神的动作正如神的存在皆基于同样的自然的必然性。所以神或自然所以动作的原因或根据和它所以存在的原因或根据是一样的。既然神不为目的而存在,所以神也不为目的而动作。神的存在既然不依据擘画或目的,所以神的动作也不依据擘画或目的,因此所谓目的不是别的,乃即是人的意识,就意识

---

⑦ 斯宾诺莎:《伦理学》,贺麟译,商务印书馆,1959年,第154—155页。

被认为是支配事物的原则或原因而言。譬如,当我们说供人居住是这一所房子或那一所房子的目的因,我们的意思只是说,因为一个人想象着家庭生活的舒适和便利,有了建筑一所房子的欲望罢了。所以就造一所房子来居住之被认作目的因而言,只是一个特殊的欲望,这个欲望实际上是建筑房子的致动因,至于这个致动因之所以被认作第一因,乃由于人们通常总是不知道他们的欲望的原因。"⑧ 由此斯宾诺莎得出结论说:

> 我们之所以认为一物是圆满的,另一物是不圆满,乃是我们自己意识想象的产物,圆满和不圆满其实只是思想的样式,这就是说,只是我们习于将同种的或同类的个体事物彼此加以比较而形成的概念。⑨

同样,"善"和"恶"的概念在斯宾诺莎看来,也不表示事物本质的积极性质,它们只是思想的样式,即同样也是我们为了适应自己需要而在比较事物过程中形成的概念。斯宾诺莎说:"只要人们相信万物之所以存在都是为了人用,就必定认其中对人最有用的为最有价值,而对那能使人最感舒适的便最加重视。由于人们以这种成见来解释自然事物,于是便形成善恶、条理紊乱、冷热、美丑等观念。"⑩ 由于

---

⑧ 斯宾诺莎:《伦理学》,贺麟译,商务印书馆,1959年,第155页。
⑨ 斯宾诺莎:《伦理学》,贺麟译,商务印书馆,1959年,第156页。
⑩ 斯宾诺莎:《伦理学》,贺麟译,商务印书馆,1959年,第38页。

善恶概念乃是基于人们自身的感受和爱好而形成的,而事物本身是无所谓善恶的,因而善恶概念完全是相对的,不仅每个人对于什么是善什么是恶有各自不同的标准,而且即使标准相同,同一事物对于不同的人来说也会是善恶不同的。斯宾诺莎说:

> 每一个人都是依据他的情感来判断或估量什么是善,什么是恶,什么是较善,什么是较恶,什么是最善,什么是最恶。所以那贪婪的人,称金钱富足为最善,金钱缺乏为最恶;那虚荣心重的人所欲求的无过于荣誉,所畏惧的无过于羞辱;而那嫉妒心重的人看来,没有比他人的不幸更能令他快乐,亦没有比他人的幸福更能令他不安,也就像这样,每一个人总是全凭他的情感来判断一物的善或不善,有用或无用。⑪

而且"同一事物可以同时既善又恶,或不善不恶。譬如,音乐对于愁闷的人是善的,对于哀痛的人是恶,而对于耳聋的人则不善不恶"⑫。

"圆满""不圆满""善"和"恶"这些概念或名词既然是人们凭借自己的情感和爱好而形成的思想样式,是人们想象的产物,那么,我们是否在任何领域内都不需要这些观念呢?看来情况并非如此。斯宾诺莎在谈到人的理想生活

---

⑪ 斯宾诺莎:《伦理学》,贺麟译,商务印书馆,1959年,第121页。
⑫ 斯宾诺莎:《伦理学》,贺麟译,商务印书馆,1959年,第156页。

时，他说我们仍需要这些概念，而且还要对它们加以明确的定义，以致我们有可能建立规范的伦理学："但事实虽然如此，对于这些名词，我们必须保持。因为既然我们要为我们自己构成一个人的观念，以作人性（或人格）的模型，那么在我上面所提到的意义下，保持这些名词，也不无益处。"[13] 这里我们应特别注意斯宾诺莎说"在我上面所提到的意义下"一句，因为从上述斯宾诺莎关于这些概念的意义的分析，我们可以看到，他是从自然事物的自在和自为（in and for itself）这方面而言的，即认为自然事物在自身和自为方面是无所谓善或恶的、圆满或不圆满的，因此这些概念不表现自然事物的自在和自为的本质。但是他并没有否定这些概念可以表现自然事物的为我们（for us）的本质，即表现该事物在我们看来——特别是当我们处于某种任务的情况下——的本质。事实上，如果我们摆脱个人的私有情感和成见，而从全人类的共同利益考虑，我们是可以揭示事物的这种为我们的本质。我们在伦理学中的一切努力就是建立一种为我们的人性理想或人类生活模型，并且按照这种人性理想或模型判断事物是否圆满或不圆满、善或恶，以便促成我们更接近这种理想或模型。因此这些概念虽然在自然系统里是不需要的，但这并不等于说，这些概念在伦理系统里也没有地位。事实正相反，由于伦理学本身是要构造人性的理想，并以此种理想作为标准评价人的思想和行为，我们在伦理学里是需要这些概念的，假如没有这些概念，我们的伦理学也就无从

---

[13] 斯宾诺莎：《伦理学》，贺麟译，商务印书馆，1959年，第156页。

建立。因此，斯宾诺莎在他的《伦理学》一书中不仅使用了"善"和"恶"、"圆满"和"不圆满"这些概念，还明确地给它们下了这样的定义：

> 在下文中所谓善是指我们所确知的任何事物足以成为帮助我们愈益接近我们所建立的人性模型的工具而言，反之，所谓恶是指我们所确知的足以阻碍我们达到这个模型的一切事物而言。再则，我判断人的圆满或不圆满，完全以那人较多或较少接近这个模型的程度为准。[14]

现在的问题可以集中于所谓人性的理想或人性的模型上了。也就是说，我们是否可能建立一种普遍为人们赞同的共同的人性理想或人性模型呢？因为从上述关于"圆满""不圆满""善"和"恶"这些名词的起源的分析中我们可以看到，它们都是依赖于人们的想象、情感和看法的，但是每一个人的想象、情感和看法是不同的，而且随时可以改变的，因此每一个人都有自己随时可改变的圆满和不圆满、善和恶的标准，每一个人都有自己随时可改变的理想的人性模型，那么我们怎么能建立一种为所有人普遍赞同的永久的人性理想或人性模型呢？这一点斯宾诺莎是清楚看到的，他说："同一对象对于不同的人，可以引起不同的情感，同一对象对于同一个人在不同的时间内，可以引起不同的情感。……既然各人判断什么是善、什么是恶、什么是好、什么是坏，

---

[14] 斯宾诺莎：《伦理学》，贺麟译，商务印书馆，1959年，第157页。

皆以他自己的情感为准,由此可以推知,人们意见之不同,正如他们的情感之各异。"[15] 由此可见,如果我们不可能建立一种普遍为人们所赞同的共同的永久的人性理想,上述这些道德伦理概念的性质和界限也是不清楚,从而以它们为基础的规范伦理学也就无从建立起来。

要答复这一问题,我们必须回忆斯宾诺莎的《知性改进论》一书的导言,因为在这里斯宾诺莎一开始就提出了这一问题,他说:

> 当我受到经验的教训之后,才深悟得日常生活所习见的一切东西,都是虚幻的、无谓的,并且我又确见到一切令我恐惧的东西,除了我的心灵受它触动外,其本身既无所谓善,亦无所谓恶,因此最后我就决意探究是否有一个人人都可以分享的真正的善,它可以排除其他的东西,单独地支配心灵。这就是说,我要探究究竟有没有一种东西,一经发现和获得之后,我就可以永远享有连续的、无上的快乐。[16]

经过他的深思熟虑,斯宾诺莎最后得出这样一种为人们普遍赞同并且人人皆可分享的至善或人性理想是可能建立的,因为虽然善和恶这些概念只具有相对的意义,同一事物

---

[15] 斯宾诺莎:《伦理学》,贺麟译,商务印书馆,1959年,第128—129页。
[16] 斯宾诺莎:《知性改进论》,贺麟译,商务印书馆,1960年,第18页。

在不同的观点下可以叫作善,亦可以叫作恶,可以叫作圆满,也可以叫作不圆满,但是人作为自然的一部分,在身心结构上大致是相似的,所受的外来的影响也大致相同。如果我们摆脱自己个人的情感,既不依人身情状的次序,而依人人皆相同的理智次序去观认事物,那么我们是可以建立人们普遍赞同并且人人可分享的人性理想的。事实上必有一些东西为大多数正常的人所欲求或喜爱,另有一些东西为大多数正常的人所反对或憎恶。因此斯宾诺莎说,人可以为自己"设想一个远较自己坚强的人性,而又见到自己并没有不能达到这种人性或品格的道理,于是便从事于工具的寻求以引导他达到这种完善境界,而认为凡是足以帮助到这种完善的工具为真善。但至善乃是这样一种东西,人一经获得之后,凡是具有这种品格的其他个人也都可以同样分享。至于这种品格是什么性质,我将于适当地方指出,简单说来,它是人的心灵与整个自然相一致的知识"[17]。

　　这里很清楚,斯宾诺莎把建立共同的人性理想或至善的可能性建筑在人的心灵的知识基础上,也就是说,虽然人的情感和意见各异,不能有共同的善恶标准和人性理想,但是,如果人的心灵都具有了与整个自然相一致的知识,那么基于这种知识的而不是基于情感的共同的善恶标准和人性理想是可能建立的,所以他提出:"为了达到这种目的,我们必须充分了解自然,以便足够使我们达到上述品格,并且还有必要组成这样一种社会,以便利于促进可能多的人尽可能

---

[17] 斯宾诺莎:《知性改进论》,贺麟译,商务印书馆,1960年,第21页。

容易而且确定地达到这种品格。"[18]

这就是斯宾诺莎伦理学追求的目标,"善"就是人性本身的状态或条件,善的理想就是我们设想的一种远比我们自己坚强的理想人性状态,而至善就是达到这样一种境界,以致每一个人都能共同实现这种理想的人性状态,即实现我们理智认为最好的人性状态。这种理想的人性状态就是我们心灵与整个自然相一致的知识,我们最高的幸福或福祉就在于这种知识。斯宾诺莎这种伦理学我们可以简称之为"理智的伦理学"。

一、身心同一理论

斯宾诺莎在阐述他的伦理观点时,首先提出他的身心同一理论。

正如我们在前面论述斯宾诺莎的形而上学体系里所说的,在斯宾诺莎的自然系统里,广延和思想只是同一个实体的两种不同属性,对于广延属性的每一个样态,在思想属性里都有一个思想样态与它相对应,反之,对于思想属性的每一个样态,在广延属性里也都有一个广延属性与它相对应。思想和广延虽然是两个根本不同类的属性,一个不能决定另一个,"物体不能限制思想,思想也不能限制物体",当事物被认作思想的样态时,我们必须单用思想这一属性来解

---

[18] 斯宾诺莎:《知性改进论》,贺麟译,商务印书馆,1960年,第22页。

释,反之,当事物被认作广延的样态时,我们则必须单用广延这一属性来解释。但是,正如思想的实体和广延的实体不是两个实体,而是同一个实体,每一个广延样态和与它相对应的思想样态,或者每个思想样态和与它相对应的广延样态,也不是两个样态,而是同一个样态。因此无论我们借样态这一属性,还是借思想这一属性来认识自然,我们还总会发现同一的因果秩序或同一的事物连续。

同样,人作为实体的有限样态,人的身体是广延属性的样态,而这个样态在思想属性里的对应物就是人的心灵,反之,人的心灵是思想属性的样态,而这个样态在广延属性里的对应物就是人的身体。正如思想和广延是两个不同类的属性,思想不能决定广延,广延不能决定思想,人的心灵不能决定人的身体使其动作,人的身体也不能决定人的心灵使其思想,但是,正如思想样态和与它相对应的广延样态不是两个样态,而是同一个样态,只是从不同的属性去了解罢了,人的心灵和人的身体也不是两个东西,而是同一个东西,只不过是以两种不同的属性表现出来罢了。人的心灵是人这个有限样态在思想属性里的表现,反之,人的身体则是人这个有限样态在广延属性里的表现,但不管是以身体这个广延样态表现出来,还是以心灵这个思想样态表现出来,它们所表现的乃是同一个有限样态,因此不论我们是从身体方面去认识人,还是从心灵方面去认识人,我们总会发现同样的因果次序或同样的事物连续。斯宾诺莎写道:

心灵与身体乃是同一个东西,不过有时借思想的属性、有时借广延的属性去理解罢了。不论我们借这个属性或那个属性去认识自然，事物的次序与联系却只是一个，因此我们身体的主动或被动的次序就性质而论，与心灵的主动或被动的次序是同时发生的。[19]

这就是斯宾诺莎著名的身心同一理论。按照这个理论，身体和心灵首先是相互不能发生作用和影响的，即它们互不交感。因为正如广延和思想是两个不同类的属性，身体和心灵在类上也是根本不同的，它们当中一个不能决定或产生另一个。凡发生在身体方面的，必起源某个广延的东西，而不能起源于心灵，反之，凡发生在心灵方面的，必起源于某个思想的东西，而不能起源于身体。斯宾诺莎写道：

> 一切思想的样态皆以神为原因，这因为神是一个能思想的东西，而不是因为神表现为某种别的属性，所以凡是决定心灵使其思想的，必是一个思想的样态，而不是广延的样态，换言之，即不是身体。又身体的动与静必起于另一个物态，而这一物体的动与静又为另一个物体所决定，并且一般来说，任何发生在身体方面的，必起源于神，只就神被认为是构成某种广延的样态的东西，而不是构成某种思想的样态的东西而言，这就是说，凡发生在身体方面的，必不能起源于心灵，因心灵乃是思想的一个样态。

---

[19] 斯宾诺莎：《伦理学》，贺麟译，商务印书馆，1959年，第93页。

因此,"身体不能决定心灵使其思想,心灵也不能决定身体使其动或静"[20]。

斯宾诺莎在《伦理学》里曾经用大量的例子来批驳那种认为心灵决定身体动作的普通看法。按照通常的看法,身体的动作和静止完全依赖于心灵的意志和思想的力量,也就是说,完全唯心灵的命令是听。例如有人说,如果心灵不能思想,则身体便不能运动,只有心灵才有说话、静默或做别的事情的力量。斯宾诺莎对此反驳说,如果认为心灵不想则身体不动可证明心灵支配身体,那么身体不动则心灵不想岂不也可证明身体支配心灵吗?"因为只要身体处在沉睡状态,心灵即随之陷于沉睡状态,也就没有能力像清醒时那样地思想。并且我相信,人人都可凭经验知道,心灵并不能永远同等地思想同一对象,而是按照身体能够或多或少地感受到为外物所激动的这一意象或那一意象,因而决定心灵也能够或多或少地考察这一对象或那一对象。"[21] 按照斯宾诺莎的看法,身体完全无需心灵的命令,单是按照它自身性质的规律,就可以做出许多事情来,对于这些事情那身体的心灵反而会感到惊讶,例如,梦游者在沉睡中所做的事情,当他自己醒来时也会感到惊讶,可见身体的这一行动或那一行动绝不是单纯起源于心灵。至于说到只有当心灵想说话或想沉默,我们才能说话或沉默,斯宾诺莎反驳说,这其实并不是因为心灵的命令,而是由于我们的欲望或冲动,他说:

---
[20] 斯宾诺莎:《伦理学》,贺麟译,商务印书馆,1959年,第92—93页。
[21] 斯宾诺莎:《伦理学》,贺麟译,商务印书馆,1959年,第94页。

> 经验已经十分充足地昭示我们，人类最无力控制的莫过于他们的舌头；而最不能够做到的，莫过于节制他们的欲望。……那投入母亲怀中的婴儿自信这是出于自由意志，那愤怒的幼童相信他想要报仇是由于自由意志，怯懦的人自以为依照自由意志而开小差，酒醉的人相信出于他的心灵的自由命令，他说出些他清醒时所不愿说的话，这样看来，疯人、饶舌妇人、儿童以及其他类似的人，都相信他们的说话是出于心灵的自由命令，而其实是因为他们没有力量去控制他们想说话的冲动。[22]

这里斯宾诺莎显然反对了笛卡尔的自由意志和身心交感的理论。

心灵和身体既是彼此不能相互决定和影响，身体的动作只能由另一个广延样态所决定，而不能由心灵的意志或思想的力量所决定，反之，心灵的思想只能由另一个思想样态所决定，而不能由身体的动作或物体的力量所决定，所以心灵和身体各有一个自己的因果次序或因果联系，当我们要解释身体的动作时，我们必须单从广延属性来解释身体的因果关系，反之，当我们要解释心灵的思想时，我们则必须单从思想属性来解释心灵的因果关系。因此我们对于自然应当有两套解释系统，依据我们所要解释的对象的性质而选取其中的一套与之相适合的解释系统，而绝不能把一套解释系统任意应用于与它并不适合的对象领域。这就是斯宾诺莎身心同一

---

[22] 斯宾诺莎：《伦理学》，贺麟译，商务印书馆，1959年，第95页。

理论的第一个要点。

其次，身体和心灵虽然是属于两个不同的属性或类，它们当中一个不能决定或影响另一个，但是它们两者却是同一个东西的两个方面，因此必是同时发生的。人的身体的每一个变化，必然同时伴有作为这个身体的观念的心灵的变化，反之，人的心灵的每一变化，也必然同时伴有作为这个心灵的对象的身体的变化，而且因为心灵的变化和身体的变化乃是同一个变化。因此，无论我们从哪一方面去认识这种变化，我们都可以发现同一的因果次序和同一的因果联系。

就拿上述所谓说话或沉默是出于心灵的自由命令的例子来说，表面上看来，好像心灵想说话，我们就说话；心灵想沉默，我们就沉默。其实这里只是一种同时发生的关系，心灵想说话和我们身体（舌头）动作，心灵想沉默和我们身体（舌头）不动，在性质上并不是两回事，而是同一回事。它们是同时发生的，只是由于我们只意识到心灵一面，而无视身体行为的真正原因，故认为心灵决定身体动作。斯宾诺莎写道：

> 心灵的命令不是别的，而是欲望本身，而欲望亦随身体情况之不同而不同。因为每一个人所做的事，都是基于他的情感。凡为相反的情感所激动的人不知道他们所需要的是什么，而凡不为任何情感所激动的人，每遇着一件小事，都易陷于没有主见，左右摇摆。这一切都足以明白指出，心灵的命令、欲望和身体的决定，在性质上是同时发生的，或者也可以说是同一的东西，当我们用

思想的属性去观察,并且用思想的属性去说明时,便称为心灵的命令,当我们用广延的属性去观察,并且从动静的规律去推究时,便称为身体的决定。[23]

这是一种很特殊的身心同一论,按照这种理论,任何生理事件都是由其他生理事件所决定,而不是为心理事件所决定,反之,任何心理事件都是由其他心理事件所决定,而不是为生理事件所决定,生理事件和心理事件各有自己的因果系列。但是,任何生理事件和与之相应的心理事件,或者任何心理事件和与之相应的生理事件,并不是两个事件,而是同一个事件,也就是说,每一心理事件实际上并不是单一的心理事件,而是心—身事件,而每一生理事件实际上也不是单一的生理事件,而是身—心事件,只不过根据我们考察的目的和方式有强调哪一方面的隐显不同。例如,如果我们从心理学等方面考察,我们可以把要考察的事件称之为以心为显、以身为隐的事件,即心—身事件(着重号表示显),反之,如果对同一事件我们要从生理学方面考察,我们则可以把该事件称之为以身为显、以心为隐的事件,即身—心事件(着重号表示显)。因此,生理事件的因果系列和心理事件的因果系列,实际上并不是两个不同的因果系列,而是同一个因果系列,只不过由于我们考察的目的和方式,对它们做出两种不同的描述,换言之,无论我们是做出生理的解释,还是做出心理的解释,我们都会发现这两种解释乃是同一个

---

[23] 斯宾诺莎:《伦理学》,贺麟译,商务印书馆,1959年,第95—96页。

解释。

我们可以援引一个例子来说明斯宾诺莎这种身心同一论。罗素在其《心的分析》一书中曾对这种身心观点提出这样一种反对意见:"这种心和物在因果上彼此独立的观点,除了形而上学理论外,是没有根据的,对我们说来,实没有必要做这种假定。这种假定很难于同明显的事实和谐的,我收到一封信,请我去吃午饭,信是一个物理事件,而我对它的内容的理解则是一个心理事件,这样我们就有了一个从物到心的结果。在我对这封信的内容理解之后,我按时去赴宴了,这样我们就有了一个从心到物的结果。"[24] 按照罗素的说法,如果身心不相互作用的话,我们就不能在看了一封信后按时去赴宴,既然赴宴是一个事实,所以身心彼此独立的观点就不能成立。但是,按照上面我们所解释的斯宾诺莎的观点来说,罗素的这种错误在于他把身体的活动看成是纯粹的生理事件,把理解、决心和意志看成纯粹的心理事件,因而认为心理事件可以作用于生理事件,生理事件可以作用于心理事件。实际上,理解、决心、意志,以及眼看、手的伸展和腿的运动皆是心—身事件或身—心事件,它们的因果关系完全是同一的。譬如,我说"我想写一封信",从斯宾诺莎的观点来看,这句话的真正意思是,我有一个心—身事件(注意,这里是心显身隐),这个事件称为"想写一封信",这个"想"显然是由前面某个身—心事件所影响或产生的。这个"想"继而又产生一个新的身—心事

---

[24] 罗素:《心的分析》,第35—36页。

件（这里是身显心隐），即"写一封信"。"想"之所以能过渡到"写"，就在于"想"不纯粹是一个心理事件，而是一个心—身合一的事件（例如随着想，我们脑神经必然有所动）。只是因为"想"既是心理事件又是生理事件，所以就能产生出心理的结果和物理的结果，如果单是心理事件，那就不可能产生出生理事件的结果来。按照斯宾诺莎的看法，纯粹的心理活动是不可能干扰纯粹的物理过程的，我们的目的和意志之所以得到客观的效果，乃是因为我们的目的和意志是与大脑的生理过程分不开的，通过脑身生理机制的因果关系，我们的目的和决心才得以实现。

斯宾诺莎这种身心同一理论，过去有些学者曾叫作身心平行论。如果所谓平行是指两条永不相交的直线，那么我们不认为斯宾诺莎这一理论是平行论，因为他绝不认为心理和生理是两个永不相干的系统，而是认为它们是同一个系统，只是从两种不同的方式去考察罢了。身心平行论容易使人想到心物二元论，犹如雷卡尔派的平行论那样，而这正是斯宾诺莎所反对的。斯宾诺莎身心理论的核心就是主张心理和生理是同一个东西，而不是两个东西，它们的不同只是由于我们的考察方式。所以我们宁可把它称之为身心同一论（psycho-physical identity）、身心两面同一论（two-sided identity）或身心同时发生论（psycho-physical coincidence）。

这种理论就是现代科学哲学里的双重语言描述理论或两套解释系统理论的先行形式。我们对于同一种自然现象可以采取两种描述语言或两套解释系统，或者从物理学方面解释和描述，完全根据物理学原则，排除任何心理的因素，或者从心理学方面解释和描述，完全依据心理学原则，排除任何物理的因素。这两种描述语言或解释系统都依赖于我们考察和研究问题的方式和目的，它们都有合理的根据和存在的理由，其中一种描述语言或解释系统不能替代另一种描述语言或解释系统，我们也不能肯定其中一种描述语言或解释系统而否定另一种描述语言或解释系统。

二、情感的起源、性质和分类

斯宾诺莎在论述他的情感理论时，首先提出"努力"这一概念作为我们理解一切情感的基础。"努力"一词的拉丁文是 conatus，意思就是一种本能的冲动。按照西塞罗的解释，conatus 与另一个拉丁文词 appetitus（冲动、欲求）同义，他认为这两个词的意思都等同于希腊文 ὁρμη（冲动）。[25] 斯宾诺莎似乎并不完全接受这一解释。按照他的看法，conatus 是一个比 appetitus 用法更广的概念，appetitus 一般只能用于有生命的事物，如动物和人，但 conatus 可以泛指一切自然事物。因此他在谈及"努力"时，是指一切自然事物所具有的一种保持自我存在的天然倾向或趋势，如他在《伦理学》里说，"每一个自在的事物莫不努力保持其存

---

[25] 西塞罗：《神性论》，第 2 篇，第 22 章，第 47、58、122 节。

在"[26]，"一物竭力保持其存在的努力不是别的，即是那物的现实本质"[27]，这都是指一般的自然事物（即他所谓个别事物、个别样态）的努力。只有当这种努力用于有生命的事物如人时，他才讲到 appetitus。所以他在定义 appetitus（冲动）时说，"当这种努力与心灵及身体同时相关联时，便称之为冲动（appeetitus）"[28]，因此我们也可以说 appetitus（冲动）是人的 conatus（努力）。在这一点上，他不仅与西塞罗的用法不同，而且也似乎与霍布斯的用法有差别，因为霍布斯在他的《利维坦》中把 conatus（相应的英译词是 endeavour）理解为人体内的一种自然冲动，是"在没有表现为行走、说话、挥击以及其他可感觉的运动之前的人体内运动的小起点"[29]。

如果我们回溯一下哲学史，斯宾诺莎这种关于 conatus 和 appetitus 的区别用法也不是没有根据的。早在古希腊罗马时代，有些哲学家就已经提出了 appetitus 这一概念，例如斯多葛学派就曾经说过"动物的头一个冲动（ὁρμῆν，appetitionem）……就自我保持"[30]。按照西塞罗的说法，斯多葛派这一观点只是重了逍遥学派的下述看法，即"每一个自然有机体都力求（vult）成为它自身的保护者"[31]。这里不

---

[26] 斯宾诺莎：《伦理学》，贺麟译，商务印书馆，1959年，第97页。
[27] 斯宾诺莎：《伦理学》，贺麟译，商务印书馆，1959年，第98页。
[28] 斯宾诺莎：《伦理学》，贺麟译，商务印书馆，1959年，第99页。
[29] 霍布斯：《利维坦》，第36页。
[30] 第欧根尼·拉尔修：《著名哲学家生平和学说》，第7卷，第85节。
[31] 西塞罗：《论幸福和不幸的界限》，第4卷，第7章，第16节。

论是逍遥学派还是斯多葛学派，显然都是把 appetitus 或 vult 用于有生命的生物，或者按照第欧根尼·拉尔修的讲法，他们只主张动物才具有自我保持的冲动。第欧根尼甚至还明确说，斯多葛学派虽然认为自然也支配植物的生命，但在植物里并没有冲动。[32] 只是到了中世纪，人们才扩大了 appetitus 的用法，认为不仅动物有 appetitus，而且一切自然事物也都有 appetitus。例如，托马斯·阿奎那曾经说，"每一个自然事物都欲求（appetit）自我保持"[33]；邓斯·司各脱同样也说，"每一个自然事物都有一种欲想（appetat）继续存在的自然欲望"[34]。文艺复兴时期自然哲学家可能意识到 appetitus 这种不适当的扩大用法，因而宁愿采取另外一个类似的拉丁词 conatus 来表示一切自然事物的一种力求自我保存的努力，如康帕内拉（Campanella）就认为任何物质中都有一种自我保持的努力（conatus）。在斯宾诺莎时代，哲学家自然更宁愿用 conatus 来表示一切物理事物内部的一种自然趋向，例如笛卡尔有时就把 conatus 称之为"第一自然律"或"第一运动律"[35]，并且提出了所谓"运动欲"（conatum

---

[32] 第欧根尼·拉尔修：《著名哲学家生平和学说》，第 7 卷，第 86 节。
[33] 托马斯·阿奎那：《问答录》，见沃尔夫森：《斯宾诺莎的哲学》，第 2 卷，第 196 页。
[34] 沃尔夫森：《斯宾诺莎的哲学》，第 2 卷，第 196 页。
[35] 斯宾诺莎在其《笛卡尔哲学原理附形而上学》中曾把自我运动的努力（conatus se movendi）和笛卡尔的第一自然律加以对照，见该书，第 149—150 页。

ad motum），即指物质中的一种力求运动的自然倾向[36]，后来牛顿的"惯性"概念显然就是从这里发展而来的。因此，斯宾诺莎在《伦理学》里用 conatus 来表示自然界一切事物都具有的一种力求自我保存的努力，而不仅仅指有生命的事物或人。他在《神、人及其幸福简论》一书中，把这种努力称之为"神圣的天道"或"自然之爱"，他说"天道无非只是我们在自然整体和个体中所看到的那种维护和保存它们自身存在的努力（conatus）"[37]。

按照斯宾诺莎的看法，一切个别事物都是以某种一定的形式来表现神的属性的样态，因而也就是由某种一定的形式来表现神之所以为神的力量的事物，因此它们绝没有自己毁灭自己或自己取消自己的存在之理，换句话说，每一个自在的事物莫不努力保持其自身的存在，他把每一事物这种竭力保持其存在的努力称之为该物的现实本质（essentia actualis），他说：

> 一物活动的力量，或一物（单独或与他物一起）做任何事或力求做任何事的努力——也就是说，一物竭力保持自己的存在的力量或努力，不是别的，即是那物自身的某种本质或现实的本质。[38]

---

[36] 斯宾诺莎：《笛卡尔哲学原理附形而上学思想》，洪汉鼎、王荫庭译，商务印书馆，1980 年，第 127 页。
[37] 斯宾诺莎：《神、人及其幸福简论》，洪汉鼎、孙祖培译，商务印书馆，1987 年，第 166 页。
[38] 斯宾诺莎：《伦理学》，贺麟译，商务印书馆，1959 年，第 98 页。

事物的现实本质就是事物的实在性,因此一物具有的自我保存的努力愈大,该物所具有的实在性愈多。

努力是一切自然事物的现实本质,但就人来说,我们不称人的现实本质为努力,而称之为冲动(appetitus),因为努力当其与人的心灵和身体同时相关联时,我们称之为冲动,所以斯宾诺莎说:"冲动不是别的,即是人的本质自身,从人的本质本身必然产生足以保持他自己的东西,因而他就被决定去做那些事情。"[39] 人的冲动可以表现在身体方面,称之为身体的冲动,如我们生理上的一些需要、运动、食欲、排泄等,也可以表现在心灵方面,称之为心灵的冲动。不过斯宾诺莎并不用这个说法,他把心灵对自己身体的冲动的意识称之为欲望(cupiditas),他说:"欲望一般单是指人对他的冲动有了自觉而言,所以欲望可以界说为我们意识着的冲动。"[40]

这样,我们可以来理解斯宾诺莎的情感(Affectus)定义了。斯宾诺莎在《伦理学》第三部分界说三中说:"我把情感理解为使身体的活动力量得以增加或减少、促进或阻碍的身体的情状(Affectiones),以及这些情状的观念。"这里所谓身体的活动力量,就是指人的身体竭力保持自己存在的冲动,因此我们可以把情感简单地理解为使身体的自我保存的冲动得以增加或减少、促进或阻碍的身体的情状及这些情状的观念。在斯宾诺莎这个情感定义中,他使用

---

[39] 斯宾诺莎:《伦理学》,贺麟译,商务印书馆,1959年,第99页。
[40] 斯宾诺莎:《伦理学》,贺麟译,商务印书馆,1959年,第99页。

了 Affectiones（情状）一词，英译者一般译为 modificationes（分殊或样态），这是与他的形而上学本体论相联系的，情感也是一种个别样态，这种样态在广延属性里表现为身体的情状，而在思想属性里又表现为这种身体情状的观念。因此，对于斯宾诺莎所说的情感，我们既要理解为广延属性的样态，又要理解为思想属性的样态，因为他所说的情感既包括身体的情状，即生理的 modification，又包括这些情状的观念，即心理的 modification。这一点对于我们以后解释斯宾诺莎的情感理论，特别是理性如何克制情感是相当重要的。

不过，对于斯宾诺莎所说的情感这种双重性质，有两点我们必须注意：（一）情感虽然包括了广延样态（身体的情状）和思想样态（身体情状的观念），但单就这两种样态而言，广延样态更是基本的。这是与他关于身体和心灵的关系的观点相一致，虽然斯宾诺莎强调身体和心灵相互一个不能决定一个，但他在谈到身体和心灵的统一时，往往指出心灵对身体的依赖性，如他说："为了判断人的心灵与其他事物的区别及其优胜于其他事物之处起见，我们首先必须知道人的心灵的对象，换言之，即人的身体的本性……正如某一身体较另一身体更能够同时主动地做或被动地接受多数事物，则依同样比例，与它联合着的某一心灵也将必定较另一心灵更能够同时认识多数事物，并且正如一个身体的动作单独依赖它自身愈多，需要别的身体的协助愈少，则与它联合着的心灵也将更了解得明晰些。"[41]同样，斯宾诺莎在谈到情感是一种观念、通过这种观念心灵肯定其身体或身体的一部分具有比前此较大或较小的存在力量时，着重指出："我所谓具有比以前较大或较小的存在力量，我的意思并不是说心灵把现在的情状与过去的情状比较，而是说构成情感的形式的观念肯定身体有某种情状，此情状实际包含比以前较多或较少的实在性……所以当我说心灵的思想力量之增加或减少时，我的意思总是在说，心灵形成了关于身体或身体的某一部分的观念，此观念比它前此所肯定于其身体的情状，表示较大或较小的实在性。观念的优越性和思想的实际力量，是以对象的优越性为冲量的标准。"[42]（二）情感的广延样态虽然在本性上比情感的思想样态更根本，但对于伦理学和心理学来说，情感的思想样态比情感的广延样态更重要，也就是说，虽然斯宾诺莎定义情感包括生理的情状（affectiones）和心理的观念（idea），但他更着重于情感作为观念的心理方面。例如他说："一种情感乃是心灵借以肯定它的身体具有比前此较大或较小的存在力量的一个观念。"[43]再如，他

---

[41] 斯宾诺莎：《伦理学》，贺麟译，商务印书馆，1959年，第52—53页。同样，在《伦理学》，第二部分命题十一附释里斯宾诺莎说："可以推知我们的心灵的当前存在完全依赖放心灵必包含身体的现实存在这一点上。最后我们还已经指出过心灵所以有想象事物和记忆事物的能力，也完全依赖于心灵必包含身体的存在这一点。"

[42] 斯宾诺莎：《伦理学》，贺麟译，商务印书馆，1959年，第152—153页。

[43] 斯宾诺莎：《伦理学》，贺麟译，商务印书馆，1959年，第162、第167页。

在关于被动的情感（passion）的总定义中说："所谓心灵的被动的情感，乃是一个混淆的观念，通过这个观念心灵肯定其身体或身体的一部分具有比前此较大或较小的存在力量，而且有了这种混淆的观念，心灵便被决定而更多地思想此物，而不思想他物。"[44] 可能正是出于这种伦理学的要求，他常常把情感归之于思想样态，如他在《伦理学》第二部分公则里，把爱情、欲望以及其他均理解为"思想的各种样态"。

上述两点也可以说是情感的原始成分和情感的表现形式，情感的原始成分是使身体的活动力量得以增加或减少、促进或阻碍的身体的情状，而情感的表现形式乃是这种身体的情状的观念。这里是用两套语言，即物理或生理的语言和心理的语言对同一个现象的描述。从心理学来看，情感就是一种观念，通过这种观念，心灵肯定它的身体或身体的一部分具有比前此较大或较小的存在力量；但从生理学来看，情感就是身体或身体一部分的情状，此情状比前此身体或身体一部分具有较大或较小的存在力量或实在性。心灵之所以能通过情感肯定身体或身体一部分具有比前此较大或较小的存在力量，并不是说心灵具有反思的力量，将身体的现在的情状与过去的情状加以比较，而是说构成情感形式的观念表现了身体的某种情状，此情状比前此情状包含更多或更少的实在性。而构成情感形式的观念之所以能表现身体具有某种包含更多或更少实在性的情状，乃是因为身体受外界物体

---

[44] 斯宾诺莎：《伦理学》，贺麟译，商务印书馆，1959年，第152页。

的激动而产生了一种比前此情状具有更多或更少实在性的新情状。因此，情感的本质一般来说不能仅用我们的本质去解释，它主要是由外界原因的力量，即由与我们的本性较量的外界原因的本性所决定，如斯宾诺莎在《伦理学》第四部分命题五里所说的。另外，情感不仅使心灵肯定其身体具有比前此身体更大或更小的存在力量，而且也使心灵被决定而更多地思想此物而不思想他物，这在心理方面表现为一种欲望，而在生理方面就表现为身体的动作，因而从情感可以引发出各种各样的行为。

按照斯宾诺莎的看法，情感可以分为主动的情感（action）和被动的情感（passion）。他说：

> 对于这些情状中的任何一个情状，如果我们能为它的正确原因，那么我便认为它是一个主动的情感（actio），反之，便是一个被动的情感（passio）。[45]

这里所谓正确原因和不正确原因，我们必须按照斯宾诺莎自己的解释来理解，即"通过原因可以清楚明晰认知其结果，则这个原因便称为正确原因；反之，仅仅通过原因不能理解其结果，则这个原因便称为不正确的或部分的原因"[46]。因此，所谓正确的原因，就是指完全的充分的原因，通过此原因能够清楚明晰理解其结果，反之，所谓不正确的原因，就

---

[45] 斯宾诺莎：《伦理学》，贺麟译，商务印书馆，1959年，第91页。
[46] 斯宾诺莎：《伦理学》，贺麟译，商务印书馆，1959年，第90页。

是指不完全的部分的原因,通过此原因不能清楚明晰理解其结果。一个情感是主动的,是当我们自身是它的正确的即完全的原因,也就是说,这种情感是我们自己直接活动的结果,而不是由外在事物所产生的,因而单靠我们自身就可对之清楚而且明晰地理解;反之,一个情感是被动的,是当我们自身是它的不正确的即部分的原因,也就是说,这种情感不是我们直接活动的结果,而是由外界事物所产生,因而单凭我们自身是无法对其清楚而且明晰地理解。斯宾诺莎写道:

> 当我们内部或外部有什么事情发生,而我们就是这事的正确原因,这样我便称之为主动,这就是说,所谓主动就是当我们内部或外部有什么事发生,其发生乃出于我们的本性,单是通过我们的本性,对这事便可得到清楚明晰的理解。反之,假如有什么事情在我们内部发生,或者说,有什么事情出于我们的本性,而我们只是这事的部分原因,这样我们便称为被动。[47]

正如笛卡尔在他的《论心灵的情感》中提出六种基本情感、霍布斯在他的《利维坦》中提出七种基本情感一样,斯宾诺莎也提出三种基本情感作为人类一切情感的原始情感,这就是快乐(Laetitia)、痛苦(Tristitia)和欲望(Cupiditas)。欲望正如我上面所说的,乃是一种意识着的冲动,即一种对于自身力求自我保存的冲动的自觉。冲动就

---

[47] 斯宾诺莎:《伦理学》,贺麟译,商务印书馆,1959年,第90页。

是作为人的现实本质的努力,就这种努力被认作保持人自己存在的自然趋向而言,所以斯宾诺莎定义说:"欲望是人的本质自身,就人的本质被认作为人的任何一个情状所决定而发出某种行为而言。"[48] 快乐是指"一个人从较小的圆满到较大的圆满的过渡",反之,痛苦则是指"一个人从较大的圆满到较小的圆满的过渡"[49]。这里所谓圆满就是指人的实在性,即指人保持自身存在的努力,也即指人的冲动和欲望;所谓较大的圆满和较小的圆满,即指增加或促进人保持自己存在的努力和减少或妨碍人保持自己存在的努力。所以斯宾诺莎说:

> 快乐与痛苦乃是足以增加或减少、促进或妨碍一个人保持他自己存在的力量或努力的情感。而所谓保持他自己的存在的努力,就其同时与心灵和身体相关联而言,即是冲动和欲望。所以快乐与痛苦即是指为外因所决定而增加或减少、促进或妨碍的冲动与欲望而言,这就是说,快乐与痛苦即是一个人的本质自身。[50]

因此,欲望、快乐和痛苦都是人的本质的基本成分,因为它们都是以努力或冲动为基础的。正是在这个意义上,斯宾诺莎不同意笛卡尔和霍布斯有太多基本情感的看法,他只把这

---

[48] 斯宾诺莎:《伦理学》,贺麟译,商务印书馆,1959年,第139页。
[49] 斯宾诺莎:《伦理学》,贺麟译,商务印书馆,1959年,第140页。
[50] 斯宾诺莎:《伦理学》,贺麟译,商务印书馆,1959年,第136页。

三种情感规定为人的原始情感[51]。

按照斯宾诺莎的看法,所有其他人类情感都是从这三种原始情感而来,它们或者是由这三种原始情感组合而成,或者是由这三种原始情感派生而来。他说:

> 所有一切情感皆从欲望、快乐或痛苦派生出来,也可以说,除了这三种情感之外,没有别的情感,所有一切不同的情感,只不过是用来表示这三种原始情感间的关系和外在迹象的变迁之不同的名称而已。[52]

因此,我们可以凭借这三种原始情感来定义所有其他情感。例如,爱乃是为一个外在原因的观念所伴随的快乐,反之,恨乃是为一个外在原因的观念所伴随的痛苦。同样,希望是一种不稳定的快乐,此种快乐起于将来或过去某一事物的观念,而对于那一事物的前途,我们还有一些怀疑;反之,恐惧则是一种不稳定的痛苦,此种痛苦起于将来或过去某一事物的观念,而对于那一事物的前途,我们还有一些怀疑。从爱和恨这两种派生情感又可产生更下属的情感,如敬爱和义愤。敬爱是对于令我们惊异的对象的爱,而义愤乃是对于曾做有害他人之事的人表示恨。斯宾诺莎在《伦理学》第三部分情感的界说中共列举了48种被动的情感,其中除了惊异

---

[51] 笛卡尔在他的《论心灵的情感》一书中,提出六种情感为基本情感:爱、恨、欲望、快乐、痛苦和惊异;霍布斯在他的《利维坦》一书中提出七种情感的基本情感:冲动、欲求、爱、憎避、恨、喜和忧。
[52] 斯宾诺莎:《伦理学》,贺麟译,商务印书馆,1959年,第151页。

和轻蔑这两种他并不认为是情感而认为是想象之外，其他 46 种情感我们都可以通过一个推演表罗列出来：

被动的情感
（Passions）

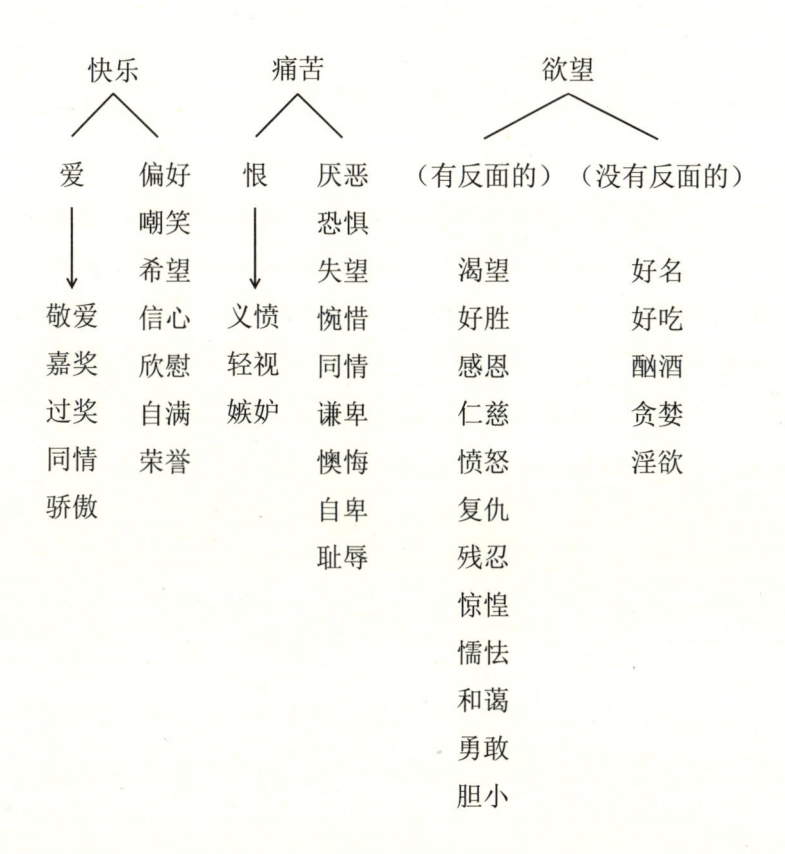

快乐		痛苦		欲望	
				（有反面的）	（没有反面的）
爱	偏好	恨	厌恶		
↓	嘲笑	↓	恐惧		
	希望		失望	渴望	好名
敬爱	信心	义愤	惋惜	好胜	好吃
嘉奖	欣慰	轻视	同情	感恩	酗酒
过奖	自满	嫉妒	谦卑	仁慈	贪婪
同情	荣誉		懊悔	愤怒	淫欲
骄傲			自卑	复仇	
			耻辱	残忍	
				惊惶	
				懦怯	
				和蔼	
				勇敢	
				胆小	

　　上表所列情感只是被动的情感，即它们是就人是被动的而言的情感，或者说，它们是当人的心灵具有混淆的观念或

被外在的原因所决定而引起的情感。主动的情感乃是就人是主动的而言的情感，即当人的心灵具有正确的观念、心灵是主动时所出现的情感。主动的情感只包括快乐和欲望，快乐指一种从心灵对自己活动力量沉思而经验的一种愉快感觉，而欲望则指一种借理性指导而自我保存的努力。斯宾诺莎把那种从主动的情感而来的行为，也即他所说的"从与能认识的心灵相关联的情感而出的一切主动的行为"[53]，称之为精神的力量（Fortitudo）。这种精神的力量又可分为两种，即意志力（Animositas）和仁爱力（Generositas），前者指"每个人基于理性的命令努力以保持自己的存在的欲望"，而后者指"每个人基于理性的命令努力以扶助他人并赢得他们对他的友谊的欲望"[54]。也就是说，意志力是一种追求自我保存的理性欲望，其目的只在为行为的当事人谋利益，反之，仁爱力是一种要求与他人一起生活并帮助他人的理性欲望，其目的在于为他人谋福利。属于意志力的，有节制、严整、行为机警等；属于仁爱力的，有谦恭、慈惠等。

　　情感的起源也被斯宾诺莎做了完全自然主义的解释。构成心灵的最初成分乃是一个现实存在的身体的观念，因此心灵的本质在于肯定身体的存在，心灵的首要的基本的努力在于肯定身体存在的努力，所以斯宾诺莎说："我们心灵中不能有排斥我们身体的存在的观念，因为这样的观念是违反心

---

[53] 斯宾诺莎：《伦理学》，贺麟译，商务印书馆，1959年，第138页。
[54] 斯宾诺莎：《伦理学》，贺麟译，商务印书馆，1959年，第138页。

灵的本质的。"[55] 身体的努力在于增加和促进自身的活动力量,因此心灵的努力也在于肯定那些足以增加和促进身体活动力量的观念。由于我们的身体处于众多的外界事物的包围中,其中有些事物是促进和增加身体活动力量的,有些事情则是阻碍和减少身体活动力量的,因而引起身体产生不同的情状,而这些情状的观念有些是表现了增加和促进身体活动力量的,有些则是表现了减少和阻碍身体活动力量的,但因为心灵的努力乃是肯定那些增加和促进身体活动力量的观念,因此这两种观念在心灵里形成两种不同的情感,即快乐和痛苦。快乐是足以增加和促进身体活动力量的情感,而痛苦则是足以减少和阻碍身体活动力量的情感。由于心灵总是尽可能努力去想象那些足以增加和促进身体活动力量的东西,而当它想象到足以减少和阻碍身体活动力量的某种东西时,它将尽可能努力回忆那足以排除这种东西存在的东西,因而产生了爱和恨,"凡爱一物的人,必努力使那物能在他的面前,并努力保持那物;反之,凡恨一物的人,必努力设法去排斥那物、消灭那物"[56]。以后斯宾诺莎描述了两条情感形成规律,即情感结合律(the law of Association of the Emotions)和情感模仿律(the law of the Imitation of the Emotions)。情感的结合律是说:那些并不是直接引起我们快乐、痛苦、爱和恨的对象可以成为这些情感的原因,方法是通过想象使它们与某些我们感到快乐、痛苦、爱和恨的

---

[55] 斯宾诺莎:《伦理学》,贺麟译,商务印书馆,1959 年,第 99 页。
[56] 斯宾诺莎:《伦理学》,贺麟译,商务印书馆,1959 年,第 102 页。

东西在我们心灵内相结合，例如我们想象某物与平常引起我们快乐或痛苦的对象具有相似的性质，即使此物现在并不存在，我们也会对此物产生爱和恨的情感。情感的模仿律是说：那些并不是我们快乐、痛苦、爱和恨的原因的对象可以成为这些情感的原因，方法是通过想象我们模仿我们所爱或恨的对象对它们的情感，例如当我们想象我们所爱的对象感到快乐或痛苦时，我们也将随之感到快乐或痛苦，而且我们所感到的快乐或痛苦的大小与我们所爱对象所感到的快乐或痛苦的大小是一样的。在《伦理学》第三部分中，斯宾诺莎就是凭借这两条情感律解释了其他一切派生的情感。

从上述情感的形成过，我们可以看出，它是与我们在认识论里所讲的想象过程是一致的，它们都是由于我们身体受到外界事物激动所产生的情状而形成的。想象是我们凭借我们身体的这种情状的观念而对于激动我们身体的外界事物的认识，这种认识既包含外物的性质，又包含我们身体的性质，而且包含我们身体的性质更多于外物的性质。同样，情感也是我们凭借我们身体的这种情状的观念而对于激动我们身体的外界事物的反应，只是这种反应并不表现外物的性质，而是表现我们自己身体的活动力量的增加或减少、促进或阻碍。因此，情感和想象的形成过程可以说是完全一样的，它们都是我们凭借自己身体的情状而形成的观念，它们的区别仅在于：想象通过我们身体的情状的观念而对于外界事物的认识，它供给我们以外在世界的知识，而情感乃是通过我们身体的情状观念而对于外界事物的反应，它并不供给我们以外在世界的知识，而是表现我们对于自身活动力量增加或减少、促进或阻碍的肯定。作为想象的观念因为是认识的观念,所以有正确和不正确之分,反之,作为情感的观念因为是情绪的反应,所以没有正确和不正确之分,而只有主动和被动之分。

三、情感的奴役及对其的理智克制

不过,对于我们来说,重要的是要认清情感对我们的奴役以及理性如何克制情感。

斯宾诺莎在《伦理学》第四部分一开始给我们描绘了一幅关于人的存在极其悲惨命运的图画。人作为自然的一部分,是被无限多更强而有力的事物所包围。他不仅不能完全地和正确地认识这些事物,而且他自身借以保持其存在的力量也无限地为这些外界事物的力量所限制和超过,因此要一个人不是自然的一部分,要他除了那些可单独从他自己本性出发就能理解的变化外,也就是说,除了那些他是其正确原因的变化外,不感受到别的变化乃是绝不可能的(第四部分命题二、三和四),所以斯宾诺莎说"人必然常常受制于被动的情感,顺从并遵守自然的共同秩序,并且使他自己尽可能适应事物的本性的要求"[57]。而且,人不仅必然受制于被动的情感,就是要摆脱和制服这种被动的情感也是难之又难的。因为任何情感的力量和增长,以及情感的存在和保持不是受我们努力保持存在的力量所决定,而是受与我们自己的

---

[57] 斯宾诺莎:《伦理学》,贺麟译,商务印书馆,1959年,第101页。

力量相较量的外在的原因的力量所决定的,而人的某一个被动的情感的力量可以那样地超过他的一切别的行为或力量(第四部分命题五、六),以致人在控制和克制情感上必然软弱无力,沦为情感的奴隶。斯宾诺莎说:

> 我把人在控制和克制情感上的软弱无力称为奴役,因为一个人为情感所支配,行为便没有自立之权,而受命运的宰割。在命运的控制之下,有时他虽明知什么对他是善,但往往被迫而偏去作恶事。[58]

斯宾诺莎曾经引用了罗马诗人奥维德的一首诗:"每目望正道兮,心知其善,每择恶而行兮,无以自辩。"

为了说明人在控制和克服情感上的软弱无力,斯宾诺莎曾批判了三种所谓心灵克制情感的理论。第一种是斯多葛学派的理论,他们认为情感绝对依赖我们的意志,因此我们有绝对力量驾驭情感。斯宾诺莎反对这种看法,他说,即使经验也可否证这种理论,经验将使他们不得不承认,要想克制和调节情感,所需要的训练与毅力确实不少,犹如我们训练家犬出去打猎和训练猎犬见了兔子不去追逐之困难一样。第二种是笛卡尔的理论,笛卡尔在他的《论心灵的情感》一书中曾经认为心灵可以凭借意志使得松果腺起种种不同的运动,从而达到控制情感的目的。斯宾诺莎反驳说,他真不敢相信这样一位下定决心除了依据自明的原则绝不妄下判断,

---

[58] 斯宾诺莎:《伦理学》,贺麟译,商务印书馆,1959年,第154页。

并屡次指责经院学派想用神奇的性质来解释隐晦的事物的大哲学家,竟会提出一个比任何神奇的性质还更加神奇的假设。因为按照笛卡尔的心身二元论,心灵和身体是毫无关联的,心灵的力量怎么能决定和影响身体的力量呢!更何况意志本身乃是一个不实之词,除了表示观念的肯定外,并不表示什么。因此笛卡尔的理论只能是错误的。第三种理论就主张善恶的知识可以克制情感。为了反对这种理论,斯宾诺莎提出一条重要的情感规则,即"一个情感只有通过一个和它相反的、较强的情感才能克制或消灭"[59]。因为所谓情感乃是心灵借以肯定其身体具有比前此较大或较小的存在力量的一个观念,心灵之所以具有这样一个观念,乃是因为身体受外界事物激动而产生了一个具有比前此较大或较小存在力量的情状,这种身体的情状从它自己的原因得到一种力量以保持自己的存在。因此,除非有别的外在原因激动身体使其产生一个与这一情状相反的并且较强烈的情状,否则不能克制或取消这一情状的存在,而且也只有在身体具有了一个能克制或取消这一情状的新情状,心灵才会感到这种新情状的观念,从而心灵才会感到一种与前此情感相反的并且较强的情感,而这种较强的情感才可以排斥或消灭原先的情感的存在。所以善恶的真知识如果仅仅作为真知识而言,是绝不能克制情感的。事实上有很多经验都表明,从善恶的真知识所产生的欲望,可以为许多别的由刺激我们的情感而发生的欲望所压制或克服,例如吸毒人明知吸毒是坏事,但他

---

[59] 斯宾诺莎:《伦理学》,贺麟译,商务印书馆,1959 年,第 162 页。

仍要吸毒；而且由善恶的知识所引起的欲望，特别是这种知识只是和将来相关联，较容易被对当前甜蜜的东西的欲望所压制或克服，例如我们明知抽烟对身体的危害，将来可能导致肺癌，但我们仍经不住香烟的现时诱感。因此斯宾诺莎说："就善恶的真知识作为仅仅的真知识而言，绝不能克制情感，唯有就善恶的真知识被认作一种情感而言，才能克制情感"[60]，"就克制情感而论，智人与愚人之间没有高下之分"[61]。这里也表明了斯宾诺莎对于那些试图通过天堂和地狱的说教来拯救人类的宗教以及那些试图通过抽象的善恶标准来规劝人类行善的规范伦理学的反对态度。

这样，我们就进入了斯宾诺莎伦理学的核心部分，即理性如何克制情感，以及什么是人的心灵的自由和幸福。

按照斯宾诺莎的看法，虽然人作为自然界的一部分，是被无限多更强而有力的事物所包围，其保持自己存在的力量异常有限，而且无限地为外界事物的力量所超过，因而必然受制于被动的情感，而且很难摆脱和克制这种情感，但是我们绝不能因此而绝望。他说他之所以指出人们这种必然受情感奴役而无法自拔的悲惨命运，真正的意思在于告知"了解人性的刚强有力处与了解人性的薄弱无力处，有同等的必要，这样我们就可以决定，对于克制情感，什么是理性可以为力的，什么是理性无能为力的"[62]。因此，他的目的仍在

---

[60] 斯宾诺莎：《伦理学》，贺麟译，商务印书馆，1959年，第167页。
[61] 斯宾诺莎：《伦理学》，贺麟译，商务印书馆，1959年，第169页。
[62] 斯宾诺莎：《伦理学》，贺麟译，商务印书馆，1959年，第169页。

于指出一条理性真能克制情感的奴役并获得心灵的自由和幸福的切实途径,这条途径就是他所说的,"只从心灵的知识去决定医治情感的药剂"[63],也就是以心灵对自然的真知识去征服情感的途径。

正如我们在前面所说的,情感的形成基于心灵的想象,是心灵凭借自己身体的情状的观念而对于外界事物的一种反应,以表现自己对身体活动力量的增加或减少的肯定。因此,情感之所以对我们来说是被动的,或者说,我们之所以受制于情感而不得解脱,乃是因为我们依据于想象的认识。这一点斯宾诺莎讲得很清楚,他说:

> 只要我们仅仅知道想象事物,或者只要我们受感触而起某种情感,这种情感包含我们身体的性质和外界物体的性质时,那么我们必然被动。[64]

而什么叫我们的被动呢?那就是我们对于激动我们身体的外界事物没有正确的观念,因为按照《伦理学》第三部分命题一,我们的心灵"只要具有正确的观念,它必然主动;只要具有不正确的观念,它必然被动",所以斯宾诺莎说:

> 快乐、痛苦以及由它们组合而成或它们派生出来的情感,乃是被动的情感,只要我们一有了不正确的观念,

---

[63] 斯宾诺莎:《伦理学》,贺麟译,商务印书馆,1959年,第223页。
[64] 斯宾诺莎:《伦理学》,贺麟译,商务印书馆,1959年,第134页。

> 我们便必然被动，并且只因为我们有了不正确的观念，
> 我们才必然被动。[65]

因此，我们可能摆脱情感奴役，从而使我们从被动状态转变成主动状态的唯一途径，只在于以一种理智的认识替代想象的认识，使我们对事物具有的不正确的观念转变成正确的观念。

这样，斯宾诺莎把他的伦理学探讨与他的认识论探讨结合了起来。在认识论中，他特别强调想象和理智这两种认识方式的巨大区别，以指出理智才是我们达到事物真知识的唯一途径。现在，在伦理学里，他也特别强调这两种认识方式在对待和处理情感方面的巨大差别，以指出唯有通过理智才能克服想象所造成的情感对于我们的奴役，亦唯有通过理智才能使我们达到心灵的自由和幸福。

他的论证是依据这样一个基本假定："如果我们使心中的情绪或情感与一个外在原因的思想分开，而把它与另一个思想连接起来，那么对于那外在原因的爱或恨以及由这些情感所激起的心灵的波动，便将随之消灭。"[66] 这里所谓思想，我们应当理解为观念。因为构成爱或恨等情感本质的东西，乃是伴随着一个外在原因的观念而引起的快乐或痛苦，假如现在我们把这个外在原因的观念排除掉，或用另外一个观念

---

[65] 斯宾诺莎：《伦理学》，贺麟译，商务印书馆，1959年，第134页。
[66] 斯宾诺莎：《伦理学》，贺麟译，商务印书馆，1959年，第223—224页。

去代替这个观念,那么爱或恨等情感的本质也就随之被排除掉,或者被改变,因此这些情感和由这些情感所激起的任何其他情感也将被消灭。

根据这一基本假定,斯宾诺莎提出了如下五种理性克制被动情感的主要方法:

(一)以清楚明晰的正确观念替代混淆的不正确观念来克服被动的情感,见《伦理学》第五部分命题三:"一个被动的情感只要当我们对它形成清楚明晰的观念时,便立即停止其为一个被动的情感。"这也就是以我们对自身情感的正确理解来克服被动情感的方法,他说:

> 每一个人都有清楚明晰地了解他自己和他自己的情感的力量,因此他可以使他少受情感的束缚。所以我主要的努力对每一情感尽可能获得清楚明晰的知识,这样就可以引导心灵由那个情感而去思想它所能清楚明晰认识、且能完全令心灵感到满足的东西,并且可以使那个情感与它的外在原因的思想分离开,并与真思想相结合。这样,不仅爱、恨等情感可以消灭,而且习于从这种情感或发生的欲望或要求亦不会过度。[67]

例如,人的本性总是想他人依照他的意思而生活,这种欲望在一个不具有正确观念的人,或者说没有理性指导的人那里,显然就是被动的情感,我们可以叫作野心,与骄傲无

---

[67] 斯宾诺莎:《伦理学》,贺麟译,商务印书馆,1959年,第225页。

异;反之,这种欲望在一个具有正确观念的人,或者说依理性指导的人那里,则是主动的德行或德性,叫作责任心。同样,所有其他的要求或欲望,只有起于不正确观念,才算是被的情感,而凡是为正确的观念所引起的或产生的欲望,才属于德性之内,因此斯宾诺莎说:"在我们能力范围内去寻求克制情感的药剂,除了力求对于情感加以真正理解外,我们实想不出更良好的药剂了,因为我们上面已指出过,人的心灵除了具有思想的力量和构成正确观念的力量以外,没有别的力量。"[68]

(二)以对事物必然性的知识替代单纯想象的知识来克服被动的情感,见《伦理学》第五部分命题六:"只要心灵理解一切事物都是必然的,那么它控制情感的力量便愈大,而感受情感的痛苦便愈少。"这也就是以对事物的必然性的知识来克制被动情感的方法。自然界中的任何事物的产生或消灭,都有其必然产生或消灭的原因,如果我们认识到它们之所以产生或消灭的必然原因,那么我们对它们所产生的各种被动情感也就会减轻。斯宾诺莎说:

> 心灵可以理解一切事物都是必然的,并且可以理解一切事物的存在与动作都是被无限的因果联系所决定的,因此心灵可以少受这些事物所引起的情感的痛苦,而且心

---

[68] 斯宾诺莎:《伦理学》,贺麟译,商务印书馆,1959年,第225—226页。

灵也可以少受这些事物的激动。[69]

斯宾诺莎从生活中举出许多经历来证明这一方法的可行性，譬如，当我们陷于极悲惨的境遇而万分痛苦时，如果我们认识到我们之所以陷于这种命运乃是必然的，即使别人处于我们这种地位，也会必然是这样，那么我们的痛苦可能会得到减轻；再如，某人因失掉了他心爱的人或物本感到痛苦，但当他认识到他所失掉的人或物在任何情况下都是不可避免的，那么他的痛苦也会得到减轻；同样，我们绝不会因为一个婴孩不能说话、不能走路或不会推理而怜悯他，因为我们不会认为婴孩不能做这些事乃是自然的过失或缺陷，而是认为这些对于人的幼稚时期乃是自然的和必然的，所以斯宾诺莎写道：

> 那个能正确理解事物莫不出于神性之必然、必不依自然的永恒律令而发生之人，事实上将必不会发现任值得恨、笑或轻视的东西，也将必不会怜悯任何人，而只就人的德性之所能达到的力量，努力去做善事，也可以说，努力去求快乐。[70]

（三）以理智的秩序替代想象的秩序去整理或联系身体的情状来克服被动的情感，见《伦理学》第五部分命题十：

---

[69] 斯宾诺莎：《伦理学》，贺麟译，商务印书馆，1959年，第226页。
[70] 斯宾诺莎：《伦理学》，贺麟译，商务印书馆，1959年，第193页。

"只要我们不为违反我们本性的情感所侵扰,我们便有力量依照理智的秩序以整理或联系身体的情状。"这里实际上是强调理性的信条或准则对于情感的支配作用。我们的情感之发生乃基于我们的想象,也就是依赖于我们用想象的秩序去整理和联系我们身体的情状,现在如果我们不依想象的秩序而依理智的秩序去整理和联系我们身体的情状,那么我们就不会为被动的情感所侵扰。斯宾诺莎说:

> 根据能将身体的情状加以适当的整理和联系的力量,我们便可不致易于为恶的情感所激动。因为要想克制依照理智的秩序排列着或联系着的情感,比起克制那不确定、不坚定的情感实需要较大的力量。所以只要我们对我们的情感还缺乏完备的知识时,我们最好是订立一个正确的生活指针或确定的生活信条,谨记勿忘,不断地应用它们来处理日常生活中发生的特殊事故,这样庶可使我们的想象力受到这些指针和信条的深刻影响,感到它们随时均在心目中。[71]

例如,在我们受到某人的侮辱时,如果我们想到我们真正的幸福在于相互的友谊和亲善,并以这种理性信条指导自己的生活,那么我们就会宽宏大量地对待别人的侮辱,使自己获得心灵的至高宁静。不过,斯宾诺莎告诫我们说,这一方法要取得有效的结果,首先我们必须对于理性信条或原则

---

[71] 斯宾诺莎:《伦理学》,贺麟译,商务印书馆,1959年,第229页。

有充分的理解，而且对它们充满深厚的爱。他说，凡是纯因爱自由之故而努力克制其情感与欲望的人，将必尽力以求理解信条和原则形成的原因，且将使心灵充满着由对关于信条和原则的正确知识而引起的愉快，这样他才能最后达到制服被动情感的目的。

（四）以对情感的多方面原因的思考替代对情感的单方面原因的思考来克服被动的情感，见《伦理学》第五部分命题九："一个与许多不同的原因相关联的情感，如心灵能同时考察这个情感及其许多不同的原因，则比起只与一个原因或较少原因相关联的同样有力的情感其为害少，我们感受痛苦也少，而我们受每一原因的激动也少。"这也就是以对情感的全面认识或以对多种事物的认识来制服被动情感的方法。这一点在我们的生活中也是明显的，例如，当我们心情烦闷，特别是被某一人或一事激怒的时候，如果我们放开思想，多考虑一些别的事物，我们的情感就会减弱，心情也会转为平静。再如，当某人太急于追求荣誉，我们且让他思考荣誉的正当用处、他所以要追求荣誉的目的，以及他怎样获得荣誉的方法，这样他的急于追求荣誉的情绪就会得到抑制，并很可能以一种正当的途径去取得荣誉。

（五）以对自身德性的充分理解和理智的爱来克服被动的情感，见《伦理学》第五部分命题四十二："幸福不是德性报酬，而是德性自身；并不是因为我们克制情感，我们才享有幸福，正相反，乃是因为我们享有幸福，所以我们能够克制情感。"前面四种方法均是通过对于我们的情感和激动我们的外界事物的正确理解来达到克服情感的目的，因此我们可以叫作外在的方法，通过这些方法虽然在某种程度上可以使我们的情感得到抑制，但它们不能绝对地制服情感，所以斯宾诺莎说，"我们并没有克制情感的绝对权威"[72]。因此他需要找寻一种根本的内在的方法，以达到绝对征服被动情感的目的，这就是通过对于我们自身的德性，也就是通过对于我们心灵最高的善的充分理解和理智的爱以获得心灵最终解放的途径。如果说前面四种方法均是知识型的方法，那么最后这种方法就是伦理型的方法。它是以一种最纯粹最高洁的情感——对神的爱——来征服一切困扰人的被动情感，以达到灵魂的最高满足。斯宾诺莎说：

> 心灵愈能享受这种神圣的爱或幸福，他便愈能理解；换言之，心灵控制情感的力量将愈大，而且心灵受恶劣情绪的损害将愈小；所以这正是由于心灵享受这样神圣的爱或幸福，因而它才是具有克制情感的力量。[73]

不过，这种爱或情感在斯宾诺莎这里也是一种知识，即对神的知识。他说："心灵的最高的善是对神的知识，心灵的最高的德性是认识神。"[74] 凡是从神的知识出发来认识一切的人，他的心灵和德性达到最高的完满，因为此时"他的灵魂是不受激动的，而且依某种永恒的必然性能自知其自身，能

---

[72] 斯宾诺莎：《伦理学》，贺麟译，商务印书馆，1959年，第220页。
[73] 斯宾诺莎：《伦理学》，贺麟译，商务印书馆，1959年，第248页。
[74] 斯宾诺莎：《伦理学》，贺麟译，商务印书馆，1959年，第175页。

知神，也能知物，他绝不会停止存在，而且永远享受着真正的灵魂的满足"[75]。斯宾诺莎有时把心灵的这种最高境界称之为宗教："当我们具有神的观念或当我们认识神的时候，我们一切的欲望和行为皆以我们自己为原因，我认为这就算是宗教。"[76]人达到了这种境界，就能"在永恒的形式下"观认一切，同时自己的心灵也得到了彻底的解放，成为永恒的心灵。不过，斯宾诺莎也指出，这是一条极为艰难之路，它需要我们终身为之奋斗。他说，"由这条道路那样很少被人发现来看，足以表明这条道路诚然是很艰难的"，但是"这确实是我们可以寻求得到的道路"，我们绝不能因为它很少为人所发现而忽视这条崎岖难走之路，因为"一切高贵的事物，其难得正如它们的稀少一样"[77]。

四、自由人的哲学

由上述心灵克制情感的种种方法我们可以得知，心灵之所以能控制情感，仅在于心灵具有理智的力量。心灵因具有这种力量，所以它能对于情感及其对象具有正确的必然的全面的知识，能将情感本身与我们混淆想象着的外在原因分开，能将情感与许多别的原因相联系，能将情感按照理智的

---

[75] 斯宾诺莎：《伦理学》，贺麟译，商务印书馆，1959年，第249页。
[76] 斯宾诺莎：《伦理学》，贺麟译，商务印书馆，1959年，第183页。
[77] 斯宾诺莎：《伦理学》，贺麟译，商务印书馆，1959年，第249页。

秩序加以重新整理，特别是能获得最高的永恒的知识即对神的知识。因此，心灵制服情感的力量，就是心灵的理解和认识的力量，特别是心灵的对神的理解和认识的力量。刚强有力的心灵和薄弱无力的心灵、主动的心灵和被动的心灵，其根本的差别就在于是否具有知识，特别是否具有神的知识。

这样，我们就可以理解斯宾诺莎所说的奴隶和自由人的差别了。奴隶就是受情感或意见支配的人，他不求理解而行动，或者说他行动而不知所以然；反之，自由人则是为理性指导的人，他不为任何盲目的情感或意见所支配，他的行动基于充分地理解，或者说纯出于自身。斯宾诺莎写道：

> 受情感或意见支配的人和为理性指导的人，其区别何在？前者的行为，不论他愿意与否，完全不知道他所做的是什么；而后者的行为，不是受他人的支配，而是基于自己的意志，而且仅作他所认识到在他的生活中最为重要之事，亦即仅追求他所愿望的对象。因此我称前者为奴隶，称后者为自由人。[78]

自由人首先就是纯依理性指导的人。何为依理性的指导？即依自己本性的法则而行，以努力保持自己的存在；因此纯依理性指导的人，就是"在寻求自己的利益的基础上，以理性为指导而行动、生活和保持自我的存在"[79]的人。凡

---

[78] 斯宾诺莎：《伦理学》，贺麟译，商务印书馆，1959年，第205页。
[79] 斯宾诺莎：《伦理学》，贺麟译，商务印书馆，1959年，第173页。

依理性指导的人，他所做的任何事，都是最符合我们生存要求、最为有益于我们的事，也就是能使我们达到最高完善的事。

自由人也就是对己、对物和对神最具有透彻知识的人。因为所谓理性无非只是对己、对物和对神的透彻知识或理解；所谓依理性指导而行，无非只是按照自己关于自身、外物和自然的知识而行。凡具有这种透彻知识或理解的人，其心灵不受任何情感的支配，心灵获得最大的宁静，在永恒的形式下观认自然的一切必然变化。

自由人也是最为乐观、充满生之信念的人。因为凡是能正确理解事物莫不出于神性之必然、莫不依自然的永恒律令而发生的人，将不会具有任何痛苦、忧郁或其他妨碍自我保存的情感；"自由人绝少想到死，他的智慧不是死的默念，而是生的沉思"[80]。

自由人也是最有力量、最为主动的人。自由人是纯依理性指导的人，因此他所做的任何事，都不是由任何外物所决定，而是单独由他的本质所决定，并单独通过他的本质所理解，所以他是最为主动和最有力量的人。斯宾诺莎以智人和愚人的对比来说明自由人的一种主动性和坚强力量：

> 愚人在种种情况下单纯为外因所激动，从来没有享受过真正的灵魂的满足，他生活下去，似乎并不知道他自

---

[80] 斯宾诺莎：《伦理学》，贺麟译，商务印书馆，1959年，第205—206页。

己、不知神，亦不知物，当他一停止被动时，他也就停止存在了。反之，凡是一个可以真正认作智人的人，他的灵魂是不受激动的，而且依某种永恒的必然性能自知自身、能知神，也能知物，他决不会停止存在，而且永远享受着真正的灵魂的满足。[81]

最后，自由人永远是认识自然的永恒必然性的人，并且按照这种永恒必然性而行动的人。正如上面所述，不论是自由人的理性、知识、信念，还是自由人的行动和力量，最终都是出于他对神性的必然性的理解，因此他的行动绝不是随心所欲和恣意妄为，而是遵循自然的永恒法则的必然结果。斯宾诺莎把这种与整个自然的法则相和谐的行动称之为心灵的最高满足，他说："如果我们清楚明晰地了解这点，则我们为理智所决定的那一部分，亦即我们的较高部分，便可得到充分的满足，而且要努力保持在这种满足里。因为我们既了解我们只能追求有必然性之物，则我们只有对于真理才能满足。所以只要我们对于这点有了正确的了解，则我们的较高部分的努力将可与整个自然的法则谐和一致。"[82]

这也就是斯宾诺莎整个哲学的最终目的，即寻求"人的心灵与整个自然相一致的知识"[83]。

---

[81] 斯宾诺莎：《伦理学》，贺麟译，商务印书馆，1959年，第248—249页。
[82] 斯宾诺莎：《伦理学》，贺麟译，商务印书馆，1959年，第218—219页。
[83] 斯宾诺莎：《知性改进论》，贺麟译，商务印书馆，1960年，第21页。

从上述我们可以看出，斯宾诺莎是把自由人的基础建立在对必然性的认识之上的。因此，自由，在斯宾诺莎看来，就是对必然性的认识，以及由此种认识而来的行动。

我们需要对斯宾诺莎这种自由观念做一些哲学的解释。按照通常的看法，自由是与必然相对立的。凡是自由的，就不是必然的，反之，凡是必然的，就不是自由的，而斯宾诺莎在这里却把这两个似乎互不相容的东西结合了起来，以致自由成了所认识的必然。要理解斯宾诺莎这种观点，我们必须返回到他的本体论即自然系统。在那里他区分了两种必然，即内在的或自由的必然和外在的或强制的必然。在斯宾诺莎看来，一物之所以被称之为必然的，有两种方式，或者是由于该物的本质，或者是由于该物的外因。他说：

> 一物之所以称为必然的，不由于其本质使然，即由于其外因使然，因为凡物之存在不出于其本质及界说，必出于一个一定的致动因。[84]

这就是说，事物有两种必然，一种必然是由于其内在本性，即出于其内在本质或界说，一种必然是由于它的某个外因，即出于某个在它之外的致动因。凡是出于事物自身内在本性的必然，我们可以叫作内在的必然，反之，凡是出于事物自身之外的某个原因的必然就叫作外在的必然。按照斯宾诺莎的看法，内在的因素就是自由的因素，反之，外在的因素则

---

[84] 斯宾诺莎：《伦理学》，贺麟译，商务印书馆，1959年，第30页。

是强制的因素，所以他在《伦理学》第一部分里给自由和必然下的定义是：

> 凡是仅仅由自身本性的必然性而存在，其行为仅由它自身决定的东西叫作自由，反之，凡一物的存在及其行为均按一定的方式为他物所决定，便叫作必然或受制。[85]

由此可见，斯宾诺莎所定义的自由，其实并不是我们一般所理解的那种与必然相分离或对立的自由，而是一种必然。只不过这种必然不是外在的必然，而是内在的必然，即一种不是出于外在原因，而是出于自身内在本性的必然。自由和必然的区别不在于一个不是必然，另一个是必然，而在于它们两者都是必然，只不过一个是内在的或自由的必然，另一个是外在的或强制的必然。

斯宾诺莎曾经在一封给友人的信中这样解释了他关于自由和必然的观点，他说："现在转到他说是我的那个自由的定义上来，但是我不知道他是怎样理解的。我是说凡是仅仅之由其自身本性的必然性而存在和行动的事物是自由的，反之，凡一物的存在和行动均按一定的方式为他物所决定则为受制。例如，神虽然存在是必然的，但它是自由地存在，因为它仅仅由于他自己本性的必然性而存在，所以神也自由地认识其自身和绝对地认识一切事物，因为仅从它自身的本性的必然性就可推知它能认识一切事物。因此，您可以看到，

---

[85] 斯宾诺莎：《伦理学》，贺麟译，商务印书馆，1959年，第4页。

我并没有把自由放在自由的决定上,而是置于自由的必然上。"[86] 从斯宾诺莎这里关于神的自由的解释,我们可以看出,他所谓的自由就是指内在的必然,他所说的"自由的必然"(Libera necessitas)这一用语最清楚地表现了这一点。

如果我们用这种自由观念来考察人的行为,那么我们就可以清楚理解何为人的自由了。人作为有限样态,正如其他个别事物一样,其行为也必然受两种因素所决定,或者是由某个或某些外因所决定,即由某个或某些同样有限的且有一定存在的个别事物所决定;或者是由人自身的内在本性或本质所决定,即由作为人的现实本质的追求自我保存的努力所决定。在前一种情况下,由于决定人的行为的东西是外因,所以他的行为的必然性是一种外在的必然性,因而这种行为不是自由的。但在后一种情况下,由于决定人的行为的东西是人自身的内在本性或本质,即他自身的努力,所以人的行为的必然性就不是一种外在的必然性,而是一种内在的必然性,因而他的行为就是自由的。例如,我为了保持自己身体健康,我每天坚持体育锻炼,虽然我进行体育锻炼这一行为也是由于一个原因所决定的,因而也是必然的,但因为这个原因不是外因,而是出于我自身的努力,即竭力保持自身存在的追求,因此当我主动进行体育锻炼时,我就不是受制于强迫的或外在的必然,而是基于一种内在的或自由的必然,因而我的行为就是自由的。

---

[86] 《斯宾诺莎书信集》,英译本,1928 年,第 294 页。

自由是对必然的认识,也必定使自由永远是现实的和可行的。人的自由不能使人去做他所不能做的事,也不能使人不去做他所能做的事。如果人的自由能使人去做他所不能做的事,或使人不去做他所能做的事,那么这种自由绝不是真正的自由,而是一种虚幻的想象的自由。对于斯宾诺莎来说,自由永远是发自自身内在本性的一种现实的必然活动。

由此,斯宾诺莎得出他的整个学说必然会给人类带来四大效用:

第一,他的学说将使我们认识到自己的一切行为唯以神的意志为依归,我们愈益知神,我们的行为愈益完善,我们参与神性也愈多。所以这个学说不仅足以使心灵随处恬静,且足以指示我们至善或最高幸福唯在于知神,且唯有知神方足以引导我们一切行为都以仁爱和真诚为准。

第二,他的学说将使我们如何正确应付命运中的事情,或者不在我们力量以内的事情,即不出于我们本性中的事情,因为这个学说教导我们对于命运中的幸与不幸皆持同样的心情去镇静地对待和忍受,因为我们知道一切事物都依必然法则出于神的永恒命令,正如三内角之和等于两直角之必然出于三角形的本质一样。

第三,他的学说将使我们不憎恨人、不轻蔑人、不嘲笑人、不愤怒人、不嫉妒人,而唯以满足自己和扶助他人为己任,专心致力于增进人类的协调和友谊,促进公共的福利。

第四,他的学说对于政治的公共生活也不无补益,因为它足以教导我们依什么方式来治理和指导公民,才可使人民不为奴隶,而能自由自愿地做最善之事。

第七章　斯宾诺莎在哲学史上的影响

斯宾诺莎在他生前和死后相当长的一段时期内一直被人指责为"无神论者"。如果"无神论者"这一名称是在我们现在的意义上加以理解，那么应当说这是斯宾诺莎当之无愧的光荣称号；但是在当时，由于统治阶级的欺骗和神学家们的宣传，"无神论者"在人们心中却是一个大逆不道的亵渎名称，而且同追求财富、贪求享乐、放纵肉欲等不道德的行为联系在一起，因此斯宾诺莎不仅遭到神学家们的恶毒攻击，而且也受到一些思想家和哲学家们的歧视。培尔（Pierre Bayle, 1647—1706）在《历史和批判辞典》里对斯宾诺莎的评价可能是这一时期对斯宾诺莎的正统看法。培尔一方面赞扬斯宾诺莎的人格，说他是一位"和蔼可亲的、友好的和完全善良的人"，另一方面却对他的无神论的学说表示极端的厌恶，认为他的哲学乃是"最最荒诞不经的假说"[①]。这种看法一直影响到十八世纪法国启蒙思想家和百科全书派哲学家，虽然这些思想家和哲学家在自己的理论里运用了斯宾诺莎关于实体是自因的、无限的和唯一的自然学说，并且对于

---

① 培尔：《历史和批判辞典》，英译本，斯宾诺莎词条。

斯宾诺莎的为人极为尊敬，赞扬他的摈弃尘世一切享乐的清贫生活和独立人格，但是对于他的哲学却表示极端的鄙视，认为他的哲学是晦涩的怀疑论，是把几何学公式和形而上学词汇加以荒谬联系的变戏法[2]。在英国，斯宾诺莎的处境更坏，据说霍布斯当看到别人给他的斯宾诺莎遗著时说："不要认为别人对你没有批评。"[3]巴克莱（Berkeley）实际上是读过斯宾诺莎的著作，并且还从《伦理学》和《书信集》里做了一些引证，但他把斯宾诺莎和霍布斯的无神论一起加以谩骂，认为他们纯属于"狂诞的幻想"[4]。大卫·休谟（David Hume）则更是攻击不遗余力，说斯宾诺莎无神论的基本原则乃是"骇人听闻的假设"[5]。因此，正如斯宾诺莎自身在他短暂的有生之年受到极为不公的对待一样，他的哲学在他死后也遭受到了可悲的命运，差不多有一个世纪的漫长时期他一直处于"死狗"（引自莱辛语）的地位。

不过，这时期有一个人是对斯宾诺莎了解的，这就是不仅真正读过斯宾诺莎著作，而且亲自与斯宾诺莎接触交谈过的德国大哲学家莱布尼茨。从斯宾诺莎的传记和通信里我们知道，莱布尼茨早在1671年冬天就同斯宾诺莎有关于数学和光学问题的通信，斯宾诺莎不仅做了答复，还寄赠一本《神学政治论》给他。四年后，莱布尼茨在巴黎遇见了斯宾诺莎的一位朋友，曾请他转致意斯宾诺莎给他一部《伦理

---

[2] 参见《美国哲学百科全书》，斯宾诺莎条目。
[3] 转引自罗斯（L. Roth）的《斯宾诺莎》，第199页。
[4] 见弗拉策编的《巴克莱著作集》，第2卷，第334页。
[5] 大卫·休谟：《人性论》，商务印书馆，1980年，第270页。

学》抄本。1676年莱布尼茨还专程来海牙看视斯宾诺莎,并且同他做了很长时间的学术讨论,临别时还带走了一部《伦理学》手稿。

从表面上看来,莱布尼茨的哲学正好是斯宾诺莎的对立面。斯宾诺莎认为自然中每一事物如果不与其他事物发生联系就不能存在,也就是说,他主张只有一个东西存在,即一切事物相互联系所形成的最高存在系统。而莱布尼茨的主张正相反,他认为存在的事物都是自我封闭而不发生关系的,单子没有窗户,宇宙是由不相联系的个体所组成。斯宾诺莎是一元论者,而莱布尼茨则是多元论者。但是,这绝不是说莱布尼茨没有任何受惠于斯宾诺莎的地方,事实上莱布尼茨关于个体事物所讲的,正是斯宾诺莎关于系统所讲的话,他的灵魂理论、先定和谐学说以及自由和圆满性理论都紧地依赖于斯宾诺莎的观点,正如莱布尼茨自己在1678年的一封信里所承认的,"已故的斯宾诺莎先生的遗著终于出版了。我在其中发现有许多好的思想是类似于我的,正如我的一些朋友所知道的,而这些朋友也是斯宾诺莎的朋友"[6]。不过,正如大多数德国思想界庸人一样,莱布尼茨的心胸是非常狭窄的。在斯宾诺莎死后,虽然他极力想获取斯宾诺莎的著作,然而他却闭口不谈他同斯宾诺莎的关系,并且曾经因为他的名字出现在斯宾诺莎遗著的书信集里感到很恼火,以致莱布尼茨曾受到这位海牙哲人的影响这一事实被埋没了很久,直到十九世纪斯太因(L. Stein)的《莱布尼茨和斯宾

---

[6] 转引自罗斯的《斯宾诺莎》,第206页。

诺莎》（柏林，1890）一书出版，我们才知道这两位大哲学家思想联系的真相。

正当斯宾诺莎在欧洲各国默默无闻处于"死狗"的地位时，1780年德国伟大的文学批评家莱辛（G. E. Lessing, 1729—1781）同雅可比（F. H. Jacobi, 1743—1819）的谈话重新揭示了已被埋没了一百多年之久的斯宾诺莎哲学的真正价值。这是由于一个偶然的机会，在莱辛死后雅可比问一个为莱辛作传的名叫门德尔松（M. Mendelssohn, 1729—1786）的人是否知道"莱辛曾经是一个斯宾诺莎主义者"，从而双方展开通信辩论而引出的。莱辛在与雅可比的谈话中表示了他对斯宾诺莎的崇拜和尊敬，称斯宾诺莎为他的老师，并说"除了斯宾诺莎哲学中，没有别的哲学"。雅可比虽然是从沃尔夫（Christian, Wolff, 1679—1754）对斯宾诺莎的批驳中知道斯宾诺莎思想的，但在莱辛的启发下，他没有像他同时代人那样蔑视斯宾诺莎，而是努力去理解这位哲学家。经过深入钻研斯宾诺莎著作，他确信："如果我们要成为哲学家的话，那么没有别的选择，我们只能是斯宾诺莎主义者。"⑦

莱辛和雅可比的谈话以及由此而引起的雅可比和门德尔松关于斯宾诺莎的论战，可以说是斯宾诺莎哲学在德国的复兴（Renaissance）。自此之后，斯宾诺莎和康德同为支配德国哲学潮流的两大柱石。康德虽然在他前大半生很少提到斯宾诺莎，而且往往是批判性的引证，但他在晚年突然感到斯

---

⑦ 转引自罗斯的《斯宾诺莎》，第208页。

宾诺莎重要了，把斯宾诺莎看成他自己的先验唯心论的先驱。他说："先验唯心论就是把客体置于其自身观念总和里的斯宾诺莎主义。"⑧ 费希特（J. G. Fichte, 1762—1814）在他年轻的时候就受过斯宾诺莎的影响，热烈赞扬他的万物受制于必然的决定论观点，并把自己的哲学称之为"真正的系统的斯宾诺莎主义"⑨。谢林（F. W. J. von Schelling, 1759—1805）曾把他自己的同一哲学与斯宾诺莎哲学加以对比，说他的哲学与斯宾诺莎的哲学，犹如"完善的希腊雕像"之于"呆板的埃及原作"一样⑩，他的所谓"理智的直观"（intellectuale Anschauung）就是斯宾诺莎的"在永恒的形式下"观认一切事物。黑格尔更是对斯宾诺莎哲学表示无限的崇敬，他说："斯宾诺莎是近代哲学的重点，要么是斯宾诺莎主义，要么不是哲学"，"要开始研究哲学，就必须首先做一个斯宾诺莎主义者"⑪。如果我们深入研究一下德国古典哲学史，那么我们将会清楚看到，正是通过斯宾诺莎的体和用、一和多、实体和样态、无限和有限、绝对和相对这些概念在德国思辨哲学里的辩证展开，德国古典哲学才得以发展，从本质上看，德国思辨思想无非只是发展了的斯宾诺莎主义。⑫ 不过，在德国这些唯心论哲学大家那里，斯

---

⑧ 《康德全集》，第 22 卷，第 64 页。
⑨ 《费希特著作集》，第 1 卷，第 317 页。
⑩ 谢林：《关于人的自由的本质的哲学讨论》，转引自海涅的《论德国宗教和哲学的历史》，商务印书馆，1974 年，第 68 页。
⑪ 黑格尔：《哲学史讲演录》，第 4 卷，第 100—101 页。
⑫ 有关这方面的详细情况请参阅拙著《斯宾诺莎与德国哲学》，德

宾诺莎哲学性质是单方面被发挥了的，他们大都是比唯心主义精神来解释斯宾诺莎，结果使斯宾诺莎的实体变成了一种抽象的思辨本质，丧失了对自然的具体关系。依照黑格尔的看法，斯宾诺莎的实体"只是直接地被认作一普遍的否定力量，就好像只是一黑暗的无边的深渊，将一切有规定性的内容皆彻底加以吞噬，使之成为空无"⑬，因而他认为，斯宾诺莎哲学与其说是无神论，还不如说是无世界论，因为他那里大大地有神，只是完全没有世界⑭。

斯宾诺莎此时不仅得到哲学家的称赞，而且也受到许多文学家和诗人的赞美。诗人兼哲学家赫尔德（J. G. Herder, 1744—1803）和诺瓦利斯（F. L. Novalis, 1772—1801）称崇斯宾诺莎是"醉心于神"的圣人。歌德更是对斯宾诺莎的著作爱不释手，曾数度研究斯宾诺莎的《伦理学》，说斯宾诺莎给他的灵魂带来了宁静和顺从，这位犹太哲学家的著作散发了一种泰然自若和克己自制的清新气息。歌德对斯宾诺莎的倾爱，曾经使赫尔德不快地喊道："如果歌德能拿起一本斯宾诺莎之外的拉丁文书籍，那该有多好！"⑮歌德的感受迅速传染给了海峡彼岸的英格兰，湖畔诗人柯尔律治曾经满腔热情地论述了斯宾诺莎的思想，浪漫派诗人雪莱曾发愿翻译《神学政治论》，而另一位浪漫派诗人拜伦答应为此书作序。一般来说，浪漫主义者是用他们那种对整体的情感和

文版，1989年。
⑬ 黑格尔：《小逻辑》，第316页。
⑭ 黑格尔：《哲学史讲演录》，第4卷，第126页。
⑮ 海涅：《论德国》，商务印书馆，1980年，第101页。

那种倾向于诗意般的半神秘的自然观来理解斯宾诺莎的，因而斯宾诺莎体系里的泛神论因素被夸张了。

继黑格尔之后，唯物论哲学家也对斯宾诺莎表示最大的尊敬，例如费尔巴哈（L. Feuerbach, 1804—1872）曾这样解释过斯宾诺莎：

> 如果我们一旦不再有存在于上帝之外的世界，那么我们也就不再有存在于世界之外的上帝，不再有任何只属理想的、想象的实体，而只有一个实在的实体。这样，用一句话来说，我们便有了斯宾诺莎主义或泛神论。[16]

按照费尔巴哈的看法，斯宾诺莎说上帝是一种有广延的实体乃是表达了"近代唯物论倾向"的真正的哲学说法，他把斯宾诺莎推崇为"现代无神论者和唯物论者的摩西"[17]。随之卡尔·马克思和弗里德里希·恩格斯给予斯宾诺莎哲学以"当时哲学的最高荣誉"，认为斯宾诺莎哲学并没有被同时代的自然知识的狭隘状况引入迷途，它"坚持从世界本身说明世界，而把细节方面的说明留给未来的自然科学"，并把斯宾诺莎看作近代哲学史上"辩证法的卓越代表"[18]。鉴于马克思主义哲学的基本观点是这样接近于斯宾诺莎的哲学观点，俄国马克思主义哲学家普列汉诺夫（G. Plechanov,

---

[16] 费尔巴哈：《未来哲学原理》，第22页。
[17] 费尔巴哈：《未来哲学原理》，第24—25页。
[18] 《马克思恩格斯全集》，第3卷，第59页、第449页。

1856—1918）曾把马克思主义说成是"一种斯宾诺莎主义世界观"[19]。

在现代，正如海涅在十九世纪所预言的，"所有我们现代的哲学家，也许常不自觉地用斯宾诺莎所磨制的眼镜在观看世界"[20]。例如，像尼采这样一位反对一切权威的伟大哲学家也对斯宾诺莎表示令人吃惊的尊敬，他在1881年夏天读了库诺·费舍的《斯宾诺莎》一书后对他的朋友写道：

> 我简直完全惊呆了，完全着迷了，我竟有了这样一位先辈……不仅他的那种独异的倾向是类似我的，即知识要成为最有力的情感，而且他的五个主要观点也是我所承认的，以致这位最奇特和最孤独的思想家在下面这些观点上最接近于我：他否认意志自由、目的论、世界道德秩序、公共利益和罪恶。即使说我们之间有非常明显的差别，但这种差别主要是由于时代、文化和科学背景所造成的。总之，我的孤寂——正如在高山顶上这孤寂使我呼吸困难和心跳加快——至少是两人的。[21]

再有一位独异的哲学家和心理学家弗洛伊德，尽管他的气质和立场与斯宾诺莎相差很远，但正如汉普舍尔（S.

---

[19] 普列汉诺夫：《马克思主义基本问题》，见《新时代》第16卷，第2册（1898），第22页、第554页。
[20] 海涅：《论浪漫派》，人民文学出版社，1979年，第100页。
[21] 引自约维尔（Y. Yovel）的《斯宾诺莎和其他异教徒》，普林斯顿大学出版社，1988年，第2卷，第5页。

Hampshire）所说的，在弗洛伊德的"冲动"（Libido）和斯宾诺莎的"努力"（Conatus）之间存在着惊人的相似，斯宾诺莎的生理——心理平行解释成了弗洛伊德分析下意识的欲望的基础。

二十世纪兴起的两大哲学思潮，即存在主义运动和分析哲学运动，从现象看，是与十七世纪唯理论形而上学根本对立的。存在主义那种认为人在进行哲学思考之前就已经在生存上做出了某些基本选择的观点，显然是与斯宾诺莎的在永恒形式下观认一切的观点水火不兼容的，但即使这样，像雅斯贝尔斯（K. Jaspers）这样伟大的存在主义哲学家也时常受到斯宾诺莎的影响，并著述了一本关于斯宾诺莎的专著。同样，分析哲学家，本来是忙于逻辑、语言分析和科学理论的，但奇特的是，许多分析哲学家却在他们的专职范围外撰写了斯宾诺莎的专著，假如我们想到了纳斯（A. Naess）、汉普舍尔和其他人的话。

最后，我想简单地介绍一下我国研究斯宾诺莎的概况。相对于欧洲对斯宾诺莎的接受，我国接触斯宾诺莎较晚，直到二十世纪初梁启超在日本出版了《西儒学案》，其中才介绍了这位荷兰哲学家。1906年章太炎在《民报》上发表了一篇名为《无神论》的文章，文中高度赞扬了斯宾诺莎的泛神论。他说：

近世斯宾诺莎所立泛神之说，以为万物皆有本质，本质即神，其发现于外者，一为思想，一为面积。凡有思想者，无不具有面积，凡有面积者，无不具有思想，是故

> 世界流转，非神之使为流转，实神之自体流转。

不过，这时期主要是着重于介绍斯宾诺莎无神论和社会政治思想，这是由当时我国社会情况所决定的。继后，诗人郭沫若正如法国文学家罗曼·罗兰一样，高度评价了斯宾诺莎泛神论思想，并把这一思想与我国庄子哲学结合起来。1920年代，贺麟教授留学于美国，通过路易斯（Royce）、怀特（White）哲学而对斯宾诺莎发生浓厚兴趣。为了钻研斯宾诺莎，他专门到德国求教于斯宾诺莎专家格布哈特（C. Gebhardt），并参加国际斯宾诺莎学会。回国后，他致力于斯宾诺莎著作的翻译，曾翻译了《致知篇》和《伦理学》，他试图用朱子理学来融会贯通斯宾诺莎哲学，以"知天则天知"来阐发斯氏精义。今天，在我国又有一批年轻的斯宾诺莎学者，他们写了不少有关斯宾诺莎的著作，并把斯宾诺莎绝大部分著作翻译成中文，斯宾诺莎在我国的影响愈来愈大。

总之，斯宾诺莎哲学已经成为全世界公认的伟大哲学遗产，愈来愈多地吸引了各国哲学家和哲学史家对它进行深入的研究。今天我们的问题不仅是"斯宾诺莎的思想在十七世纪的重要性是什么"，而是"他的思想对于一个不确定的'现在'的意义何在"这个更为重要的问题，这一问题将为我们开辟更为广泛和深入的研究领域和途径。

斯宾诺莎生平和著作年表

家　　史　　祖先原是居住在西班牙的雷翁省埃斯宾诺莎（Espinoza）镇的犹太人。1492年因西班牙封建专制政府对犹太人进行种族和宗教上的迫害，避难到葡萄牙，后又于1592年逃亡到荷兰。祖父阿伯拉罕·德·斯宾诺莎是一位很受人尊敬的犹太商人，曾在阿姆斯特丹犹太人公会担任要职；父亲迈克尔·德·斯宾诺莎继承其父事业，在阿姆斯特丹经营进出口贸易，并担任犹太人公会会长和犹太教教会学校校长。

1632年　11月24日，诞生于阿姆斯特丹。当时取名为本托·德·斯宾诺莎（Bento de Spinoza），本托乃西班牙语，意即受上帝的恩惠。母亲是父亲的第二个妻子。除早夭者外，斯宾诺莎有一兄一姊。本年阿姆斯特丹建立大学。

1636年　四岁　乌特勒支建立大学。

1638年　六岁　母亲死于肺病，葬于奥微尔开克（Ouwerkerk）村。斯宾诺莎在家接受其父的犹太传统教育。

1639年　七岁　以希伯来文拼写的名字巴鲁赫·德·斯宾

诺莎（Baruch de Spinoza）进入阿姆斯特丹一所七年制的犹太教会学校，学习希伯来文、《旧约全书》和犹太典籍。得识两位犹太老师骚尔·摩台勒（Saul Morteria）拉比和马纳塞·本·伊色拉尔（Manassch ben Israel）拉比。

1641年　九岁　为照顾孩子和家庭，父亲续娶了一位从里斯本逃亡出来的犹太女人；后母早年所受的天主教使她感到有一种宗教义务来培养斯宾诺莎，并使她不竭力鼓舞斯宾诺莎过早皈依犹太教。

1642年　十岁　经伊色拉尔的指导，在这期间阅读了中世纪犹太哲学家阿本·以斯拉（Ibn Ezra, 1092—1167）、摩西·麦蒙尼德（Moses Maimonides, 1135—1204）和卡斯达·克雷斯卡（Chasdai Crescas, 1340—1410）的著作。同年，英国哲学家霍布斯（Thomas Hobbes, 1588—1679）的《论公民》拉丁文版匿名在阿姆斯特丹问世。

1645年　十三岁　在校成绩优异，深受老师器重，曾被他们视为犹太教的希望——"希伯来之光"。履行犹太教坚信礼仪式，正式成为犹太教教徒。此时也经常出入父亲经营的商行，帮助父亲料理财经事务。

1646年　十四岁　学校毕业后，在一位德籍家庭教师斐宾格（Felbinger）指导下学习拉丁文。

1647年　十五岁　阿姆斯特丹犹太自由思想家乌利艾尔·达科斯塔（Uriel d'Acosta，生于1590）由于反对灵魂不死和圣经神托的教义，被迫在犹太教堂遭受残酷无情的惩罚，最后自杀，留下著作《人类生活的典范》和《灵魂灭亡论》。

1648年 十六岁 1618年开始的欧洲三十年战争（荷兰反抗西班牙的民族独立战争重新于1621年爆发，交织在内）结束。不久，西班牙国王终于在蒙斯特会议上正式承认荷兰联省共和国，从此荷兰开始了共和时代。

1649年 十七岁 兄死，斯宾诺莎接替其兄工作，正式到商界服务。在这里结识了许多富有新思想的年轻门诺派和社友会（Collegiants）朋友，这些人以后成为斯宾诺莎小组主要成员。法国哲学家笛卡尔（Rene Descartes, 1596—1650）由于自己思想日益受到限制，终于离开自1629年起就避居了二十年的荷兰，到瑞典向女皇克里斯蒂娜讲学。英王查理一世被判处死刑，随后克伦威尔上台。

1650年 十八岁 荷兰内部君主派和共和派斗争加剧。9月30日君主派领袖威廉二世逮捕荷兰议会六名议员，企图限制共和派势力。英国颁布"航海条例"。笛卡尔在瑞典斯德哥尔摩逝世。

1651年 十九岁 1月18日，海牙各省议会全体大会确认联省共和国不是单一的共和国，而是七个共和国的联邦或联盟，从而保证了荷兰在联省内的优势。斯宾诺莎家所经营的商务十分发达。同年，霍布斯的《利维坦》拉丁文版在阿姆斯特丹出版。

1652年　二十岁　进自由思想家范·丹·恩德（Van den Ende, 1600—1674）在阿姆斯特丹开办的拉丁文学校学习拉丁文。这里接触到笛卡尔哲学和自然科学，也得到广泛阅读古代唯物论哲学家卢克莱修（Lucretius, 公元前98—前53）、文艺复兴时期自然哲学家布鲁诺（Giordano Bruno, 1548?—1600）著作的机会。后来担任希伯来语教师，兼教数学等。英荷第一次战争（1652—1654）爆发。

1653年　二十一岁　共和派领袖詹·德·维特（Jan de Witt, 1625－1672）起任荷兰省三级议会大议长。牧师宗教会议迫使国会颁布一个反对索西奴斯教或唯一神教教徒的法令，致使其中有些人后来加入社友会。

1654年　二十二岁　英国对荷作战胜利，迫荷签订《威斯敏斯特和约》。荷兰承担一个"除名条款"。斯宾诺莎家经营的海运商业由于船只遭海盗所劫，损失颇大。3月28日，父死。12月5日，遗产分配发生争执，由姊呈请法院裁决，斯宾诺莎虽胜诉，仍将大部分遗产赠姊。

1655年　二十三岁　荷兰法学家格劳修斯（Hugo Grotius, 生于1583）和法国唯物论哲学家伽森狄（Pierre Gassendi, 生于1592）相继逝世。斯宾诺莎自由思想继续发展。

1656年　二十四岁　7月27日，因为坚持思想自由，怀疑灵魂不灭、否认天使存在和主张上帝是具有广延的存在，犹太教会将斯宾诺莎永远革除教门，并要求市政当局下令驱逐斯宾诺莎出阿姆斯特丹。斯宾诺莎暂时避居新教徒聚居的奥微尔开克村，将名字改为拉丁文拼写的别涅狄克特·德·斯宾诺莎（Benedict de Spinoza），同时以磨透镜为生。

1657年　二十五岁　暂回阿姆斯特丹隐居。

1658年　二十六岁　开始撰写《神、人及其幸福简论》（*Korte Verhandeling van God de Mensch en des Zelfs Welstand*），大约在1660年完成。本文的荷兰文纲要发现于1851年，荷兰文全稿发现于1860年。

1660年　二十八岁　迁居于莱登市郊的莱茵斯堡。这个住屋后来被辟为纪念馆，并以其姓命名所在的街道。在此期间曾以通讯方式指导阿姆斯特丹一个小组学习哲学，主要成员有后来成为医师、戏剧家的梅耶尔（Ludwig Meyer, 1630—1681），最初贩卖香料后转而从事学术工作的耶勒斯（Jarig Jelles, ?—1683），后来对斯宾诺莎给以经济支持的德·福里（Simon de Vries, 1633—1667）、西班牙贸易商代理人彼得·巴林（Peter Balling）和书商詹·利乌魏特茨（Jan Rieuwertsz, 1617—?）等。这些人都是他以前出入商界所结交的社友会教徒，他们并没有因为斯宾诺莎被革出犹太教门而断绝与他往来。

1661年　二十九岁　本年冬至次年春撰写《知性改进论》（*Tractatus de Intellectus Emendatione*），不过未

完成。与英国皇家学会首任秘书亨利·奥尔登堡（Henry Oldenburg, 1615?—1677）相识，后者在 7 月曾去莱茵斯堡造访斯宾诺莎。以后经过奥尔登堡的介绍，英国化学家波义耳（Robert Boyle, 1672—1691）和斯宾诺莎通信讨论科学问题。

1662 年　三十岁　开始写主要哲学著作《伦理学》。经耶勒斯介绍，莱登大学（建立于 1575 年，是荷兰最早最有名的大学）神学系学生约翰尼斯·卡则阿留斯（Johannes Casearius, 1642—1677）来莱茵斯堡向斯宾诺莎求习哲学，斯氏因此人年轻、性情未定，改授笛卡尔的《哲学原理》，在讲授过程中用几何学方法撰成《笛卡尔哲学原理》第二章和第三章一部分，并交给阿姆斯特丹朋友征求意见。英国皇家学会正式成立。

1663 年　三十一岁　4 月，去阿姆斯特丹小住两月。应朋友恳求又改写笛卡尔《哲学原理》第一章，加上自己平日有关形而上学问题的札记，成《笛卡尔哲学原理附形而上学思想》（*Renati des Cartes Principiorum Philos-ophiae more geometrico demonstrate accesserunt eiusdem Cogitata Metaphysica*），在友人梅耶尔作序指明这不是作者本人的观点后，该书拉丁文版在阿姆斯特丹问世，出版者是耶勒斯。6 月，迁至海牙市郊伏尔堡。由于磨制光学镜片优异，荷兰光学家惠根斯

（Christian Huygens, 1629—1695）开始与他交往，并通过惠根斯后来结识对光学同样颇有兴趣的阿姆斯特丹市长胡德（Johan Hudde, 1628—1704）。继续撰写《伦理学》第一部分。

1664 年　三十二岁　英荷第二次战争（1664—1667）爆发。《笛卡尔哲学原理附形而上学思想》由巴林译为荷兰文在海牙出版。12 月，都德莱希特粮商威廉·凡·布林堡（William Van Blyenbergh, ?—1696）写信给斯宾诺莎讨论神学和哲学问题，由于布林堡坚持神学家立场，最后不欢而散。通过胡德结识共和派领袖德·维特，并成莫逆之交。

1665 年　三十三岁　《伦理学》已写至第三部分八十个命题（大约是现存五章《伦理学》的第四章）。为配合共和派反对君主派和加尔文派的政治斗争，暂停《伦理学》写作而开始撰写《神学政治论》。斯宾诺莎健康状况不佳，已有肺病征兆。英国伦敦发生一场大瘟疫，死了近七万人。

1666 年　三十四岁　继续撰写《神学政治论》，并与胡德讨论神学和形而上学问题。

1667 年　三十五岁　荷兰海军袭击英国舰队成功，迫使英国接受和谈。德·维特颁布永久法令，进一步限制君主派奥伦治势力。同年，法荷开始战争（1667—1668），霍布斯的《利维坦》荷兰文版在阿姆斯特丹出版。友人德·福里去世，留下遗嘱要给斯宾诺莎五百佛罗林的年金，但斯宾诺莎只接受三百佛罗林。友人奥尔登堡被监禁伦敦塔狱。继续撰写《神学政治论》，余闲时进行光学研究。

1668 年　三十六岁　继续撰写《神学政治论》。友人法学家和医生阿德里安·考贝夫（Adrian Koerbagh）由于发表了两本书（对宗教和《圣经》的观点和斯宾诺莎十分相近）而被监禁，死于苦役。

1669 年　三十七岁　《神学政治论》接近尾声。余闲时做一些流体物理学实验，并与耶勒斯进行科学讨论。友人巴林去世。

1670 年　三十八岁　应德·维特的邀请，迁入海牙市内，先住在一位早年帮助过格劳修斯躲避政治迫害的寡妇家里，不到一年，移住于一个名叫斯毕克（Spijk）的油漆匠家。《神学政治论》（*Tractatus Theologico-Politicus*）由书商詹·利乌魏特茨在阿姆斯特丹匿名出版，出版处署名"汉堡"，在 1677 年前后各发行两种本子。此时可能开始撰写《希伯来简明语法》（*Compendium Grammatices Linguae Hebraeae*），未完稿。

1671 年　三十九岁　新教教会宣布《神学政治论》为禁书。曾译笛卡尔著作为荷兰文的格拉塞马克（J. H. Glazemaker）把《神学政治论》译成荷兰文，由于斯宾诺莎的请求，此书当时未出版。收到莱布尼茨寄来征求意见的光学著作（*Notitia Opticae Promotae*）。从鹿特丹医生奥斯顿（J. Ostens, 1625—1678）来信得知乌特勒支的凡尔底桑（L.

Velthuysen, 1622—1685) 恶劣攻击《神学政治论》中所谓无神论和不道德原则，斯氏及时做了答辩。重新开始撰写《伦理学》。

1672 年　四十岁　法军再次入侵荷兰（1672—1678）。英荷第三次战争（1672—1674）重新爆发。君主派利用战争危机，煽动群众反对德·维特。8 月 20 日，德·维特兄弟惨遭杀害。斯宾诺莎义愤填膺，写了一张"野蛮透顶"的标语，欲张贴街头，伸张正义，后因房东劝阻，才免一死。

1673 年　四十一岁　2 月，普鲁士选帝侯卡尔·路德维希（Karl Ludwig）要他的参议海德堡大学教授法布里齐乌斯（J. L. Fabritius, 1632—1697）致信斯宾诺莎，聘请他到海德堡大学任哲学教授。由于担心哲学讲授自由受到限制，斯宾诺莎婉言谢绝。5 月，应法军统帅孔德亲王的邀请，前往乌特勒支法军驻地，受到盛情款待。回国后被疑有叛国罪，遭到国人猛力反对。继续撰写《伦理学》。

1674 年　四十二岁　《神学政治论》在莱登再版。神学家再度掀起攻击浪潮，该书终于与霍布斯的《利维坦》和梅耶尔的《哲学是圣经的解释者》一起被荷兰总督奥伦治三世以"宣传无神论"罪名禁止发售和传播。昔日的老师和朋友范·丹·恩德在巴黎因参加一次旨在推翻路易十四的革命行动而被送上断头台。有幸结识年轻的德国哲学家谢恩豪斯（E. W. v. Tschirnhaus, 1651—1708）。同年，研究霍布斯政治学说，并与博克赛尔（Hugo Boxel）讨论幽灵和鬼怪是否存在以及必然与自由关系问题。

1675年　四十三岁　《伦理学》（*Ethica ordine geometrico demonstrata*）完稿，由于受到教会多方反对，放弃出版。由于谢恩豪斯从中撮合，中断了十年之久的奥尔登堡和斯宾诺莎之间的通信恢复。两个以前受过斯宾诺莎影响的人博许（A. Burgh）和斯蒂诺（N. Steno）在罗马皈依天主教，并秉承罗马教会旨意，恶毒攻击斯宾诺莎。

1676年　四十四岁　开始撰写《政治论》（*Tractatus Politicus*），由于病情恶化，只写到第十一章。莱布尼茨来访，得到斯宾诺莎一本《伦理学》抄本。为了反击神学家们对《神学政治论》的污蔑，斯宾诺莎在所藏的样书上增加若干旁注。与谢恩豪斯继续通信讨论形而上学问题。

1677年　四十五岁　2月，病情进一步恶化：21日下午三时，在好友席勒（G. H. Schuller, 1651—1679）身边与世长辞。留下约一百六十本藏书。全部遗著委托耶勒斯处理。生前曾翻译《圣经》为荷兰文，已完成《摩西五经》，死前认为将来不会有人读此书而予以焚毁。25日，葬于斯波耶新教堂，许多著名人士前来吊唁。继后，他的一些最亲密的朋友耶勒斯、梅耶尔和席勒等在社友会的一所孤儿院里汇编死者生前未发表的一些主要著作。11

月，在阿姆斯特丹出版了一部以《遗著》（Opera Posthuma）为书名的拉丁文著作集，共包括斯宾诺莎五篇著作：《伦理学》《政治论》《知性改进论》《希伯来简明语法》和《书信集》。既无编辑者名字，又无出版地点，作者的名字只简单刊以"B. D. S."三个缩写字母。稍后又出版了格拉塞马克翻译的荷兰文版《遗著》（De nagelaten Schriften）。

1678年　6月25日，荷兰政府禁止《遗著》发行，直至十九世纪以前未能重印。《神学政治论》由圣·格兰（Gabriel de Saint Glain）译为法文，以《至圣殿的钥匙》（La Clef du Sanctuaire）的书名在阿姆斯特丹出版，书中注释有31则。

1687年　失传多年的自然科学论文《虹的代数测算》（Stelkon-stige Reeckening Van den Regenboog）发现。

1688年　《神学政治论》的第一种英译本在伦敦出版。

1693年　柯恩拉特（H. Koenraad）以荷兰文翻译并出版《神学政治论》（据拉丁文第一版早期发行本），出版处署"汉堡"。

1694年　惠尔（H. J. von der Weyl）以荷兰文译出《神学政治论》（据拉丁文第一版后期发行本），出版处署名"不来梅"。

1800年　海牙政府在斯宾诺莎最后居住的房屋附近建立斯宾诺莎雕像。

1802 年　默尔（Ch. G. von Murr）出版有 33 则注释的拉丁文本《神学政治论》。保罗斯（G. Paulus）重新开始出版《遗著》拉丁文两卷本。

1862 年　《神、人及其幸福简论》第一次在范·弗洛顿（J. Van Vloten）的《别涅狄克特·德·斯宾诺莎著作补遗》（阿姆斯特丹）里刊行问世。

1882 年　荷兰斯宾诺莎纪念委员会开始出版新编《斯宾诺莎著作集》，编者范·弗洛顿和兰德（J. P. N. Land）。此版是斯宾诺莎著作标准版，初版（1882—1883）时是两卷本，1895—1896 再版时改为三卷本；1914 年三版时，又改为四卷本。前此，斯宾诺莎著作集出版过四次：1802—1803，编者保罗斯，两卷本，耶拿；1830—1831，编者格弗雷勒（A. Gfoerer），两卷本，斯图加特；1843—1846，编者布鲁德（C. H. Bruder），三卷本，莱比锡；1875—1882，编者金斯贝尔格（H. Ginsberg），四卷本，海德堡。

1883 年　《机遇的计算》（*Reeckening Van Kanssen*）原稿发现，长期以来，它被认为已由斯宾诺莎本人焚毁。《斯宾诺莎藏书目录》（*Inventaire des Livres Formant La Bibliotheque de Bencdict Spinoza*）在海牙出版，编者卢今（A. J. Servaas Van Rooijen）。

参考书目

一、斯宾诺莎本人著作

1. Spinoza Opera, *Im Auftrage der Heidelberger Akademie der Wissenschaften*, hrsg. Von C. Gebardt, 4 Bde.；Heidelberg: Winter, 1925；1972（Kritische Ausgabe）.

2. *The Collected Works of Spinoza*, ed. and transl. by E. M. Curley, Princeton University Press, 1985.

3. *Die Ethik nach geometrischer Methode dargestellt*, Übersetzung, Anmerkungen und Register von O. Baensch, Hamburg 1979（PhB 92），本书引文引自中译本：《伦理学》，贺麟译，北京商务印书馆，1959年。

4. *Kurze Abhandlung von Gott, dem Menschen und seinem Gluck*, hrsg. von C. Gebhardt, Hamburg, 1965（PhB 91）本书引文引自中译本：《神、人及其幸福简论》，洪汉鼎、孙祖培译，北京商务印书馆，1987年。

5. *Abhandlung über die Verbesserung des Verstandes*, hrsg. von C. Gebhardt, Hamburg, 1977 PhB 95）. 本书引文引自中译本：《知性改进论》，贺麟译，北京商务印书馆，1960年。

6. *Descartes'Prinzipien der Philosophie auf geometrische Weise begründet, mit einem Anhang,"Metaphysische Gedanken"*, hrsg. von A. Buchenau, Leipzig 1922（PhB 94）。本书引文引自中译本：《笛卡尔哲学原理附形而上学思想》，洪汉鼎、王荫庭译，北京商务印书馆，1980。

7. *Theologisch-Politischer Traktat*, Auf der Grundlage der Übersetzung von C. Gebhardt, neu bearbeitet, eingeleitet und herausgegeben von G. Gawlick, Hamburg, 1976（PhB 93）。本书引文引自中译本：《神学政治论》，温锡增译，北京商务印书馆，1963 年。

8. *Briefwechsel,Durch weitere Briefe ergänzt*, neu eingeleitet und herausgegeben von M. Walther, Hamburg, 1977（PhB 96a）本书引文译自英译本 *The Correspondence of Spinoza*, transl. A. Wolf, London, 1928.

9. *Benedict de Spinoza:The Political Works*, transl. A. G. Wernham, Oxford, 1958.

二、关于斯宾诺莎研究的著作

1. Bend, J. G. Van der（ed）, Spinoza on *Knowing,Being and Freedom*, Assen, 1974.

2. Benett, J., *A study of Spinoza's Ethics*, Cambridge, 1984.

3. Caird, E., *Spinoza*, Edinburgh and London, 1910.

4. Curley, E. M., *Spinoza's Metaphysics*, Cambridge, 1969.

5. Curley, E. M., *Behind the Geometrical Method: A*

Reading of Spinoza's Ethics, Princeton, 1988.

 6. Delahunty, R. J. , *Spinoza*, London, 1985.

 7. Donagan, A. , *Spinoza*, New York, 1988.

 8. Feuer, L. , *Spinoza and the Rise of Liberalism*, Boston, 1958.

 9. Fischer, K. , *Spinozas Leben, Werke und Lehre*, Heidelberg, 1898.

 10. Freudenthal, J. , *Lebensgeschichte Spinozas in Quellen-Schriften, Urkunden und nichtamtlichen Nachrichten*, Leipzig, 1899; Heidelberg, 1927.

 11. Hallett, H. F. , *Benedict de Spinoza:The Elements of his Philosophy*, London, 1957.

 12. Hallett, H. F. *Aeternitas, A Spinozistic Study*, Oxford, 1930.

 13. Hampshire, S. , *Spinoza*, Harmondsworth, 1951; London, 1956.

 14. Harris, E. E. , *Salvation from Despair,a reappraisal of Spinoza's Philosophy*, Hague, 1973.

 15. Hart, A. , *Spinoza's Ethics*, A platonic commentary, Leid-en, 1987.

 16. Hong, Han-ding, *Spinoza und die deutsche Philosophie*, Eine Untersuchung zur metaphysischen Wirkungsgeschichte des Spinozismus in Deutschland, Aalen, 1989.

 17. Hubbeling, H. G. , *Spinoza's Methodology*,

Groningen, 1964.

18. Joachim, H. H. , *A Study of the Ethics of Spinoza*, Oxford, 1901.

19. Joachim, H. H. , *Spinoza's Tractatus de Intellectus Emen-datione*, Oxford, 1940.

20. Jaspers, K. , *Spinoza,fraus the Great Philosophers*, Vol. II, New York and London, 1974.

21. Kashap, S. P. (ed), *Studies in Spinoza*, Berkeley. Calif. 1972.

22. Mckeon, R. , *The Philosophy of Spinoza*, New York, 1928.

23. Mark, T. C. , *Spinoza's Theory of Truth*, New York, 1972.

24. Martineau, J. , *A Study of Spinoza*, London and New York, 1895.

25. Naess, A. , *Freedom, Emotion and Self-subsistance* Norway, 1975.

26. Parkinson, G. H. R. , *Spinoza's Theory of Knowledge*, Oxford, 1954.

27. Pollock, F. , *Spinoza, his Life and Philosophy*, London, 1880;21899.

28. Roth, L. , *Spinoza, Descartes and Maimonides*, Oxford, 1924.

29. Roth, L. , *Spinoza*, London, 1929;21954.

30. Saw, R. L. , *The Vindication of Metaphysics;A Study in*

the Philosophy of Spinoza, New York, 1951.

31. Stein, L. ,*Leibniz und Spinoza*, Berlin, 1890.

32. Windelband, W. , *Zum Gedächtnis Spinozas,in Praludien: Aufsätze und Reden zur Philosophie und ihrer Geschichte*, Tübingen, 1919.

33. Wolf, A. , *The Oldest Biography of Spinoza*, London, 1935.

34. Wolfson, H. A. , *The Philosophy of Spinoza*, 2 vols,Combridge, 1934;New York, 1969.

35. Yovel, Y. , *Spinoza and other Heretics*, Princeton University Press, 1988.

三、其他哲学家著作

1. Aristotle, *Metaphysica*，本书引文引自中译本：《形而上学》，吴寿彭译，北京商务印书馆，1981年。

2. Aristotle, *Categoriae and De Interpretatione*，本书引文引自中译本：《范释篇·解释篇》，方书春译，北京商务印书馆，1957年。

3. Bayle, P. , *Historical and Critical Dictionary*, Selections, transl. and ed. by R. H. Popkin, Indianapolis, 1965.

4. Berkeley, G. , *The Works of George Berkeley*, ed. by A. C. Fraser, 4 vols, London, 1901.

5. Cicero, *De Finibus Bonorum et Malorum*, transl. H. Rackham, Cambridge, 1914.

6. Descartes, *Philosophical Works of Descartes*, transl. E. S. Haldane and G. R. T. Ross, Cambridge, 1955.

本书引文引自中译本：《第一哲学沉思集》，庞景仁译，北京商务印书馆，1986 年；《哲学原理》，关文运译，北京商务印书馆，1960 年。

7. Feuerbach, L., *Grundsätze der Philosophie der Zukunft*, 本书引文引自中译本：《未来哲学原理》，洪谦译，三联书店，1955 年。

8. Fichte, J. G., *Werke*, hrsg. von I. H. Fichte, 11 Bde., Berlin, 1971.

9. Hegel, G. W. F., *Werke*, hrsg. von E. Moldenhauer und K. M. Michel, 20 Bde. Frankfurt, 1971—. 本书引文引自中译本：《小逻辑》，贺麟译，北京商务印书馆，1980 年；《哲学史讲演录》，第 4 卷，贺麟、王太庆译，北京商务印书馆，1978 年。

10. Heine, H., *Die Romantische Schule*, 本书引文引自中译本《论浪漫派》，张玉书译，北京人民文学出版社，1979 年，以及《论德国》，北京商务印书馆，1980。

11. Heine, H., *Zur Geschichte der Religion und Philosophie in Deutschland* 本书引文引自中译本：《论德国宗教和哲学的历史》，海安译，北京商务印书馆，1974 年。

12. Hobbes, *Leviathan*, London, 1957, 本书引文引自中译本：《利维坦》，黎思复、黎廷弼译，北京商务印书馆，1985 年。

13. Hume, D., *A Treatise of Human Nature*, Oxford, 1946.

本书引文引自中译本：《人性论》，关文运译，北京商务印书馆，1980年。

14. Kant, I., *Gesammelte Schriften*（Akademie-Ausgabe），29 Bde., Berlin, Leipzig, 1910—1983.

15. Marx, K/Engels, F., *Werke*（MEW），39 Bde., Berlin, 1956—1968, 本书引文引自中译本：《马克思恩格斯全集》，第3卷，北京人民出版社，1957年。

16. Plechanov, G., *Die Grundprobleme des Marxismus*, Ber-lin, 1958.

17. Russell, B., *A History of Western Philosophy*, London, 1955, 本书引文引自中译本：《西方哲学史》，何兆武、李约瑟译，北京商印书馆，1976年。

18. Russell, B., *The Analysis of Mind*, New York, 1921.

19. Ryle, G., *The Concept of Mind*, London, 1949.

20. Schopenhauer, A., *Werke in Zehn Bänden*（Zurcher Ausgabe），Bd. 6, Zurich 1977.